U0949670

当代名家
品读系列

王守常品孙子兵法

王守常 著

中国出版集团
中国民主法制出版社
全国百佳图书出版单位

图书在版编目（CIP）数据

王守常品孙子兵法 / 王守常著 . —北京：中国民主法制出版社，2021.4

ISBN 978-7-5162-2189-1

Ⅰ . ①王… Ⅱ . ①王… Ⅲ . ①兵法—中国—春秋时代—通俗读物 Ⅳ . ① E892.25-49

中国版本图书馆 CIP 数据核字（2021）第 057052 号

图书出品人：刘海涛
出 版 统 筹：石　松
图 书 策 划：江　力
责 任 编 辑：张佳彬　刘险涛

书　　名 / 王守常品孙子兵法
作　　者 / 王守常　著

出版 · 发行 / 中国民主法制出版社
地址 / 北京市丰台区右安门外玉林里 7 号（100069）
电话 /（010）63055259（总编室）　63058068　63057714（营销中心）
传真 /（010）63055259
http: //www.npcpub.com
E-mail: mzfz@npcpub.com
经销 / 新华书店
开本 / 16 开　710 毫米 ×1000 毫米
印张 / 17.75　**字数** / 251 千字
版本 / 2021 年 8 月第 1 版　2021 年 8 月第 1 次印刷
印刷 / 北京天宇万达印刷有限公司

书号 / ISBN 978-7-5162-2189-1
定价 / 58.00 元
出版声明 / 版权所有，侵权必究。

（如有缺页或倒装，本社负责退换）

《孙子兵法》再认识（代序）

自从日本人把《孙子兵法》运用到企业管理与市场营销上，自称颇有收获，美军也把《孙子兵法》用在伊拉克战场上，说他们的“斩首行动”战略思想从中受到了启发。或许受其影响，近年来，国人特别是企业界人士也对《孙子兵法》产生了极大兴趣。今日随处可以听到各种企业文化培训班大讲“商场就是战场”“《孙子兵法》可以作为商场的制胜宝典秘籍”等话语，真让人觉得老祖宗的“兵法”，两千年后还真有“奇效”。

我虽没有纵浪商海，却也与不少商界精英有过推心置腹的交谈，从没有见过什么“狼性经理”，倒是他们温文尔雅的言谈与谦恭的做派，让我相信“尔虞我诈”“玩弄心计”谋略成就不了什么大企业。我不以为“商场就是战场”的说法有什么高明之处，随着经济法规的逐步健全和市场秩序的发展成熟，“双赢”才是理性的行为和最佳的结果。商场应该是人们拼搏、敬业、创新、奉献精神展现的场所，而不是“拼杀”的战场。学会欣赏你的竞争对手，而不是在“朋友”或“敌人”的二元选择中思考你的交易，应该是企业家经营的至高境界。

企业伦理的呼声几年前就雷声大作，至今不见什么成效。如今企业文化培训却又搬来《孙子兵法》中的“谋略”或者曹操注解所谓“诈道”，来诱引当今经济活动中的躁动人群。孰不知《孙子兵法》所以素有“兵典”“武经”“百代兵家之师”之称，其十三篇约六千字，不是只讲“谋略”“诡计”，还有对战争本质的深刻反思，其中凝聚着中国兵学思想的精粹。换个视野去看《孙子兵法》，或许可以看到其真谛。

道德为“体”，谋略为“用”

春秋至战国时代，频繁的抢掠兼并战争让生灵涂炭，所以孟子说“春秋无义战”。所谓“无义战”，是批评各诸侯国置周天子的权威于不顾，破坏了尊卑秩序。如果说孟子站在政治秩序与道义的角度谴责诸侯国间的征伐战争的话，其他先秦诸子更在战争的惨祸上给予了深刻批判。老子说“大军之后，必有凶年”，“夫乐杀人者，则不可得志于天下矣”。老子主张“以道佐人主，不以兵强天下”。墨子也痛斥战争给人民带来的沉重无尽的灾难：抢劫财富、残害无辜、贻误农时。所以他主张，以德义服天下，以兼爱来消弭祸乱。总之，传统中国的战争观，有着人文关怀与强烈的道德批判。

同样，《孙子兵法》十三篇，虽然篇篇是讨论谋略，但在文中那些讨论政治和道德的语言颇有深意。如《计篇》里说：“兵者，国之大事，死生之地，存亡之道，不可不察也。”战争兹事体大，关乎着国家、人民的生死存亡，所以“经之以五事”。“经”是量度、分析研究，“五事”即“一曰道，二曰天，三曰地，四曰将，五曰法”。“道”是“令民与上同意也”，战争问题必须要使百姓同意而得到支持，也是荀子所言“兵要在乎善附民而已”；“天”是指气候；“地”是指地形；“将”是指挥军队；“法”是法度编制。

在孙子看来，“善用兵者，修道而保法，故能为胜败之政”。“修道”是修明政治，“保法”是确保法制实行，由此才能把握战争的决定权。战争可以解决问题，但战争造成的危害是极大的，不了解“危害”就不知道“有利”。由此，“非利不动，非得不用，非危不战”。慎重对待战争是《孙子兵法》最核心问题。因为战争可能造成“亡国不可以复存，死者不可以复生”，所以孙子告诫：“明君慎之，良将警之，此安国全军之道也。”

以战争攻城略地，在孙子看来不是战争的最终目的。孙子说：“百战百胜，非善之善者也，不战而屈人之兵，善之善者也。”百战百胜，不是高明中的高明者，不用战争的方式就能使敌人屈服，这才是最高明的人。所以“善用兵者，屈人之兵而非战也，拔人之城而非攻也，毁人之国而非久也，必以全争于天下”。孙子主张尽量不用战争的方式解决存亡问题，其思想应受到中国文化中“人本”观念的影响。在连年战争的惨烈祸害下，人们思考弭兵止战的办法就是以道德制约战争。

所以，我们看《孙子兵法》十三篇的内在逻辑，“屈人之兵而非战”，必推崇“谋略之法”。谋略的本质是“诡”“诈”，这是曹操所注“兵无常形，以诡诈为道”。谋略非常重要，善用谋略，不战而胜。因此孙子强调“上兵伐谋，其次伐交，其次伐兵，其下攻城”。不过，即便孙子重视谋略的重要性，他也告诫人们，运用谋略的前提仍然是以道德为“体”，以谋略为“用”。如细心读《孙子兵法》第十三篇《用间》便可体会其中的意韵精义。“用间篇”虽然是讲如何使用五类间谍窃取情报的方法，但是在“用间”的前提上，孙子却强调“非圣智不能用间，非仁义不能使间”。只有“明君贤将，能以上智为间者，必成大功，此兵之要，三军之所恃而动也”。作为兵书的《孙子兵法》也非常强调道德伦理的重要性，所以唐代著名诗人杜牧注解《孙子兵法》说“古之兵柄，本出儒术”。

企业文化是“道”，经营模式是“术”

孙子讲的用兵之法，如“知彼知己”“先胜而后战”“以正合，以奇胜”“我专而敌分”“避实而击虚”“施无法之赏，悬无政之令”等战略战术虽然重要，但我以为，这些战略战术仍然是“术”而不是“道”。

何谓“术”？清代学者章学诚解释：“术也者，取所发明之真理致诸用者也。”换言之，“术”就是理性认知的具体运用方法。“道”在中国哲学里有多种说法，简要概括“道”是关于自然、社会、人所固有的因果性、规律性，由此比附为道德本体，以及人们超验的体悟境界。所以，在中国文化中一直认为，“道”是“本”，“术”是“末”；“道”是“体”，“术”是“用”。“术”不离“道”，不存在一个纯粹的独立的“术”。

我们换种说法，今天中国企业在大量借鉴西方企业管理经验与制度的时候，往往忽略了西方企业文化的核心价值。我们不仅要学习“惠普”的管理制度，还要理解“HP way”（即惠普之道）所讲的内在价值，即相信、尊重个人；追求卓越；诚信；公司的成功是大家的贡献；开拓、创新。因为，没有这些核心价值的支撑，就不可能精确运用惠普的管理制度。企业文化的价值观是“道”，企业的经营模式与行为风格是“术”。“道”在“术”中，没有企业文化的核心价值观念在管理制度中发挥作用，制度管理不会完善，甚至名存实亡。

所以，借鉴学习《孙子兵法》，只关注“谋略”“诈道”，而全然不了解孙子在兵法中所强调的道德关怀和人本精神，那是把《孙子兵法》庸俗化了。二十世纪七十年代，美国与欧洲的商学院，其管理教育课程都开设了企业伦理课程的研究与教学。他们认为企业管理与经营行为是人的行为，因此从道德角度评价企业行为是不可或缺的。今天，我们思考与建构中国企业文化，不能仅仅以“利润最大化”作为唯一指标，而应该思考如何将“公正”“责任”“诚实”等伦理观念作为核心价值，并运用到我们的经济活动中。

是为序。

王守常

2021 年 6 月 16 日于北京

目　录

第一篇　孙子和兵家

一、兵圣孙武 / 003

二、兵家源流 / 010

第二篇　《孙子兵法》的文化解读

一、看得见的文化传承 / 023

二、《孙子兵法》中的大智慧 / 060

第三篇　《孙子兵法》的实战运用

一、《孙子兵法》在历代战争中的借鉴与运用 / 083

二、民族的也是世界的 / 114

第四篇 《孙子兵法》注译

一、始计篇 / 185
二、作战篇 / 191
三、谋攻篇 / 197
四、军形篇 / 204
五、兵势篇 / 210
六、虚实篇 / 215
七、军争篇 / 222
八、九变篇 / 229
九、行军篇 / 234
十、地形篇 / 242
十一、九地篇 / 249
十二、火攻篇 / 263
十三、用间篇 / 268

第一篇

孙子和兵家

一、兵圣孙武

1. 孙子生活的时代

在公元前400年前后，人类历史迎来了一个思想大爆发的时代。在世界的不同地方，诞生了一批伟大的思想家，他们从不同的角度对这个世界进行思考，写下了许多流传后世、影响人类几千年的经典著作。

比如，在公元前六世纪的古印度，释迦牟尼创建了博大精深的佛学体系；在公元前四世纪的古希腊，出现了柏拉图、亚里士多德等伟大的哲学家；此时的中国，正处于春秋战国时代，是思想上百家争鸣的繁荣时期，老子、孔子、孙子、墨子等都为我们留下了不因时间而磨灭的思想财富。《孙子兵法》就产生于这一时期。在之后的两千多年里，《孙子兵法》不但作为兵书流传于后世，而且其影响力也扩展到各行各业，传播到海外其他国家和地区，成为中华文化中颇具代表性的著作。这样一本书的诞生，与其作者的出身、经历一定有密不可分的关系。下面，我们就先来了解一下“兵圣”孙子所处的时代。

孙子生活在春秋时期，那是中国历史上一个大变革的时代。

“春秋”得名于孔子所编的鲁国史书《春秋》，这部编年史记事起于鲁隐公元年（前722年），终于鲁哀公十四年（前481年）。现在通常以公元前770年周平王东迁为春秋时期的开端，以公元前475年智伯任晋国正卿为战国时期的开端，公元前476年则为春秋时期的尾声。关于春秋战国的历史分期，学术界还有其他观点，这里不再赘述。总而言之，春秋时期在政治上最显著的特点是周王室的衰落和诸侯争霸。从全天下的视角来看，天子的权威旁落于诸侯；从一国的视角来看，国君的权威旁落于卿大夫，甚至出现了卿大夫的家臣执掌国政的情况。当时恃强凌弱、弑君篡位的事件频发，用儒家的话说就是“礼崩乐坏”“春秋无义战”。

在这个不到三百年的动荡时代，先后出现了齐桓公、晋文公、宋襄公、秦穆公、楚庄王、吴王夫差、越王勾践等实力强大称霸一时的诸侯。据不完全统计，仅从周顷王元年（前618年）到周敬王元年（前519年）这一百年的时间里，见于记载的规模较大的战争就超过了一百六十次。

诸侯争霸、兼并战争的日益频繁，也带来了作战方式的不断变新与发展，每一次战争都是残酷的，人们也不断从中总结经验教训。据《左传·僖公二十二年》记载，宋襄公因妇人之仁在泓水败于楚成王，事后他为自己辩驳道：“君子不重伤，不禽二毛。古之为军也，不以阻隘也。寡人虽亡国之馀，不鼓不成列。”大概上古作战的原则是不攻击受伤的敌人、不擒获年老的敌人、不利用险阻地形与敌人作战、不攻击没有列好阵形的敌人。公子目夷（字子鱼）开门见山地批评国君“未知战”，也就是不懂兵法，并逐一驳斥了上述迂腐的作战原则，说：“如果不想伤害敌人，还不如一开始就不交战；如果不想擒获老者，还不如向他们投降。”由此可见，春秋时期的军事思想也在产生翻天覆地的变革。

除此之外，《左传·庄公十年》有“曹刿论战”之事，提出了“一鼓作气，再而衰，三而竭”的观点。《论语·卫灵公》还记载了一则小故事，孔子周游列国来到卫国，卫灵公闻其贤名，问他兵阵之事。孔子却说：“俎豆之事，则尝闻之矣；军旅之事，未之学也。”他只想谈论陈设俎豆的礼乐之事，而不想谈论用兵打仗的军旅之事。其实古人尚武，当时贵族所学的“六艺”中，射、御都与作战有关。孔子精通“六艺”，任鲁国司寇期间又组织过“堕三都”的军事行动，并非不知兵之人。

所以早在孙子之前，中国的兵法就有了一定程度的发展，还出现了专门性的兵书，见于史籍记载的有《军志》《军政》《司马法》《令典》等。虽然这些书从内容上看大部分属于军法，但正是它们与现实中发生的战争一起丰富了《孙子兵法》的理论基础。同时，春秋时期文化的下移、思想的解放也为兵学理论的总结和阐发创造了便利的客观条件。

2. 孙子生平

在《荀子》《韩非子》《尉缭子》《史记》《战国策》《越绝书》等古代文献中，都可见到《孙子兵法》引文和孙子生平的相关史料。当然，在汉代以后的典籍中也有许多记载，只是这些早期文献的史料价值更高。

《荀子·议兵》有“善用兵者，感忽悠暗，莫知其所从出，孙、吴用之，无敌于天下”之语，《韩非子·五蠹》有“境内皆言兵，藏孙、吴之书者家有之”之语，可见战国时期人们常以孙子、吴起并称，为善于用兵者的代名词。

关于孙子的生平，《史记·孙子吴起列传》是其最早的传记。可知孙子名武，是春秋末期齐国人，生卒年难以确定，大约与孔子处在同一时代。孙子撰有兵法十三篇，以此求见吴王阖闾，在经历了“吴宫教战斩美姬”这一戏剧性的面试之后，他终于受到重用，在吴国讨伐楚国的战争中立下大功。《吴太伯世家》和《伍子胥列传》也有类似的记载。

然而《史记》语焉不详，在孙子的传记后又附有孙膑的事迹，且《汉书·艺文志》录有 《吴孙子》八十二篇和《齐孙子》八十九篇，今本《孙子兵法》则仍为十三篇。宋人所编的《新唐书·宰相世系表》

和《古今姓氏书辩正》对孙子的家族谱系有比较详细的记载，然而与《左传》等信史多有抵牾之处，后世学者对此莫衷一是。著名历史学家钱穆总结历代学者的观点，在《先秦诸子系年》中的《田忌邹忌孙膑考》一文中，称孙子、孙膑为同一人。

1972年，山东临沂银雀山汉简的出土，终于可以证明孙子、孙膑并非同一人，两人各自著有兵书。

通过上述材料，我们可以大体了解孙子的人生经历。

孙子的家族出自齐国田氏，田氏的祖先是虞舜的后代胡公满。周武王伐纣之后，封胡公满于陈国。陈国传位到宣公时，发生了内乱，陈厉公之子公子完逃奔齐国，称陈氏。古代“陈”与“田”相通，如“田”字在《说文解字》中的解释就是“陈”，所以陈氏又称田氏。田完的后代在齐国繁衍生息，其四世孙田桓子在齐景公时以大斗贷出、小斗收进的手段拉拢人心，并通过一系列政治斗争打击异己，使田氏逐渐成为显赫的大家族。田桓子的儿子田书伐莒有功，被封于乐安，别为孙氏。据《新唐书·宰相世系表》和《古今姓氏书辩正》，孙书生孙凭，孙凭生孙武。

当时的齐国也有君权旁落、大夫专权的情况，国政完全由田、鲍、国、高、崔、庆等几大家族掌控，时常发生内部争斗。孙武可能就是在某次政变中，为避难而流亡吴国。他在这种险象环生的斗争环境中成长起来，从而锻炼了他善于应变的机智才能。同时，因为孙子的祖辈都精通军事，同族还有田穰苴这种善于治军的良将，这无疑为他继承和发扬先人的军事思想提供了良好的条件。

齐国是西周开国功臣太公望的封地，相传《六韬》《阴谋》等军事谋略书就与他有关。春秋时期，又有名相管仲辅佐齐桓公成就霸业，留下了非常丰富的军事遗产。齐国一跃成为当时天下的政治、经济、文化中心，成为豪杰云集的地方。这样的社会环境，也为孙子的军事研究提供了理论支持，使他能够在青年时代就成为学识渊博的军事人才。

此后，孙子、伍子胥共同辅佐吴王阖闾、夫差父子击败楚、越等国，成为南方的霸主。伍子胥因劝谏夫差不成，被逼自尽，而孙子的事迹却不见于史籍。后人推测，他可能像范蠡一样，在功成名就时就归隐山林了。《越绝书》说："巫门外大冢，吴王客齐孙武冢也。"

唐代孙处约、孙起、孙壬林等人的墓志铭中自称孙子之后，然而在记述祖先世系时，却说这一支孙氏出自卫国。卫武公之子惠孙，他的后代以祖先的名字为氏，称孙氏，为卫国强族，其中孙良夫、孙林父的事迹见于《左传》。孙林父任卫国上卿，与吴国公子季札有交情，然而为人专横，得罪了卫献公，导致孙氏在卫国失势。若孙子出自孙林父家族，他在此时出奔吴国，也是有可能的。

3. 兵法十三篇

《史记·孙子吴起列传》明确记载："孙子武者，齐人也，以兵法见于吴王阖闾。阖闾曰：'子之十三篇，吾尽观之矣。'"然而《汉书·艺文志》却著录："《吴孙子兵法》八十二篇，图九卷。"又见《隋书·经籍志》著录："《孙子兵法》二卷，吴处士沈友撰；又《孙子八阵图》一卷，亡。"《汉志》与《隋志》是中国目录学的重要文献，记录了唐代以前典籍的流传情况，这些书目都是著录者在当时所见书籍的实录。

《孙子兵法》本为十三篇，汉成帝时，步兵校尉任宏论次兵书，编成《吴孙子兵法》八十二篇，图九卷。这就是《汉志》所录的《孙子兵法》。

《新唐书·艺文志》则著录："《孙子兵法》十三卷，孙武撰，魏武帝注。"曹操注解《孙子兵法》时，删除了十三篇以外的附益文字，基本保留了这部兵书的原貌。这大概就是我们今天所见《孙子兵法》的蓝本了。

据银雀山汉简，其中有不少《孙子兵法》佚文，可能就出自附益的六十九篇。当然，《孙子兵法》自春秋末期问世以来，传至唐宋，已经历千余年，其中难免有后人篡入的文字，但却无法磨灭这部兵书的价值。

《孙子兵法》对后世影响巨大，历代注家众多。其中以曹操注最为著名。他说："吾观兵书战策多矣，孙武所著深矣。"唐宋时，《孙子兵法》出现了多种单注本、集注本，《崇文总目》著录的有萧吉、贾林、何延锡等家，《郡斋读书志》记录的有李筌、杜牧等家，其中梅尧臣、何去非等三家为单行本。

除曹操单注本外，有两种注本流传最广：一是《十一家注孙子》，源自《宋史·艺文志》著录的《十家孙子会注》，注家包括汉末曹操，南朝梁孟氏，唐朝李荃、杜牧、陈皞、贾林，宋代梅尧臣、王皙、何廷锡、张预之，至此为十家注，再加上唐杜佑《通典》中《孙子》引文注，共为十一家注，主要版本为南宋刻本、明道藏本、清孙星衍校注本等；二是《武经七书》本，即宋神宗诏令以《孙子兵法》《吴子兵法》《司马法》《尉缭子》《六韬》《三略》《李卫公问对》定为武学教本，称《武经七书》，注本主要有南宋施子美《武经七书讲义》、明刘寅《武经七书直解》、清朱墉《武经七书汇解》等。

另外，明赵本学的《孙子书校解引类》和清孙星衍的《孙子十家注》也是比较优秀的版本。

4.《吴孙子》《齐孙子》辨

《汉书·艺文志》著录有《吴孙子》和《齐孙子》，魏晋以后却只有一种《孙子》流传于世，再加上各类文献对孙子生平的介绍语焉不详，导致历代学者长期以来将两位孙子误认为同一人。对此，前文已经提及，这里将对这一问题予以详述。

《史记·孙子吴起列传》说："孙武既死，后百余岁有孙膑。膑生阿、鄄之间，膑亦孙武之后世子孙也。"司马迁在《报任少卿书》中又说："孙子膑脚，兵法修列。"可知战国时期齐国的孙子为受膑刑之人，其名不详，也有兵法传世，即《汉志》所录《齐孙子》，而八十九篇、图四卷应该也有后人附益的篇章。

曹操注解《孙子兵法·九地》"投之亡地然后存，陷之死地然后生"一句时，引用了孙膑的话"兵恐不投之死地也"。而《孙膑兵法》在《隋书·经籍志》以后就已不再见于著录了，唐人的著作中虽然也有零星引用孙膑之语的情况，但是很可能转引自其他文献。因此，这部兵书应该亡佚于魏晋南北朝时期。

到了宋代，就开始有学者质疑《孙子兵法》的作者和成书年代了。北宋梅尧臣为《孙子兵法》作注，认为孙子可能确有其人，但此书为"战国相倾之说也"，并非孙子所作。南宋叶适在《习学记言序目》中则认为《孙子兵法》是春秋末至战国初"山林处士"所作，理由是《史记》称该书有十三篇，《汉志》却称八十二篇，显然是前后矛盾的。另外，既然孙子为吴王阖闾时人，其事迹为何不见于《左传》？清末民初时，梁启超也认为《孙子兵法》"未必孙武所著，当是战国人依托"。日本汉学家斋藤拙堂的《孙子辨》认为孙武、孙膑为同一人，历史学家钱穆也持相同观点。清代牟庭相甚至认为孙子即伍子胥。

另外，也有持相反论点者，如明代宋濂在《诸子辨》中说："春秋时，列国之事赴告者则书于策，不然则否。二百四十二年之间，大国若秦、楚，小国若越、燕，其行事不见于经传者有矣，何独武哉？"这一看法颇有见地，因孙子在吴军中主要扮演军师角色，辅佐伍子胥，就像孙膑辅佐田忌，所以史书对两位孙子的记载都不多，却并不代表二人不存在。

历史上的争论，在二十世纪七十年代得到了彻底解决。1972 年，在山东临沂银雀山汉墓中出土了《孙子兵法》和《孙膑兵法》竹简。此次发现的《孙子兵法》是现存最早的《孙子兵法》写本。根据考证，这些竹简随葬入土的时间大约是汉武帝时期，书写年代可能追溯到秦或汉代文景之际。竹简以墨书写，隶书体，每简约三十五字，简与简之间以三道编绳连缀在一起。《孙子兵法》为上、下编两部分，上编与传世本十三篇的内容大体一致，现存共一百五十三枚；下编包括《吴问》《四变》《黄帝伐赤帝》《地形二》和《见吴王》五篇佚文，任宏所编的八十二篇可能就取材于此。《孙膑兵法》也分为上、下编，按《孙子兵法》体例，上编可能为孙膑本人所作，包括《擒庞涓》《见威王》《威王问》《陈忌问垒》等十五篇；下编大概为其弟子、后学所作，或者是秦汉间的兵家杂著，在西汉时与原书合编在一起。

这批竹简的出土及相关研究，基本上为《吴孙子》《齐孙子》之辨下了定论，不但孙武、孙膑各有其人，而且《孙子兵法》与《孙膑兵法》也各有其书。

二、兵家源流

1. 时势造英雄

《孙子兵法》的诞生并非偶然。自从人类社会出现贫富分化以来，战争就成了政治、经济矛盾不可调和时主要的解决问题方式。频繁的军事活动为一些热衷于研究克敌制胜之道的人提供了丰富的素材。《左传》中提到了《军政》《军志》等古代兵书，流传至今的《六韬》据说也是辅佐周文王、武王的太公吕尚所作，尽管学术界对此存疑，但以太公的经历和才能来看，他将自己的毕生所学写成一部兵书也是情理之中的事。

我们可以将原始社会末期到夏、商、西周划为兵法的萌芽期，春秋战国则是兵法的成熟期，这与当时的社会背景有着密切的关系。

武王伐纣、周公东征以后，为了重建社会秩序，周王室颁行了一套礼乐制度，规定了社会各阶层的行为规范，并以血缘宗法为纽带维系人与人之间的关系。这套制度规定，天子为天下共主，即所谓“溥天之下，莫非王土，率土之滨，莫非王臣”。天子分封宗室子弟、有功之臣、前代贵族等为诸侯，诸侯国内又分封卿大夫。天子、诸侯、卿大夫之位皆由嫡长子继承，其余诸子只能降等分封。例如，诸侯的庶子为大夫，大夫的庶子为士。士没有封地，是等级最低的贵族，士的儿子永远为士。

到了春秋战国时期，士的群体已经非常庞大，旧的宗法分封体制开始瓦解，无恒产的士就与平民无异了。这些人却掌握着大多数平民所没有的文化知识，开始为生计而授徒讲学，于是打破了官府的文化垄断，孔子就是开先河的人物。

当时讲学之风蔚然，这也导致了士阶层迅速扩大。各国不得不重视这股新生力量，并出现了一种“礼贤下士”的风气。不但统治者延揽、敬重贤士，以谋富国强兵，一些有权势的大臣也喜欢“养士”，最著名的当属“战国四公子”和秦国的吕不韦。他们所养的士，或为主人出谋划策、奔走游说；或代主人著书立说，如信陵君手下的门客为他编写了《魏公子兵法》，吕不韦的门客为他编写了《吕氏春秋》。士的地位空前提高，在学术上形成了“百家争鸣”的局面。

与儒家、道家、墨家相比，兵家、法家、纵横家更具实用性，更容易为当时急功近利的统治者所接受。军事理论的发展，与那个政治动荡、战争频繁、学术争鸣的时代有着密切的关系。当时，周天子的权威急剧衰落，不但无法正常地向各国发号施令，并且在军事、经济甚至政治上都要依赖一些比较有势力的诸侯国，而那些有野心的诸侯也都打着“尊王攘夷”的旗号争当天下霸主。

这种群雄争霸的局面所产生的最直接影响：一方面是政治上的，即各国为了壮大自身实力，开展了一些有效的变法和改革；另一方面则是军事上的，各国之间经常爆发激烈的军事冲突，由于缺少强大的权威来控制局面，导致短短二百多年的春秋时期，总计爆发了四百八十多次战争（据《左传》统计）。这些战争既包括诸侯国之间的相互攻伐，也包括周王室与诸侯国或周边少数民族之间的冲突，以及诸侯国内部的各种争斗。各国出于自身的生存、发展及争霸的需要，争相广揽军事贤才，鼓励创立军事新说，这就为兵家和兵书的登场提供了广阔的舞台。

一些军事家如春秋时的司马穰苴、孙武，战国时的孙膑、吴起、赵奢、白起、尉缭等，在亲自参与军事活动的过程中，在谍报、后勤、治军、作战等环节中研究制胜的规律，总结军事方面的经验教训，并将其诉诸文字，就直接催生了《孙子兵法》《吴子兵法》《尉缭子》等军事著作。

2. 兵家的分类

《汉书·艺文志·兵书略》著录东汉以前兵家著作五十三家，七百九十篇，图四十三卷。按照秦汉以前兵书的基本内容和主要特征的不同，它们被分成了四类，分别是兵权谋家、兵形势家、兵阴阳家、兵技巧家。吕思勉在《先秦学术概论·兵家》中说：“阴阳、技巧之书，今已尽亡。权谋、形势之书，亦所存无几。大约兵阴阳家言，当有关天时，亦必涉迷信。兵技巧家言，最切实用。然今古异宜，故不传于后。兵形势之言，亦今古不同。唯其理多相通，故其存在，仍多后人所能解。至兵权谋，则专论用兵之理，凡无今古之异。兵家言之可考见古代学术思想者，断推此家矣。”

第一类，兵权谋家：有十三家，著作二百五十九篇，现在仅存《孙子兵法》《孙膑兵法》《吴子兵法》等，另外《六艺略·礼部》所收录的《军礼司马法》一百五十五篇、《诸子略·儒家类》所收录的《周史六弢》（与今本《六韬》有一定的渊源关系）等亦似应归入这一大类。这是兵家学派中最主要的一派。《艺文志》在对这一学派的特点进行总结时指出：“权谋者，以正守国，以奇用兵，先计而后战，兼形势，包阴阳，用技巧者也。”从这里可以看出，这是一个兼容各派之长的综合性学派，有学者认为，这一学派主要论述的是战略。

第二类，兵形势家：共十一家，九十三篇。按照现在通行的观点，这一派迄今仅存《尉缭子》一书。也有人主张今本《尉缭子》是《汉书·艺文志》所著录的“杂家”《尉缭子》，或为“兵形势家”与“杂家”两《尉缭》的混合体。这一兵家流派的基本特点是：“雷动风举，后发而先至，离合背向，变化无常，以轻疾制敌者也。”也就是主要探讨军事行动的运动性和战术运用的灵活性与变化性，也有学者认为这一学派主要论述的是战术。

第三类，兵阴阳家：共十六家，二百四十九篇。其中很多都是托名黄帝君臣的作品，如《黄帝》十六篇、《封胡》五篇、《风后》十三篇等，现在几乎全都散佚。湖南长沙马王堆三号汉墓出土的帛书《经法》似可归入此类。这一学派的主要特点是：“顺时而发，推刑德，随斗击，因五胜，假鬼神而为助者也。”这表明它非常看重“时”，注意研究天候、地理与战争的关系，极有可能和范田以及黄老学派关系密切。

第四类，兵技巧家：共十三家，一百九十九篇。现已全部散佚，只有个别著作的零星内容，比如《伍子胥水战法》等，散见于《太平御览》等政书、类书、丛书。这一兵学流派的主要特点是："习手足，便器械，积机关，以立攻守之胜者也。"这表明，武器装备和作战技术，包括设计、制造攻守器械和学习使用器械的技术方法、军事训练等是该学派所关注的。《墨子》中有关于"城守"的专论，也可以归入这一大类。

汉代以前，虽然兵家得到了统治者的重视和利用，但它只是作为一种技艺性的军事学而从诸子学中剥离出来，子学特色淡化，而军事学特点强化，作为子学之兵家逐渐衰微。汉以后的兵家更多地是作为军事学科在发展和演变，由先秦时代的将政治、军事、学术、文化糅合为一的兵家学说，逐渐演变为单纯的军事理论、军事技术。

3. 历代著名兵书

从先秦至清末，历代兵书浩如烟海，据统计，仅流传至今的兵书就有五百多种。1988年，解放军出版社出版的《中国兵书知见录》一书，按历史朝代顺序编排，收录了军事理论、用兵方略、兵制、兵器、名将传、军事地理、军事后勤、兵法史，以及军事丛书等兵书目录3380部，23503卷，其中存世兵书2308部，18567卷。与此同时，在考古发现中还不断有兵书简牍出土。此外，在古代的经、史、子、集等各类典籍中也有很多专门谈论兵法的精彩篇章和段落。这些军事方面的著作以及各类典籍中的篇章、段落，不仅在统兵作战、培养将帅方面发挥着重要作用，在政治、外交、经济以及社会生活中也都产生了巨大的影响。

北宋元丰年间，宋神宗命人将《孙子兵法》《吴子兵法》《司马法》

《李卫公问对》《尉缭子》《三略》《六韬》汇编成《武经七书》。这是我国古代第一部由官方发行的军事教科书。全书共二十五卷，分七种：孙子三卷、吴子两卷、司马法三卷、唐太宗李卫公问对三卷、尉缭子五卷、黄石公三略三卷、黄石公六韬六卷。自宋朝以后，《武经七书》被奉为武学经典，是历朝历代军事学校和考选武举的基本教材。值得一提的是，"七书"之名，比儒家的经典"四书"还要早。"七书"之中，《孙子兵法》早就被公认为兵法之祖，而其他六书虽然也可以说是"一家之言"，有其可取之处，但与《孙子兵法》相比，难免相形见绌。现将其余六书简介如下：

（1）《吴子兵法》，相传为战国初年军事家吴起所著，战国末年时开始流传于世。《汉书·艺文志》称为"吴起四十八篇"，《隋书·经籍志》《新唐书·艺文志》均载为一卷。今有《续古逸丛书》影宋本及明、清刊本，分为上、下两卷，共包括图国、料敌、治兵、论将、应变、励士等六篇。《吴子兵法》是在战国时期封建制度确立、古代战争和军事思想发生明显变化的情况下写成的。此时，军队中已经开始广泛应用铁兵器和弩箭，甚至骑兵也已出现，这些都让当时的作战方式发生了明显的变化。《吴子兵法》可以说是新兴地主阶级的战争理论、军队建设、作战指导观点和思想方针。唐将李光弼评价其"严而贵勇"；宋人苏洵评价说："吴起与武……皆著书言兵，世称之曰'孙吴'，然而吴起之言兵也，……草略无所统纪，不若武之书词约而意尽，天下之兵说皆归其中。"

（2）《司马法》，春秋时期重要军事著作。据《史记·司马穰苴列传》记载："齐威王使大夫追论古者司马兵法而附穰苴于其中，因号曰《司马穰苴兵法》。"书中论述了统率军队和指挥作战的经验，反映出春秋战国时期的一些军事制度和战争观点，是对早期兵法理论的继承和总结，也是中国古代战争实践经验的理论概括，历来为兵家所重视。据荀悦《申鉴·时事》记载：汉武帝“置尚武之官，以《司马兵法》选，位秩比博士”。司马迁《史记·司马穰苴列传》认为：《司马法》“闳廓深远，虽三代征伐，未能竟其义，如其文也”。《汉书·艺文志》记载，当时《司马法》共一百五十五卷。东汉时期，马融、郑玄、曹操等人都在自己的著作中引用《司马法》。其中记载了西周和春秋时期的军制。从魏晋至隋唐，杜预、贾公彦、杜佑、杜牧等人对《司马法》也都很尊崇。

（3）《唐太宗李卫公问对》，又称《李卫公问对》《李靖问对》。唐代著名军事家李靖撰，是唐太宗李世民与李靖讨论军事问题的言论辑录。此书有人怀疑是北宋阮逸伪作，因为此书在史书《旧唐书》和《新唐书》中并无记载，只在《通典》中曾经提到。所以后人认为是阮逸在《通典》的基础上附会而成，书中对奇正、攻守、主客之道多有论述，偶有真知灼见。

（4）《尉缭子》，有《续古逸丛书》影宋本及明、清刊本等存世，五卷，二十四篇，九千余字。另有《群书治要》所辑四篇，山东临沂银雀山汉初墓出土残简六篇，与其他版本相应之篇大同小异。《隋书·经籍志》注称《尉缭子》作者为尉缭，梁惠王时人，有疑为秦王嬴政时尉缭所作，也有疑为后人伪托。据现有资料推断，成书似在战国中期。《尉缭子》从人性论的角度提出了不少精辟的治国思想，如“民非乐死而恶生也”，“委积不多则士不行，赏禄不厚则民不劝，武士不选则众不强，器用不便则力不壮，刑赏不中则众不畏”，最后一句话可以作为尉缭子经国治军思想的总纲领。书中主张治国应当使人无欲，无欲则没有争夺，没有争斗就没有犯罪和战争，那么天下就太平了，即“反本缘理，出乎一道，则欲心去，争夺止，囹圄空”。

（5）《六韬》又称《太公兵法》，据说是西周开国功臣太公望所著，但后世学者普遍认为是伪作，其真实作者已不可考。学术界通常认为此书成于战国时代。全书以太公与文王、武王对话的方式编成。据《汉书·艺文志》记载,《太公》共有二百三十七篇,其中《谋》八十一篇,《言》七十一篇,《兵》八十五篇。清沈钦韩说:《谋》者即太公之《阴谋》,《言》者即太公之《金匮》,《兵》者即《太公兵法》。《隋书·经籍志》明确记载:"《太公六韬》五卷,周文王师姜望撰。"1972 年,在山东临沂银雀山西汉古墓发现的大批竹简中,就有书写《六韬》的五十余枚,这证明《六韬》至少在西汉时就已经广泛流传了。《六韬》是一部集先秦军事思想之大成的著作,主张柔弱胜刚强、韬晦不露和安静玄默,同时又通过周文王、武王与吕望对话的形式,论述治国、治军和指导战争的理论、原则,对后代的军事思想有很大的影响,被誉为是兵家权谋类的始祖。司马迁《史记·齐太公世家》称:"后世之言兵及周之阴权,皆宗太公为本谋。"《六韬》在十六世纪传入日本,十八世纪传入欧洲。

(6)《三略》又称《黄石公三略》,相传作者为汉初道家隐士黄石公。最早提及此书的是司马迁《史记·留侯世家》:西汉开国功臣之一的张良早年刺杀秦始皇未成,遭追捕,被迫隐姓埋名藏匿于下邳(今江苏邳州市),在这里遇见一位自称黄石公的老者,授其一部《太公兵法》,即《黄石公三略》。张良得到此书之后潜心研究,后来终于帮助刘邦夺得天下,建立了西汉政权。但据考证,《黄石公三略》的成书当不早于西汉中期,它是后人在吸收先秦优秀军事思想的基础上,总结秦汉初政治统治和治军用兵的经验,假托前人名义编纂而成的,其中有许多独到的见解。《三略》分上略、中略、下略三部分,共三千八百余字。与前代兵书不同,它是一部专论战略的兵书,尤其侧重阐述政略,这是该书的一个显著特点。《三略》的另一个特点,是大量引用古代兵书《军谶》《军势》中的内容来表达自己的思想,共引用了七百余字,占全书的六分之一以上,也因此为后人保留了这两部已佚兵书的部分精华。

《武经七书》颁行后，成为宋、元、明、清历朝军事学校和考选武举的基本教材。南宋规定，武学生必须学习兵法。明朝开国皇帝朱元璋因军事斗争和教学之急需，命令兵部刻印《武经七书》发给有关官员和高级将领及其子孙学习。《武经七书》的宋刊本曾被日本人买去，于是自十七世纪以来，在日本出现了多种重刊本、翻译本和注解本。《武经七书》中的头两部兵书《孙子兵法》《吴子兵法》在欧、亚、美流传更广，可见《武经七书》在国外的影响之大。

除《武经七书》之外，历代影响较大的兵书还有《握奇经》《太白阴经》《虎钤经》《武编》《武备志》《纪效新书》等。

《握奇经》又名《握机经》《幄机经》，是关于八阵布列的兵书，一卷，仅三百余字。相传其经文为黄帝时风后所撰，显然是后人伪托之作。该书始著录于《宋史·艺文志》，成书时间当在唐代以后。书中专论阵法，阐述“奇正”关系，对研读其他兵书，有一定参考价值。

《太白阴经》又称《神机制敌太白阴经》，唐代宗时河东节度使都虞候李筌撰。全书共十卷，每卷分为若干篇，共计一百篇。在体例上，每篇先以“经曰”引出观点，继而摘录兵学著作，或选取历代战例加以阐述。全书分为兵法、军礼、兵器、战备、阵法、占候六部分，以兵法为核心，辅之以其他内容，构筑起一套相对完整的兵学体系，为后世修撰兵学类编提供了范本，是一部比较全面反映晚唐以前军事状况的综合性兵书。

《虎钤经》，北宋许洞撰。“虎”即“虎符”，“钤”即“锁钥”，《虎钤经》即为开启兵符锁钥之经。全书共二十卷，二百一十论，始撰于宋太祖建隆二年（961 年），成书于宋真宗景德元年（1004 年），吸收了《孙子》和《太白阴经》的精华，使之更加通俗易懂。《虎钤经》根据天时人事的变化加以推衍，既祖述古人，又有作者的见解。其中奇谋诡道，只要合乎兵家要旨，就广为搜罗，不受“六经”束缚。

南宋时期，主战派群臣多著兵书，如《江东十鉴》《江东十考》《南北十论》等，但大都华而不实，只有辛弃疾所作《美芹十论》能够审时度势，提出一些建设性意见，可惜并没有得到采用。

明代学者也喜谈兵法，明初兵书整体上受《武经七书》的影响，体例上以汇编为主，内容既繁杂又缺少新意。总体来看，只有唐顺之的《武编》、茅元仪的《武备志》和俞琳的《经世奇谋》堪称佳作。其中《经世奇谋》为纂类中的珍本，分备患、知机、拯危等十九类，引录历代战史故实，并标以子目，选材精当，结构谨严，不过此书在后世流传甚少，寻常书目中并无著录。

明朝中叶，武备废弛，海盗作乱，名将戚继光著《练兵实纪》《纪效新书》。其中《练兵实纪》内容广泛，涉及兵员选拔、部伍编制、旗帜金鼓、武器装备、将帅修养、军礼军法、车步骑兵的训练和作战等各个方面，“乃集所练士卒条目”汇辑而成，类似军中各种条例、法令的汇编。这些条款，比较充分地反映了戚继光在东南沿海抗倭时练兵、作战的思想。《纪效新书》紧密结合东南沿海的地形、敌我双方的优缺点，论述了练兵的必要性和重要性，提出了一套比较完整的练兵理论和备战计划。书中配有大量形象逼真的军械旗帜、阵法招势的插图，尤其详细地记述了戚继光发明的鸳鸯阵。

清朝建立之后，沿袭宋、明旧制，颁行《武经七书》，武科又用以取士，所以基本上在忙着为历代兵书注疏，著作上再无创新，是中国古代兵法的衰败期。

第二篇

《孙子兵法》的文化解读

一、看得见的文化传承

1. 再认识中国文化传统

（1）对“中国”这两个字的理解

1963年出土于陕西的周初青铜器“何尊”，其铭文上出现了“宅兹中国”四字，但在商周之际，“中国”这个词曾用“华夏”来代称。何谓华夏？“有章服之美，谓之华，有礼仪之大，故称夏。”章服就是服装，即有服装的美丽、华丽，“华”这个词的意思，到现在也一直在沿用。之所以当时讲服装的美丽，是因为当时华夏民族与其周围的族群是分别用“华”和“夷”的概念来表述的。“夷”是夷狄，指少数民族族群。《论语》中孔子就说过：“微管仲，吾其被发左衽矣。”意思是，如果没有齐国的管子，恐怕我们也要披散着头发，衣襟向左开。所以说，服装不仅是用来遮羞的一种简单的工具，也代表一种文化。中华民国早期同盟会成员、著名书法家于右任自称，“右衽”就是和“左衽”反其道而行之，表明他对中国文化的坚持。何谓“夏”？在文献里是指礼仪的问题，“有礼仪之大，故称夏”。但是这里的“礼仪”并不仅仅指礼貌的概念。孔子从制度上强调礼仪，所以有人问什么是礼仪，孔子说“君君臣臣，父父子子”即为礼仪。“礼仪”在过去被当作一种封建的制度，每一个阶级的人在各自的位置上都要负责任，不可为所欲为。在日常生活中也要讲“礼”，中国自古以来喝酒、游戏、行走都有礼仪，所以我们才有“礼仪之邦”的美誉。“华夏”代表一种文化的概念。在历史文献中我们可以看到：“四夷”是早期的华夏族人对周边民族的称呼。东有东夷，西有西戎，南有南蛮，北有北狄。这是中国最早“四夷”的概念，它不是简单的地理表达。《战国策·赵策》中描述：“中国者，聪明睿智之所居也，万物财用之所聚也。”中国在古代是农业文明最发达的国家，且一直延续到十八世纪的清代，也就是说在西方工业革命前，中国已经非常富有了。又说：“圣贤之所教也，仁义之所施也，诗书礼乐之所用也，异敏技艺之所试也。”中国不仅创造了物质财富，也倡导礼仪诗书教化。新的农业生产技术不断使用，“远方之所观赴也，蛮夷之所义行也”。在那时远方族群可以来中国参观学习，因为中国有适合各族群发展的文化、生产技术。这可以看出，“中国”被视为“先进”文化和文明的代表。“中国”这个概念在汉代也在使用。如汉代蜀地织锦护臂上有八个汉隶文字“五星出东方利中国”，这是 1995 年 10 月在新疆和田尼雅河流域考古时，在一具保存完好的汉代古墓的绣片上发现的非常精美的织锦。这大概是中国古代讨伐古羌族占星预测的一种表述。到了宋代，辽金攻打中原地区。宋代著名学者石介（徂徕先生）的文章《中国论》，在论中国与夷狄的关系时表达过如下观点：当你还在住洞穴的时候，中国已有了建筑；当你还穿皮毛的时候，中国已有了服装；当你还没有文字时，中国已有了文字记载历史。如果你来学习，我来教你；如果你不来学习，我们各自为安、互不相扰。可见，宋代的中国是当时世界上最强大的国家之一。

1988 年，笔者曾与一位美国的犹太籍学者讨论了一个问题。笔者问他是否了解古代中国，他说不了解。笔者又问他是否了解“二战”时犹太人来中国的历史？他说他知道“二战”时一部分犹太人受到法西斯迫害，从当时的苏联符拉迪沃斯托克来到中国上海，得到了中国人的接纳和款待；他说还知道，有一年春节海外犹太人组建感恩团参观访华，回想父辈的居住经历，对中国政府和人民表示感谢。其实他不知道的是犹太人早在宋代之前就已来到中国，河南开封现在还有犹太人的后裔存在，由此可以看出那时中国就是一个开放的国家了。大量的文献记载表明，中原地区与周边族群都有来往，中国与周边族群一直是睦邻友好的关系。尽管文化、经济、军事都领先于对方，却也没有采取侵害、掠夺等霸权行为。有一部美国电影叫《与狼共舞》，讲述了欧洲移民到美洲大陆开拓疆土，对大量的原著民进行屠杀的历史，这一情形与此形成鲜明的对比。所以说，中国几千年来与周边民族都处于不断融合的过程中，中国领土的扩大依靠的不是战争与武力，而是文化认同和共同的归属。

（2）古代的中国文化在现代有何意义

第一个要明确的是，“传统”和“现代”这两个概念，不是简单的时间上的概念。“传统”并不专指过去，“现代”也并不专指当下。从文化意义上讲，我们就是在传统中生存，传统无时无刻不在影响着现在。

其实，现在我们对中国历史文化及世界其他国家文化还不是很了解，我们与世界上大多数国家没有建立一个充分的文化联系。现在出过国的中国人可以说，对美国、英国的了解要比对自己国家的了解还要多。如果说在改革开放的前三十年里，第一个十年是“中国加工”，出口的大都是初级加工产品；第二个十年是“中国制造”，我们出口的产品已经有了技术含量，并且占据了一定的地位；第三个十年应该是“中国智慧”，我国的产品在西方很流行，但是西方还是不了解我们。我们也不了解自己，我们没有做到在文化产品流向世界并占有重要地位时，赋予其文化附加值。在我们国家强大的同时，与其他国家也有冲突。当我们在国际舞台上说出“中国是和平崛起，永不称霸”，并且这是我们发自内心的誓言时，却得不到其他西方国家的理解，反而受到质疑。如果中国政府的表态不足以证明中国是和平崛起的话，那么中国的文明历史可以证明。比如，强大的宋代和周边族群的友好相处。晚清资产阶级改良主义代表人物康有为对中国几千年的历史作了一个概括：“中国能礼仪则中国之”，即中国能够坚守自周代以来的礼仪文化就是中国；“中国不能礼仪则夷狄之”，即中国如果不能坚持，就会沦为落后的夷狄族群；第三句话非常重要，“夷狄能礼仪则中国之”，即落后的族群理解了中国文化，那么他们就是中国。历史赋予“中国”两个字这么丰富的内容，可是我们并没有理解。一个民族无论如何都无法脱离自己历史上与其他族群相互融合的历程，所以说，立足于传统文化的决策才会更清醒、更明智。

2. 中华民族伟大复兴需要“返本开新”

1935年，著名历史学家陈寅恪讲了一段非常著名的话：纵观中国三千多年的历史，告诉了我们一个道理，就是在我们大胆地向外来民族学习的同时，不要忘记我们民族的本位文化。我把这段话概括为“返本开新”。习近平总书记在中央党校2013年春季学期开学典礼上就明确指出，我们必须要承认其他国家的政治文化选择，必须要学习一些其他国家的政治制度的经验。如果我们有自己的民族文化、有这个根，就不会惧怕外来文化。

笔者从二十世纪七十年代末开始教书，教了一大批外国留学生，所教的学生都对中国有感情。2014年，笔者带着学生去埃塞俄比亚，埃塞俄比亚总统也是笔者教过的学生。他们接受的就是我们三千多年的光辉历史，就是中国文化在这三千多年里给人类社会提供的文明，而我们好多人却不重视自己的文化传统。所以我们就会理解，习近平总书记为什么批评“去中国化”的问题。数十年来，我们十几亿人对自己的历史文化没有足够了解，我觉得是一个很重大的问题。毛泽东时代解决了中华人民共和国建立的问题，邓小平时代解决了国家与人民发展的问题。现在，要特别强调中国传统文化的重要意义和价值，要理解过去，理解传统和现在；传统无时无刻不影响着我们。

（1）“仁者寿”——“国无德不兴，人无德不立”

中国有句古话叫“仁者寿”。“仁者”就是有德的人，所以“仁者寿”可以理解为：有德的人就会长寿。“德”在中国文化中有两个解释，即小德和大德。其实《大学》里讲得很清楚，格物致知，诚意正心。修身完成后要齐家，齐家完成后要治国，治国完成后要平天下，所以小德就是修身、齐家，大德就是治国、平天下。因此，人到了一定的时候，要有民族社会的担当精神，这是大事。无德的人没有声誉，无德之人也没有命，很快就死掉了。所以孔子说“富润屋”“德润身”，老子说“以德延年”。如果要延长生命，就要依靠道德修养，这个德是自我修身的小德和民族社会国家担当的大德。

清代学者方苞，桐城派散文创始人，是这样解释“仁者寿”的：他说“气之温和者寿”——脾气温和的人长寿；“质之慈良者寿”——对他人的关心关爱是发自本心的，这个人会长寿；“量之宽宏者寿”——宽宏就是宽容，既可以宽容朋友，也可以宽容一个不大喜欢的人，有这样的度量就会长寿；“言之简默者寿”——人与人之间经常会因为一些小事争来争去，语言不能把自己想的东西清楚地表达给对方，再加上看问题的角度不同，生活背景、知识结构不一样，常常斗气，气则伤身，反之则有益长寿。所以说，“气之温和者寿，质之慈良者寿，量之宽容者寿，言之简默者寿，故仁者寿。”他对“仁者寿”、对养生的论述非常有道理。

北京大学哲学系的老同志，70% 以上的故去者，寿命都在 85 岁以上。在中国文化书院有一个不成文的规定，80 岁才可以过寿，如果活不到 80 岁就算“夭折”。每位老先生身体都非常好，没有太多的不良嗜好。比如杨宪益先生，他每天抽烟三包，喝酒不能少于半斤，95 岁过世。这些老先生之所以长寿，其实就是因为他们是仁者，他们不去想个人问题，更多的是在想民族、社会和国家的问题。孔子说“仁者寿”是非常正确的。从这个角度来说，我们的历史文化和今天不可能没有关系。“国无德不兴，人无德不立”，这都与中国文化传统价值观念有紧密的联系。

老子说“以德延年”，同时又说“死而不亡者寿”，但这个“死而不亡”很难理解。魏晋时期的经学家王弼注解说：“亡者忘矣，其道犹存。”“亡”是“忘”的通假字，中国文化里的一个可以借代的词，“亡”不是死亡的“亡”，是忘记的“忘”。所以老子这句话的意思是，死而不忘者寿。人虽然死了，没被忘记，所以长寿。我们很少用到这个词，其实用今天的说法叫作永垂不朽。

春秋时代有“三不朽”的说法——三种东西不会腐朽，第一个是立德，第二个是立功，第三个是立言。这三种“立”不会随着生命的消亡而消亡，因为“其道犹存”。这里有一个很重要的概念，就是“道”。“道”字的本义就是道路，可是在老子那里就不是道路的“道”了，而指万物存在的根本，“道生一，一生二，二生三，三生万物”。

另外一个词，就是器，器物的“器”。“道”和“器”这两个词最早是在《易经·系辞》里出现的。“形而上者谓之道”，有形上的东西就是道，有形上的东西就是无，“无”并不是现代汉语里空无的意思。这个“无”是没法用具体语言来表述的、万物存在的根本，无处不在。庄子说，“道”在草稗、瓦砾中，看不到，却是万物存在的根本。“形而下者谓之器”，器就是有形的东西。茶杯，就是有形的东西，可以用语言来描述；扩音器，里面有个芯片，把声音放大传给别人听到，可以用语言表述。这二者之间的关系就是“道在器中，以道御器”。既然古时不能用语言表述，那现代能不能尽量地表述出“道”是什么呢？其实就是四个概念：境界、规律、次序、道德。这四个词大概能把“道”所蕴含的意思表达出来。

在日本，“道”字是经常会用到的一个字。在日本的生活环境中，有很多“道”，比如我们所说的茶艺，他们称为茶道；我们所说的书法，他们称为书道；还有插花叫花道、两个人摔跤叫柔道等。人能够在具体的活动中提升境界、锻炼意志，所以叫作道。

中国古代的军事学著作里，《孙子兵法》一书就提到了“道”的概念。《孙子兵法》在开篇就讲，“兵者，国之大事”，战争是国家最重要的事情；“死生之地，存亡之道，不可不察也”，关乎百姓的死亡问题，关乎国家的存亡问题。《孙子兵法》随后就讲“一曰道”，“道”是什么？孙子说，“道”是“令民与上同意也”，比如说打仗，必须让百姓同意，而百姓凭什么要同意呢？统治者要做到“善附民也”，就是要把好的东西带给百姓，所以百姓会去打仗，会去抗击外敌的侵略。

（2）“礼义廉耻，国之四维”

习近平总书记多次讲中国文化传统在当前的意义和价值，我们要领悟这些讲话的深意。我们一般认为，传统的属于过去，就是糟粕，现在的东西就是进步的。其实没那么简单，如果我们不讲礼仪传统，对一些概念的理解就不对了。比如，社会主义核心价值观，有个人、社会、国家三个层面，十二个概念，二十四个字。

管子也提出过社会核心价值观念，就四个字：“礼义廉耻”。

“礼”是秩序，一个国家必须强调秩序，要讲礼仪、廉耻，要讲制度、社稷。“义”就是正义，做人要守着义的原则，不可以苟全，无限地去追求利。孔子说“君子喻于义，小人喻于利”。君子喻于义，并非完全不要利。《论语·述而》中说“富而可求也，虽执鞭之士，吾亦为之；如不可求，则从吾所好”。假使财富合乎于道，就是替人拿马鞭跟在后面跑也愿意去做；如果不合于道，那我还是做我喜欢的事吧。你看，这是有利益追求的。所以他说：“富与贵，是人之所欲也，不以其道得之，不处也；贫与贱，是人之所恶也，不以其道得之，不去也。君子去仁，恶乎成名？”意思是，富裕和显贵是人人都想得到的，但不用正当的方法得到它，就无法享受；贫穷与低贱是人人都厌恶的，但不用正确的方法摆脱它，就无法摆脱。君子如果离开了仁德，又怎么能叫君子呢？这也是《易经》中所说的“以义取利，不谓之利，而谓之义”。所以，我们在讲这个概念的时候就会强调，在义和利、名和利的关系当中，儒家并不是要放弃利。“礼义廉耻”中的这个“义”，讲的是要遵守社会秩序。

“廉”就是廉洁，“耻”就是知耻。在传统社会的蒙学教育里，刚开始就要学习这四个字——“礼义廉耻”。其实幼儿教育不要讲那么多概念，幼儿教育就是蒙学教育，从小开始，要知道打扫房间、洒扫庭院，要有长幼之分，长大了才有集体、社会、国家的观念。明末清初思想家顾炎武说四维当中有一要，这一要就是“知耻”，如果不知耻，礼、义、廉也建立不起来。所以说，何以鉴定一个国家？古人说的话并非没有道理。不能说从前的就都是错的，现在的就都是正确的。

要解决我们的立场、观念和方法的问题，就必须回到传统文化中。传统社会与古代社会所讨论的问题，虽然是给当时的统治阶级作参考的，但是过了几千年，老子、孔子、墨子、庄子等先贤的话对现在也有启发意义。所以，我们怎么可以把老祖宗丢掉呢？对过去，不是不能批评，但不能全盘推倒重来。所以，我们必须要了解自己民族的历史。

企业要有社会责任。我们要把企业做大做强，同时也不要忘了老子的话，如“反者道之动，弱者道之用”。老子还说“上善若水”，水为什么好，因为它柔弱，柔弱为什么好，因为柔弱胜刚强。大并非不好，大而壮，壮而强，但容易因此忽视小而精。老子说，“物壮则老”，大而壮，壮而强，强而死。我们不需要把所有的企业做得那么大，小的也可以在行业里成为标杆。从这个角度讲，老子的思维方式也是值得我们思考的。

三千多年的历史文化积累、历史传统积淀，有没有错误？当然有，但我们能不能换一个立场、换一个观念尽力去理解自己的历史文化和传统呢？它虽然是有错误的，但把自己的历史全部推翻也是不可取的。我们今天要回到自己的历史文化传统中去，改变过去的说法，解决我们的立场、观念和方法问题。具体应该怎样做呢？

第一个问题，立场观念。要从历史语境中解读先贤经典。古代历史文化通过文字继承下来形成文献，结成文字的时候，当时的历史背景被文字掩盖了。这时，需要先提到一个稍微学术化的概念，就是语境——语言的环境、语言的背景。如果我们不了解语境，就会在某些问题上产生错误的理解。比如《论语》中说："子曰：'唯女子与小人难养也，近之则不逊，远之则怨。'"从古至今，大家都认为孔子是很伟大的人物，可却不知道为什么他会说出这样的话来。我们去查阅孔子的《论语》，或者关于孔子语言的记录，发现孔子家眷里面并无有违淑德的人。《论语》并不是孔子写的，"子曰"的意思是孔子说，实际上是孔子过世以后，弟子回忆老夫子曾经说过什么话，再把它记载下来的。几百年、几千年之后的人们为什么会有这样的疑问，是因为人们不了解当时谈话的内容，只看得到文字。子曰："唯女子与小人难养也。"小人就是无德之人，社会地位比较低下的人；女子就是女人，难养就是不好相处。小人很难相处是可以理解的，因为和无德之人相处，他转身就会对你造谣诽谤。而和女子很难相处，这符合逻辑吗？孔子的妈妈不是女人吗？孔子会对别人说和妈妈很难相处吗？显然这句话是有问题的，原因就是我们不知道这句话后面的背景。我们假设可以逻辑重建，是有人给孔子说小人就是王某人，他很难相处，当面表扬，背后造谣。这个女子肯定也不是抽象的女人概念，假设是特定的一个女人，我们称她为张氏，是这个人很难相处。为什么呢？后面的话可以作为理由："近则不逊"，离她近了她不守规矩。一个男人和一个女人恋爱了或者结婚了，那么他们两人的关系自然不需要按照古代好女人的标准来要求。在中国古代，女人讲究女容，笑不露齿，坐要端庄，走路不可以跑，不能和男子勾肩搭背，要在男子后面漫步。这样的生活方式多没有情趣！所以女孩子说点俏皮话，“骂骂”男人，掐一下，打一下，也都是正常的。“近则不逊，远之则怨。”离得近了，女孩子会说你不尊重她；离开她，她会生气。孔子并没有恶意地去嘲笑中国妇女。没有了相应的语境概念，孔子便背上了中国封建社会对妇女礼教压迫这个始作俑者的黑锅。如果我们从这个角度看，这句话的本意不是迫害妇女，可是孔子为什么要背负这个罪名呢？这是因为孔子的身份变了。孔子说这句话的时候，还是一介布衣，而到了汉代就是至圣先师，后来地位越来越高，成了一个“不戴帽子”的皇帝。人们认为孔圣人说的话都是为统治阶级服务的，其实是统治阶级利用孔子为自己服务。对统治阶级批判最严重的要数孟子。孟子是中国文化史中最令人敬仰的学者之一。用现在的话说，孟子就是个骂人的“机器”。他与君王谈话，从第二句就开始骂，代表了中国古代知识分子的一种风度。在中国历史发展过程中，转变立场和观点去看一看，其实还是有很多传统的东西，对近代有很大帮助，因此不要把它们都当成糟粕全部丢掉。

第二个问题，历史怎么看。历史唯物主义的概念是正确的，但在教育过程中不要将它变成虚话或空话。讨论问题看问题，要注意它的背景，把语言产生的背景去掉了，就会有错误的理解产生。

当我们不了解语境的时候，会对语言产生错误的理解，这个错误的理解也是在历史过程中发生的。孔子讲小人与女子难养也，所以在封建社会后期，尤其是宋代以后，中国封建礼教对妇女进行了残酷的压迫。孔子本意不是这样的，可是在历史当中孔子应该担当这个责任，中国妇女的遭遇确实跟孔子有关系。

第三个问题，政治批判不能取代理论批判。从“五四”以来到现在，我们犯了一个很严重的错误，就是把两种批判（一个叫政治批判，一个叫理论批判）当成了一种批判。理论批判是对理论进行深入分析，即每一个理论论证的材料充分不充分、可靠不可靠，假如这个理论大概有四个论据（ABCD），这四个论据之间是不是一个逻辑的组合？如果论据A和论据B错了，那我们就可以说这个理论错了。比如“文化”这个概念，在西方人类学中有163个定义。笔者有一个朋友是香港特别行政区政府文化委员会的理事，他说文化的定义不止163个，起码有200个。为什么文化的定义这么复杂？文化的概念，要从内涵和外延来解释。美国的辞典说，文化是人类参与自然界、改造自然界的经济生活以及他们的宗教习俗、服饰语言与若干代人遗留下来的习惯的总和。龙应台做了台北市文化局长，有一天，她收到了议员咨询，问她什么叫文化？她说文化其实很简单，就是女人出门的时候男人去给她拉门扣；就是你在路上看到了一个盲人，你去搀扶他过马路。什么叫文化？就是有约束的自由，文化就在我们的日常行为之中。换个角度来讲，文化有结构，文化的外层是物质文化，就像近代以来中国3000多年的文化遇到了西方的工业化文明，我们败下阵来。洋务运动搞了30多年，当时的清王朝面对欧洲文化的大量涌入，没能及时学习。第二个层面，文化是制度文化。晚清时期，我们的南洋水师、北洋水师全军覆没，败给了日本，问题出在哪里？日本完成了明治维新，我们就来戊戌变法，戊戌变法没有成功，就建立了北京大学。但接着，中国陷入了军阀混战，陷入了更深的苦难当中。后来，五四运动发生了。所以文化的概念可以这样理解，假如外面一层是物质文化，第二层是制度文化，那么第三层的核心问题则是思维方法、价值观念、宗教习俗、社会意识等。如果从这样的意义上讲，物质文化，古代有鸿雁传书，“烽火连三月，家书抵万金”，一颗报平安的心比黄金还珍贵。现在，每个人都有一部手机，不管是欧洲还是美国，要发个信息，20 秒解决问题。现在的物质文化比过去确实先进了很多，可是人的思维方式、价值观念特别是审美意识就不能够用先进或落伍来衡量了。我不喜欢意大利帕瓦罗蒂的男高音，就喜欢中国龚琳娜唱的奇怪的歌曲；我不喜欢《天鹅湖》，就喜欢杨丽萍的原生态，能说我没文化吗？过去的说法是有缺陷的，受文化心理学概念的影响。如果放在文化的层面上考虑，那说法就有很大的局限性。所以，中国文化在发展的过程中，概念正确与否，概念组成的命题正确与否，命题和其他命题之间是否冲突，这个分析讨论叫理性平台或者讨论平台。

还有如何面对西方文化的问题。对于西方“三权分立”的概念，如果换个角度来看，权力需要制约，没有制约的权力会腐败，绝对的权力会产生绝对的腐败，这没有错误，只是在制度的选择上有些差异性。对我们而言，坚持中国特色社会主义制度，在坚持中国共产党领导的前提下，也可以吸收借鉴西方政体下好的、合理的经验模式。所以，习近平总书记在 2013 年中央党校春季学期开学典礼上的讲话强调：“要睁眼看世界，了解世界上不同民族的历史文化，去其糟粕，取其精华，从中获得启发，为我所用。”因此，我们要理解尊重其他国家的政治文化选择，不要用“两分法”去考虑问题，不能只顾及政治批判而忽视理论批判。

从“五四”到今天，我们对于文化的理解谈不上有太大进步，甚至同五四运动时期那些著名学者比起来，还有所不如。那些学者为什么强烈地批判传统文化？因为他们看到了中国的落后，他们希望当时的中国能够同西方并肩站在一起。他们是真的不理解中国传统吗？不是，他们是希望用一个新的面孔建立一个新的国家，当这个国家平稳过渡到强盛时期的时候，再回过头来管理这些传统。这是当时“五四”领导者的想法。这个想法随着中国革命越来越激烈，一直延续到了

“文化大革命”，迫使我们要把所有的传统都丢掉，要换一个全新的面孔，甚至脱胎换骨。但这并不能解决问题，我们必须回到理性的批判，来看历史文化中哪些是对的，哪些是错的。例如，宋代以大学者朱熹为首完成了中国文化的一次转型。那时的文化把佛教、道教吸收进来，可是文化的主体还是儒家。所以说，宋代时中国文化是三教合一的文化。

所以说，我们不能满足于单纯的政治批判，如果没有理论批判，即使政治批判是正确的，你也会把这个东西搅得模糊，把某些传统当成糟粕。如果用理论的批判，那么糟粕也可能变成精华。对于我们摆脱不了的，我们不能弃之不顾，因为即使不顾，它也依然影响着你。如果用理论的方法去分解我们自己的文化传统，就会发现很多东西政治上是错的，但是理论上没有错。要回到理论的批判，这不是一句空话，需要深入理解和不断学习。

如何理解“存天理，灭人欲”？朱熹说过一段话，告诉人们要“存天理，灭人欲”。宋明理学经过了宋代的300多年、元代的90多年，到了明代又是270多年，到了清代又是200多年，加起来近1000年，这个文化对中国社会产生了巨大影响。后来，清代哲学家戴震批判朱熹的“存天理，灭人欲”纯属以理杀人，这个批评非常深刻，朱熹的思想也确实对后世产生了非常恶劣的影响。汉族女人裹小脚就是从宋代开始的，因为从宋代开始，男人就有喜欢看女人小脚——三寸金莲——的陋习。戴震批判以理杀人，他的说法影响了鲁迅先生。鲁迅看了戴震的书，他对中国文化的批评就更加激烈。鲁迅只有一篇文章是表彰国民性的，就是《且介亭杂文》中的《中国人失掉自信力了吗》，文章说：“我们从古以来，就有埋头苦干的人，有拼命硬干的人，有为民请命的人，有舍身求法的人，……虽是等于为帝王将相作家谱的所谓‘正史’，也往往掩不住他们的光耀，这就是中国人的脊梁。”

鲁迅在《狂人日记》中说："我翻开历史一查，这历史没有年代，……仔细看了半夜，才从字缝里看出字来，满本都写着两个字是'吃人'！"我们可以看到，"从以理杀人"到"吃人"，封建社会后期特别是清代以后，一些先进人士批评儒家，都是从这个角度批判的。不能说这个批判是错的，但这个批判只是政治批判，是在批评这个理论产生的社会影响，要清理封建社会男尊女卑的情况，这个批判是正确的。但它是政治的，它不是理论的批判。理论批判是要分析朱熹的话，原来的意思是什么，他要表达什么东西——必须要回到这个点。我们看朱熹说的"饮食男女，人之大欲存焉"这句话。"饮"是喝水，"食"是吃东西，"男女"是到了一定年龄要结婚。因为中国是宗法血缘的社会，"人之大欲存焉"就是人的最大任务，即是天理，这个"人之大欲"就是天理。那为什么要"存天理，灭人欲"？这个理论上是矛盾的、是错的。还有一句话，"饮食者，天理也；要求美味，人欲也。"过度追求欲望那是人欲。第二句话对前一句话作了修整。前一句话有一个非常重要的概念叫天理，怎么理解？中国的"天"可以理解为天神，在商和周时就有这个概念出现。商代从成汤建立到纣王灭亡一共约500年。纣王不理朝政，天天肉林酒池，所以文王、武王起兵讨伐他。商纣王为自己辩解，说我是上帝派来控制商王朝的，你有什么权力讨伐我！文王、武王起兵也不能没有理由，他说你是天派来的，可是你没有尽德保民，所以我要以德配天，要替天行道。所以"天"在商朝的第一概念就是神。经过文王、武王用革命的行为改造"天"，这个"天"就不是神了，这个"天"变成了道德的主体了。看《论语》《尚书》或者《老子》，都有"皇天无亲，唯德是辅"的话。老天爷没有亲疏之分，只要你有德，我就帮你。后来老子说"天道无亲，常与善人"。天就不是神，是道德的主体了。这一改变确定了3000多年来中国社会的核心价值观没有给任何一个神留有位置。这件事发生在距今3000多年前的商周时代，所以中国历史上任何宗教都没有成为核心价值观。

为什么南北朝时期梁朝武帝成为历史上推崇佛教最疯狂的皇帝？佛教成为他唯一的追求，可是佛教却没有成为梁朝的国教？唐朝皇帝姓李，李渊、李世民父子从建唐开始就推崇道教，因为老子也姓李，他们自认为是老子的后代。后来武则天开始推崇佛教，从那时开始佛教就进入了鼎盛时期，有山就有庙，各地建了许多大庙，可是唐代也没有把佛教当成国教。中国历史上，没有一个朝代决定佛教或者道教成为国教，为什么没有这个决定呢？就是刚才所讲到的，自从武王灭了商以后，就确定了任何宗教都不能成为中国的核心思想。虽然佛教存在于中国民间社会，但它的存在方式和西方社会的宗教存在方式完全不一样。中国民间存在的宗教都是功利化的，你不帮我，我就不相信你。佛教能帮我解决问题，我就信你；后来又不解决问题了，我就去道观里解决问题；再后来有人讲大树下面有一个洞，里面住着一个神，就去信那个。这完全是功利化的，和西方宗教完全不一样。西方宗教成为人们生活中不可缺少的重要价值观念，而宗教在中国是为我所用的。从这个角度讲，中国的宗教没办法成为核心价值观念。我们看到，现在党内也有不少丑陋的东西表现出来，怎么会有那么多的腐败分子崇信佛教？作为领导干部，并不懂得佛教的信条，却让佛变成你的一个保护神。我有很多信佛的朋友，我尊重他们的佛教信仰。他们说，你如果加入我们教，会增加我们的影响力。我说，我凭什么加入你的教？你有你的选择，我有我的选择，大家相安无事最好。中国几千年历史中，宗教能在中国社会传播，就是因为儒家的文化不排斥宗教。所以从唐宋时起，基督教、犹太教就已经传入中国了。到了明代，天竺教也传入中国了。读金庸小说《天龙八部》，各派宗教都在中国传播。可是中国有宗教战争吗？没有。以儒家为首的文化能够和宗教相融合，所以宗教在中国能够长久，它更多的是向下层老百姓传播，然后影响上层活动。但是，宗教没办法成为中国意识形态的核心。

再来说说“天”的概念。第一个概念：“天”就是神。第二个概念：文王、武王觉得既然纣王不按照天德从事，所以宁愿替天行道，这里的“天”就是道德的主体。第三个概念：就是自然人。庄子有一段话，说“牛马四足，是谓天；落马首，穿牛鼻，是谓人”。牛马生而四足，是天然而成的；而给马戴上笼头，给牛鼻穿上孔，是违反自然的、人为的行为。所以他说的天，就是自然人的意思。“五四”时期，有一帮新女性成立了一个协会，叫“天足协会”。宋代时，小女孩四五岁就开始裹足，认为这样很漂亮，然后到十四五岁的时候嫁出去。“五四”时期不裹脚，叫天足，就是不能给小女孩裹脚，让脚自然地生长。这里的“天”也是自然人的意思。“存天理”的“天”就有这样三个概念。第一个是神，第二个是道德的主体，第三个就是自然人。如果理解了“天”的概念，就会理解“理”就是常规、常理、道理、伦理的概念。“饮食男女、人之大欲”就是“天”，渴了要喝水，饿了要吃东西，男女到了一定年纪要结婚，这就是人的欲望，这个欲望就是天理、自然人的需求。“要求美味，人欲也”，追求美味是人的正常需求。渴了有人倒茶，茶不好，给我倒最好的茶；请我吃饭，没有鲍鱼和鱼翅不够档次。人年龄大了要结婚，繁衍后代，这是天经地义的事，结完婚却有婚外其他不法行为，这都是过度欲望。求美味，这就是欲。朱熹说“存天理，灭人欲”的意思是要灭掉过度的欲望，那这个意思对吗？当然对了。宋代的这句话放到现在，也没有错误。

中国不是全世界最发达的国家，全世界的奢侈品却在中国卖得最好。我有一次去西班牙，西班牙最有名的奢侈品牌叫ZARA，设计很好，也不是很贵。我去那家店，店里只有一个中国人，中国人不到这个店买东西，因为太便宜。2013年中国的消费总量全世界排名第一，有人还说这数字不真实。我看了统计，中国人的购买欲望太强了，追求新生活的欲望太强了。朱熹的话是有道理的，“存天理，灭人欲”，消费可以，但不要过度消费。

习近平总书记号召回到我们自己优秀的文化传统中，这不是一两天就能完成的，要从娃娃抓起。我们必须对自己的文化传统有所了解。笔者对学生说：不要以为你用的名词是创造性的，其实这些名词在古代就有了，比如浮云、神马、达人，《论语》里“己欲立而立人，己欲达而达人”，所以我们是没办法离开文化传统的。回到传统，去理解传统，很多传统经过我们的解构成为今天的印记。

3. 中国哲学是中国文化的精神核心

在文化的学习中，改变思维方法是一个重要方面。国学是变化的哲学，学习中国文化能够改变我们的思维方式。比方说，我们一直在讲“一分为二”，而马克思讲的对立统一规律叫“合二为一”。二十世纪六十年代，时任中央党校校长杨献珍说，在讲一分为二的同时要讲合二为一。他主张合二为一，后来在“文革”时期受到批判。十八世纪末到十九世纪初，马克思在欧洲被称为三大重要社会学家之一，他的思想对今天的欧洲社会还有重要影响。这几年欧洲经济不好，欧洲好多人都在研究马克思的著作。2013 年，马克思的书在德国销量很好，他的理论至今受到关注。中国的文化传统能不能寻找一个思维方式，不只是简单一分为二地思考问题呢？敢于寻找一个“一分为三”的方法去思考问题，是庞朴先生最早提出的，他是中国社会科学院历史所的教授，也是笔者的导师。什么叫“一分为三”？这要和一个词联系到一起，就是“中庸”。1985 年，笔者在新加坡的时候专门写过一篇文章谈论“中庸”这个概念。过去对“中庸”的理解是错误的，在某些文章里对“中庸”的理解就是折中、调和。《论语》中说：“中庸之为德也，其至矣乎。”中庸是最高的德，比“仁义礼智信”这些概念还要高。所以，它首先是一种道德，同时还是思考问题的方法，这就确定了中国的思维方式相比西方走了不同的路线。中国讨论一个人的智慧是从德开始的，西方讨论一个人的智慧是从知识开始的，也就是说认识的客体和认识的外部事物是不一样的。认识的主体如何达到对认识的客体的认识，认识的来源是什么，认识的过程是什么，认识的真理问题，认识的标准问题，这些都是中西方两个不同的文化发展的不同路向。哲学不等同真理，不能用对和错来讨论；哲学就是一个人的思维方法、观念行为，不能说对和错。

“二元对立”的说法是受到苏联日丹诺夫的影响，他当时在苏联教育里讲，哲学史就是唯物主义与唯心主义的斗争史，唯物主义等于进步，唯心主义就是错误——他就给我们定了这么个调子。所以我们从二十世纪五十年代开始就这样讲。哲学强调主体和客体，不强调什么对错。就是说，这是我的想法，你要认同就认同，不认同就反对。明代思想家、心学集大成者王阳明强调主体意识的能动性：看深山里的花，我看的时候，它就在那里光鲜亮丽；我不看，它就寂寂无闻。跟我有什么关系？我心无外物，你愿意接受就接受，不愿意接受就不接受。唯心主义这个词可以翻译成唯心论，也可以翻译成理念论，也可以翻译成观念论——这都是唯心主义。王阳明讲的是心与物同体，物不能离开心而存在，心也不能离开物而存在，所以他说“心外无理”。一本书今日读一处，明日读一处，豁然开朗，就有知识了，这都是外在的。王阳明说，这是先知后行，他主张的是知行合一，不需要读几年《孝经》才回家孝敬父母。王阳明说知行合一，这都不是用对错来衡量的，这都是他本人的主张，不要把哲学当成真理性的东西。再回到之前，中国文学家强调知识和道德连在一起，所以人们读到《孙子兵法》第十三篇《用间》时，文章里面详细描写了五种间谍的作用，最后写了一句话："非圣智不能用间，非仁义不能使间。"圣智是什么意思？是指有德的人。庄子给儒家概括了四个字——"内圣外王"，必须是有德的人才能称王，才能有治理国家的本领。这要求统治者必须有权威，更强调现在的管理者要有德。所以说，"中庸"这个词首先标示着一个人的道德水平，同时也是思考的前提，它不仅是一个道德问题，也是思考方法的问题。

"叩其两端而执中"，这是《论语》中的话。说"叩其两端"，这两端是指事物的形式、内容、原因、结果、本质、现象和性质完全极端对立的两个事物，研究这两端的时候要执中。这个"中"强调的是变通，所以前面加个词叫"执中"，即适时变化的意思，不是固定的两分法。"中"其实就是"三"，"三"就是第三个角度。在中国古代，三不是一二三的三，是多的意思。老子所谓："道生一，一生二，二生三，三生万物。""执中无权"，在中国的话语里"权"是变的意思。执中不能不变，研究事物的两端要从第三个角度去思考。古代圣王舜，称他为圣王是因为他是一个大孝子。舜娶了一个老婆，没告诉父母，这是娶而不告。古代成家立业是大事，大孝子却不告诉父母，因为如果他把这件事告诉父母，父母就会不让他娶。这就形成了两端，一个是"娶而不告"，另一个是"告而不娶"。如果你在娶还是不娶这两端思考，就会纠结。按照叩其两端取其中的方法，能不能从第三个角度思考问题呢？"不孝有三，无后为大"，什么是不孝有三？第一，尊亲。但中国文化的"老"是有条件的，如果为老不尊、为父不慈，那我就不孝了。在《孟子》里，皇帝和大臣之间的关系也是一样的："君视臣如手足，则臣视君如腹心；君视臣如土芥，则臣视君如寇仇。"第二，弗辱。就是父母在世时我们不能违法乱纪，使父母蒙羞，这会让父母折寿。第三，能养。父母在世，我们努力工作，给父母买个大房子；父母过世了，我们选一个好的墓地把父母安葬。孔子的弟子问孔子，能养算孝吗？孔子说，如果能养算孝，那你和动物没太多差别，乌鸦还知道反哺老乌鸦呢。“不孝有三，无后为大”，无后才是最大的不孝，因此舜不再纠结告还是不告。从这里能够看出，不要简单地用两分法看问题，要叩其两端而从第三个角度思考。“执中无权”就是执意没有变化。在古代中国，男女授受不亲，作为一个男人不能随便触碰女人的身体，这是古代对女人最大的保护。既然这是一个大的原则，那么嫂溺该怎么办？是授受不亲呢，还是援之以手？权也。一定要权变，时间空间变了，要学会变化。没有规矩，不成方圆。你的原则不可能在每一个时间空间都永恒适用。恩格斯在马克思墓前说，我们两人研究的问题结论不重要，我们思考问题的方法，或许对后来人有一些影响。但不能用同样的方法解决不同的问题。马克思的一些论断，其中具有普遍性的规律对我们有指导、学习意义，但我们不能一成不变地把它们当成僵死的教条，这是不符合马克思主义的；以为这是对马克思的尊重，其实是对马克思主义的最大误解。

关于“一分为三”，我们可以谈两个例证。首先，《孙子兵法》中说：“卒未亲附而罚之则不服，不服则难用。”这是说没有让下属亲近，而仅仅依靠制度来处罚，罚之而不服，受罚者就算不说出来，心里也不痛快。这样的下属，用起来也不好用。还有一种“卒已亲附而罚不行，则不可用也”，是说下属已亲附，而只知奖不知罚，真用时也不会服从。这告诉我们两个问题：一是强调制度的管理，缺乏情感管理；一是强调情感的管理，缺乏制度管理。应该在制度管理上加强情感管理，在情感管理上一定要重视制度管理，情感、制度你中有我，我中有你，这也是三，也是“一分为三”地看问题。春秋战国时期讲“政宽则民慢”，政策制定得太宽松，下面的人就会散漫。“政宽则民慢，慢则纠之以猛；猛则民残，残则施之以宽。”百姓怠慢了就要施行严厉的政策，政策严厉了就会伤害百姓的感情，然后就接着实行宽松的政策。所以换个角度看，应该宽中有严，严中有宽，以猛济宽，以宽济猛，宽猛相济。哲学并不强调正确性，哲学只是告诉我们一种思维方法，如果运用了这种思维方法，你就走向了自由广阔。

“和”与“同”。“和”是中国文化非常重要的元素，但太多人都理解错了，“和”不是和气、没有差异的意思。“和”强调的是多元化、多元性，而不是一致性。“礼之用，和为贵。”墨子的意见主张“尚同”。“同”是统一思想，统一意志，如此才可以管理社会、管理国家。墨子是非常了不起的思想家，在某种意义上讲，墨子是中国侠文化的代表。

关于“和”与“同”之辩，有这样一个小故事。

齐国第四代王齐景公有一个喜欢的大臣叫梁丘据。景公问晏子，他和他喜欢的大臣是“和”的关系，还是“同”的关系呢？晏子说，他俩的关系是“同”而不是“和”。景公问，什么叫同，什么叫和。晏子说，“同”是因为您是大王，您说是，臣子就说是，您说否，臣子就说否，臣子永远与您保持一致；“和”就是您说得对，也允许臣子提反对意见，您说是，臣可以否定。《论语》说：“君子和而不同，小人同而不和。”君子有这样的道德，有这样的胸怀，所以不同的人的话都可以听得进去。但是小人最喜欢吹捧，最不想听到他不想听到的，无论你怎样去说明一个问题，提出什么样的意见，他只想听到你吹捧他。今天我们讨论什么是道德智慧，什么叫小人，什么叫君子。其实道理很简单，广开言路，听得进意见的人就是君子，听到不同意见就生气的就是小人。所以说，“和”强调的是多样化、多元性，“同”强调的是同一性、同质性，这是非常重要的。儒家强调的多元化、多样性与我们提出的建设和谐社会是一致的。但是，和谐社会并不是要统一思想、统一意识，和谐社会是要看三个不同的阶层——富裕的阶层、收入中等的阶层和贫困的阶层——看这三个不同的阶层怎样和谐共存。

我们的制度制定必须考虑三个不同的阶层，分配也要考虑这三个阶层，这就是强调多元性、多样化。孔子说：“知和而和，不以礼节之，亦不可行也。”孔子也将这个道理讲清楚了。和谐社会讲民主、法治、公平、正义，人与自然的和谐、人与社会的和谐、人与自我内心的和谐。为什么这样讲？没有民主、法治、公平、正义，就没有多元化、多样性的社会，就不会有和谐社会。一个口号提出来，就必须加以历史文化的诠释，由此来教导民众。今天，我们认同和谐社会，是因为我们强调多元化、多样性。前提是我们必须建立健全法制，遵循一定的制度，也就是有约束的自由。

“以人为本”这个口号在中国提了很长时间，但中国文化对“人”的理解与西方是不同的。“以人为本”的观点最早是在《易经》里提到的：“天地人三才，人为贵。”人是最有价值的，中国文化强调人的价值。后来荀子说：“水火有气而无生，草木有生而无知，禽兽有知而无义，人有气有生有知亦且有义，故最为天下贵。”人是天下最有价值的。二十世纪八十年代中期，我们在欧洲讲学或开会的时候，经常用这两个材料批驳西方学者。那时候，我们的人权报告刚发表，所以在西方引起了很多的质疑声。他们认为，中国人讲人权就是讲生存权，是吃饱肚子的权利，但西方讲的人权不是这个概念。为什么生存权就是人权？是因为我们的传统文化就是这么养成的。所以“人”在中国是一个类的概念、一个群的概念，而不是西方十六世纪文艺复兴以后的“人”的权利的概念，那时候人的权利是指个人而说的。“以人为本”在西方是“以个人为本”，在法律允许、没有明令禁止的情况下，那就是任何政党组织不得干预个人的空间。这正是法国文艺复兴中最有名的一句话：“我不同意你说的每一句话，但是我誓死捍卫你说话的权利。”所以，西方讲的“人”是个人，而在我国讲的是集体。在中国传统文化中，有一句话叫“杀盗非杀人”，也就是说杀强盗不是杀人。

在这一点上，西方文化和中国文化是有差别的，这方面我们也应该向西方学习。我们今天讲“以人为本”，并且用法律的形式规定了拥有私有财产的权利，用更多对生命的关爱来号召全体国民对他人生命的关爱与尊重。通过这样的口号，让我们知道要向西方学习，学会尊重他人的生命。这就是中国文化在当今时代向西方学习的一个进步表现。

另外，中国文化传统更多强调民族主义、国家主义、集体主义；杀身成仁、舍生取义，为了国家可以献出个人的生命。可是，爱人要先爱己，如果一个人连自己的生命都不关爱，他还会顾及别人的生命吗？庄子经常拿“尾生抱柱而死”的故事调侃儒家。尾生和女子约定好在桥下等候，他不能违背自己的诺言，结果雨越下越大，河水开始上涨。岸上老者让他上来，他也不肯，还说“君子一言，驷马难追”，就算淹死，也不能上去。最后尾生被淹死了。尾生这种做法现在显然不会提倡。

“返本开新”，就是善于继承才能更好地创新。中国是负责任的大国，中华民族有着5000年绚烂多彩的文明，没有任何一个民族可以同化，而是其他民族也接受了中国文化，共同构成了绚烂多彩的新的文化，中华文化的很多异族文化也由此产生。

如上，就是笔者阐述的中国文化的基本精神，概括为“中国的智慧”。

4. 如何阅读《孙子兵法》

首先要理解两个概念：一个是“道”；一个是“器”。这两个概念在《易经》当中这样定义：“形而上者谓之道，形而下者谓之器。”既然说有形的上面就是“道”，那么“形而下者谓之器”的“器”，就是指具体的东西，也可以用“术”来直陈。何谓“术”？清代学者章学诚解释说："术也者，取所发明之真理致诸用者也。"换言之，"术"就是理性认知的具体运用方法。"道"与"器"是什么关系呢？二者的关系是："道在器中，以道御器。"这是中国哲学的根本思考方式。

《孙子兵法》流传下来，成为中国兵学的经典，就是因为它并非只讲具体的战术或谋略，而是集中了对战争本质的深刻反思，凝集了中国兵学思想的精粹。"道"在中国哲学里有多种说法，简要概括就是关于自然、社会、人所固有的因果性、规律性，由此比附为道德本体，以及人们超验的体悟境界。所以，中国文化中一直认为"道"是"本"，"术"是"末"；"道"是"体"，"术"是"用"。"术"不离"道"，不存在一个纯粹的独立的"术"。

今天企业界借鉴学习《孙子兵法》，只关注"谋略""诈道"，而全然不解孙子在兵法中所强调的道德关怀和人本精神，那是把《孙子兵法》庸俗化了。《孙子兵法》一书共十三篇，约六千字，尽管关于道、境界、道德这一类词汇字数很少，但是却体现了《孙子兵法》的精髓和核心思想。这个问题，仅就《孙子兵法》来谈是不行的，应该有比较和对照。因此，笔者以德国十七至十八世纪一位著名的军事学家克劳塞维茨所写的《战争论》与《孙子兵法》来对照比较。

《战争论》一书，共一百二十四章，是西方近代军事著作中的经典文献。《战争论》的第一观点是"战争是政治的继续"。克劳塞维茨认为，战争没有固定模式，每一次战争都有其自己的特色，各不相同。但从战争与政治的关系上看，政治是战争的母体。在任何情况下，都不应把战争看成独立的东西，而要看作是政治的工具，是为政治服务的。战争爆发之后，并未脱离政治，仍是政治交往的继续，是政治交往通过另一种手段的实现，是打仗的政治。当事情不能用政治解决时，就需要用战争来解决。这个观点大致成为我们解读战争现象的一个很重要的依据，当然，这个政治的概念可以放大一些，也包括经济、地缘等因素。比如两次海湾战争，如果说波斯湾地区没有石油，西方强国也不会有那么大的兴趣，因为要控制战略要地、战略资源，所以才有了两次海湾战争。因此可以说，这种观点是对战争本质性的一个精确描述。那么,《孙子兵法》里面有没有这样的思想呢?

《孙子兵法》从一开始就讲：“兵者，国之大事，死生之地，存亡之道，不可不察也。”

“兵”就是指战争。战争是国家最重大的事情，由于它关乎百姓生死、国家存亡，因此每一个统治者都不能不慎重周密地观察、分析、研究。这种说法和《战争论》的说法有异曲同工之妙。可以说 2500 年前的孙子，已经认识到了战争不是独立的现象，而是国家最重大的事情。所以孙子说，对战争问题一定要慎重地对待，这就是“慎战”的思想。孙子说“非利不动，非得不用，非危不战”。孙子告诫统治者对待战争要慎之又慎，因为“亡国不可以复存，死者不可以复生”。孙子更加强调战争给人们带来的惨痛危害以及大量财产的浪费。

那么，如何考察战争问题呢？孙子提出从五个方面去认识：“一曰道，二曰天，三曰地，四曰将，五曰法。”

所谓“道”，是指“令民同意”，即君主要关心民众，符合民众意愿，达到目标一致，如此可以同生共死。“天”指昼夜、寒暑、四季。“地”指地势高低、路程远近、地势险夷和战场的广阔狭窄。“将”指军事指挥者足智多谋、赏罚有信、关爱部下、勇敢果断和军纪严明。“法”指组织结构、人员编制、管理制度和物资调配。孙子特别把“道”放在首位来考察，这也是荀子在《议兵》指出的“善附民也”之意。

《战争论》的第二观点是“战争的根本目的是彻底消灭敌人”。克劳塞维茨认为战争是政治的继续，因此战争的政治目的即消灭敌人，而消灭敌人必然要通过武力决战才能做到。虽然克劳塞维茨认为战争是一种比其他一切手段更为优越和有效的手段，但孙子却并不认为战争是解决问题的第一选择。孙子说："上兵伐谋，其次伐交，其次伐兵，其下攻城。攻城之法，为不得已。"在孙子看来，最佳的军事行动是用谋略挫败敌方的战争行为；其次就是建立同盟，以外交手段战胜敌人；再次是用武力击败敌军；最下之策是攻打敌人的城池。攻城，是不得已而为之，是没有办法的办法。所谓"伐谋"，就是"能而示之不能，用而示之不用，近而示之远，远而示之近。利而诱之，乱而取之，实而备之，强而避之，怒而挠之，卑而骄之，佚而劳之，亲而离之。攻其无备，出其不意"。这些谋略是对以往战争经验的高度概括与总结。

（1）用兵之法

孙子把"攻城"视为不得已而为之，因为在他看来，士兵像蚂蚁一样盘梯攻城，死伤三分之一，还不能成功，是重大灾难。孙子在用兵之法上主张使敌人举国降服是上策，用武力击破敌国就次一等；使敌人全军降服是上策，击败敌军就次一等；使敌人全旅降服是上策，击破敌旅就次一等；使敌人全卒降服是上策，击破敌卒就次一等。即"全国为上，破国次之；全旅为上，破旅次之；全卒为上，破卒次之；全伍为上，破伍次之"。

由此，孙子提出"百战百胜，非善之善者也；不战而屈人之兵，善之善者也"。意思是说：百战百胜，算不上是最高明的；不用交战的方式就能降服全体敌人，才是最高明的。"故善用兵者，屈人之兵而非战也，拔人之城而非攻也。"这里，孙子不是在简单地谈论"谋攻之法"，而是告诫人们"不尽知用兵之害者，则不能尽知用兵之利也"。孙子倡导"全胜""智胜"，是因为他看到了战争的残酷性，因而提出了"慎战"的思想。我们从中可以体会到《孙子兵法》一书里所蕴含的对生命的关爱与尊重。

《孙子兵法》一书所处的时代背景为春秋战国，诸侯国进入了争霸与兼并战争的时代。在这些残酷的战争中，诸子对战争都有深刻的反思，所以有一句话叫“春秋无子不言兵”，是说春秋时代没有一个人不讨论战争。可以想见当时的战争影响面有多大，使得这些读书人都要关心战争的问题。儒、墨、道、法诸子对战争也作出了深刻的反思与批判，可与《孙子兵法》作比较。

（2）诸子的战争论

孔子有没有讨论战争呢？在相关的文献里没有直接的讨论，但是《论语》里有一段对话。一个弟子问孔子立国的标准是什么？他说是“足食”“足兵”与“民信”，这个“信”是诚信的意思，这三个条件可以确保一个国家存在。弟子对孔夫子说，这三个条件能不能去掉一个？他说“足兵”可以去掉。这是说军备可以不需要考虑。弟子再问，迫不得已在“足食”与“民信”二者上，哪个可以先去掉？孔夫子说“去食”。孔子说“民无信不立”，即是说没有百姓对国家的信任，君主还立什么国？这句话现在成为一个对世界负责任的大国的一句警言，没有诚信，一个国家何以立？孔子不是不重视军事战备问题，他在《论语·子路》里说：“以不教民战，是谓弃之。”就是说统治者让没有经过军事训练的百姓去打仗是不负责任的。受文献资料的限制，我们无法了解孔子是否有更多关于战争的议论。

孟子讨论战争问题就多一些。孟子说“春秋无义战”，是说春秋时发生的战争没有正义的，都不符合尊卑礼仪原则。因为征伐的人应遵守从上到下的概念，从上的“上”就是周天子，只有周天子下令才可以征伐下面的诸侯国。这就是“礼乐征伐自天子出”的意思，势力相等的国家是不能相互征伐的。这里说的是发动战争要遵循一定的政治秩序。传统中国的战争观，有一种最重要的精神，就是认为战争是造成人民死亡和物资损害的最大原因。我们可以在《孟子》一书中看到对统治者战争行为的强烈批判："今夫天下之人牧，未有不嗜杀人者也。""争地以战，杀人盈野；争城以战，杀人盈城。"孟子批评梁惠王，"不仁哉，梁惠王也！仁者以其所爱及其所不爱，不仁者以其所不爱及其所爱"，（朱熹注："亲亲而仁民，仁民而爱物。所谓以其所爱及其所不爱也。"）"梁惠王以土地之故，糜烂其民而战之，大败，将复之，恐不能胜，故驱其所爱子弟以殉之，是之谓以其所不爱及其所爱也"。孟子认为"此所谓率土地而食人肉，罪不容于死"。孟子告诫统治者"以德行仁者王，王不待大"，"威天下不以兵革之利。得道者多助，失道者寡助。寡助之至，亲戚畔之；多助之至，天下顺之"。在孟子看来，依靠战争解决问题是"失道"，是没有道义的行为，也就失去了百姓的支持与拥护。

春秋时代，儒家和墨家被称为"显学"，是当时影响最大的学派。墨家有一篇文章叫《非攻》。墨家对战争非常痛恨，所以专门用这样的文章来反对战争。墨子主张"非攻"，反对当时的"大则攻小也，强则侮弱也，众则贼寡也，诈则欺愚也，贵则傲贱也，富则骄贫也"的掠夺性战争。孟子批评战争贻误农时、破坏生产、残害无辜、掠民为奴。墨家反对战争的理由与儒家是一致的。墨家在中国历史文化当中也算是兵家之一，因为它在防御战上为中国的兵学作出了很大的贡献。

道家也是反对战争的。有人说《老子》这本书就是兵书，也有一定的道理。老子说"夫乐杀人者，则不可以得志于天下"，意思是以杀人为乐者不能得天下。作为一个辅助帝王的人，应该"以道佐仁主者，不以兵强天下"。战争给社会与百姓带来巨大的灾害，所以老子说："大军之后，必有凶年。故善战者果而已矣，勿以取强焉。""夫兵者，不祥之器，物或恶之，故有道者不处。""兵者不祥之器，兵者非君子之器，不得已而用之。"作为道家代表的老子反对战争是不言而喻的。中国古代的战争观有一个核心的观念，那就是反对战争，尊重与关怀生命。这一价值观念在南朝高僧释僧祐编的《弘明集·正诬论》中也有记载："敌国有衅，必鸣鼓以彰其过；总义兵以临罪人，不以暗昧而行诛也。故服则柔而抚之，不苟淫刑极武；胜则以丧礼居之；杀则以悲哀泣之；若怀不恶而讨不义，假道以成其暴。"中国文化中的战争观显然也受到了佛教徒的赞许。

笔者认为中国兵学中关注生命、尊重生命的观念，与中国文化传统中强调人文道德不无关系。我们先了解"中国"这个概念的含义。"中国"一词在商周时期就出现了，代表文化意识的"文""野"之别。周朝后期（春秋战国时代），封建诸侯国向外发展，异族亦被周封建，成了诸侯大国，形成共同的文化圈、经济圈，作为中心的"中国"概念已有扩大，但作为"中国"概念的内涵却没有变化。在《战国策·赵策》里有对"中国"的描述："中国者，聪明睿智之所居也，万物财用之所聚也，贤圣之所教也，仁义之所施也，诗书礼乐之所用也，异敏技艺之所试也，远方之所观赴也，蛮夷之所义行也。"这里对"中国"的解释显然不是地理概念，也不是种族概念，而是表达文化文明的概念。如果说是"华夷之辨"，其所辨也是文明程度的差异。因"华夏"一词所指陈的是"有礼仪之大，故称夏；有章服之美，谓之华"。而后，在宋代石介的《中国论》中也有这样的说法："夫天处乎上，地处乎下，居天地之中者曰中国。居天地之偏者曰四夷。四夷外也，中国内也……夫中国者，君臣所自立也，礼乐所自作也，衣冠所自出也，冠昏祭祀所自用也，麻丧泣所自制也，果蔬菜茹所自殖也……各人其人，各俗其俗，各教其教，各礼其礼，各衣服其衣服，各居庐其居庐。四夷处四夷，中国处中国，各不相乱，如斯而已矣。""中国"与"四夷"的文化与文明的差异，并不意味着"中国"有权去教育他人。固然有"非我族类，其心必异"之说，但我们读《孟子》所言："夫华夷者，辨在心，辨心在察其趣向。有生于中州而行戾乎礼义，是形华而心夷也；生于夷域而行合乎礼义，是形夷而心华也。”便知“心”是指礼仪文化的差异，没有种族歧视的意识。所以近代的康有为说：“中国能礼仪则中国之，中国不能礼仪则夷狄之，夷狄能礼仪则中国之。”我们可以说“中国”一词是文化与文明的意涵。谭嗣同更为“中国”赋予进取开放的新意，他说：“《文王》之诗曰：‘周虽旧邦，其命维新。’旧者夷之谓也，新者中国之谓也。守旧则夷狄之，开新则中国之。”由此可知，中国兵学是在这样的中国文化传统中生成的，因此必然受到人文道德的浸润。

这样就必然联系到另一个中国文化中的“人”的概念。这不是《孙子兵法》本身的内容，但是我们需要了解这个概念。中国文化对“人”的概念的诠释，已有很长的历史了。

在《易经》中有“天地人三才，人为贵”的说法。其意是说在天、地、人这三者当中，人是最有价值的。荀子说：“草木有生而无知，禽兽有知而无义，人有气、有生、有知，亦且有义，故最为天下贵。”这里的“气”是构成人的一种物质，而“义”则是指礼仪原则。荀子的意思是说草木有生命有气构成而无知，禽兽有生命有气有知而无礼仪原则。人呢？他说有生有气有知且有义，故为天下贵。天下最有价值的就是人，人最宝贵的是生命，中国早期文化就是这样讨论的。但是这种讨论在逻辑上会有一个问题，就是中国所认识的“人”是与天、地比较的“人”，是与草木、禽兽比较的“人”，这是一种模拟。可以说我们2500年前就知道人的价值，但是中国文化中的“人”，是建立在道德意义上的类概念；而近代西方“人”的概念是建立在个人的理念上，也就是“天赋人权”理论的核心价值。所以我们今天谈“以人为本”的理念，不仅要通过“人”这个类概念去关注集体与国家的利益，更需要尊重每一个人的生命。《孙子兵法》是在非常尊重“人”的文化背景下产生的，所以我们有必要将《孙子兵法》置于中国传统文化中去理解、去诠释。我们在前文中用《孙子兵法》与德国克劳塞维茨的《战争论》作了比较，又考察了中国先秦诸子的战争观，可以理解《孙子兵法》之所以成为中国兵学的圣典，乃至世界军事史上的经典的原因，即孙子在讨论战争时，总是从人文道德的高度去思考，也就是我们前面谈到的“道在器中，器不离道”的思维原则。

《孙子兵法》不主张通过战争来解决问题，那就要用谋略来解决问题。曹操注《孙子兵法》说：“兵无常形，以诡诈为道。”这是说战争没有固定的形式，但是它有一个规律，就是“诡诈”。这个诡诈就是谋略。这是曹操注《孙子兵法》最核心的一句话。唐代诗人杜牧说“古之兵柄，本出儒术”，古代战争真正的决定性因素，原本出自儒家思想。这就告诉我们，也可从这个角度读《孙子兵法》。

笔者读《孙子兵法》就是取杜牧的解法。“上兵伐谋”，孙子推崇不用战争的方法解决问题，主张以谋略取胜。即使推崇谋略，也时时强调道德的作用。《孙子兵法》十三篇最后一篇是“用间篇”。这个“间”就是间谍，用间就是使用间谍。孙子描述了几种间谍：怎么样把同乡发展成间谍、怎么样把官员发展成间谍、怎么样把敌人的间谍发展成为我服务的间谍等。情报战是决定战争成败的关键，转换到商业的时候，也说了解商业情报是商战中最重要的手段。这是毋庸置疑的。但是孙子谈使用间谍是有前提的，就是“非圣贤不能用间，非仁义不能使间”。而现在我们很多人都忘记了这个前提，战争要用谋略解决，还有一个贯穿道德人文关怀的问题。

（3）一分为三

我们读《孙子兵法》的时候，会发现有一个非常关键的问题，就是孙子使用概念的方式，他使用的全部是一组组对立的概念，比如说敌我、攻守、胜败、虚实、奇正、治乱、勇惰、强弱、劳逸、饥饱、全破、力智、利害、迂直、生死、远近、高低、众寡……这些对立的概念都是同时列举出来的。我们透过《孙子兵法》的语言使用方式，可以了解孙子思维的方法。这个思维的方法，可以用“一分为三”来概括，而不是“一分为二”。为什么呢？看似对立的两个概念，比如奇正，孙子说“奇正相生”，“奇”是变法，“正”是正法，意思就是在战争中打攻坚战，如果攻击敌人的正面就叫“正法”，攻击敌人的侧面就是“变法”。而正、奇是相互转换的，正面攻敌，因坚固防御势不可破而警惕性减弱，因此攻击敌人的正面反而是用“奇”了。孙子看到了正、奇相互转化，而不是从正奇不变的角度去思考问题。

我们说一分为二的思维方式没有错，但很容易走向“二元对立”的思考，也就是很容易产生一个“对”与“错”的价值判断。有时，我们的思维定式就是以“二元对立”去判断问题的，不是“对”就是“错”，“错”的对立面就一定是“对”，这样的思维逻辑导致我们产生荒诞的看法：“宁可要社会主义的草，也不要资本主义的苗。”这种“二元对立”的思维，贻误了中国社会的进步，令人扼腕！

我们要理解《孙子兵法》中的思维方法，就是前面提到的“中庸”的概念。过去我们一谈中庸就是折中，就是调和，其实不然。中庸是最高的德，孔子说“中庸”为“至德”，是说中庸是一种至德，同时也是一种思考方法。孔子在《论语》中说：“叩其两端而竭焉。”这是一个思维方法的问题，“中”是代表了有德的概念，“庸”就是用，所以“中庸”就是用中。宋代的儒家解释“中庸”是“不偏谓之中，不易谓之庸，不偏不易谓之中庸”。笔者是按孔子的说法去理解中庸的。中国的智慧和道德，这两个概念是联系在一起的，也就是百姓常常说的“有大德必大智”。

“叩其两端而竭焉”的两端是什么意思？就是现象与本质、形式与内容。两端不是平面事物的这一端和那一端。孟子说：“子莫执中，执中为近之，执中无权，犹执一也。”孟子的话是告诫我们对事物两端要认真研究，在研究的过程当中，一定要“执中”，这个“中”并不是50%和50%的中间的“中”，这个“中”就是“三”。也就是说，从第三个角度看问题。“执中无权”的“权”是“变”的意思，亦即是说如果你没有时空变化观念，那你就“执一”了，就是落在一边了。孟子说：“男女授受不亲之谓大礼。”男女是不能手交手的，这是古代很大的一个礼节。告子就给孟子设置一个条件——“嫂溺”，即你嫂子掉在井里了，那这样的话怎么办呢？孟子说“援之以手”，我要用手来救啊。这就是“执中”。

为什么孟子不顾礼仪原则而“援之以手”呢？因为孟子不是在救与不救的两端思考，而是从“人有恻隐之心”的立场去考虑的，就是“三”，亦即“执中”。如看见嫂子落水了不救，坚持“男女授受不亲”的礼仪原则，那不就是禽兽吗？所以孟子的思考贯穿了对道德的要求，这就是智慧，即智慧源于道德。

《孙子兵法》的思维方法就是“一分为三”，是从第三个角度思考问题。这里我们也举几个例子。孙子说：“战道必胜，主曰无战，必战可也；战道不胜，主曰必战，无战可也。”如果从战争的发展规律看，取胜是必然的，但君主却主张不战，作为下属应坚持战；如果从战争的发展规律看，没有取胜的可能，而君主却坚持战，那么作为下属的应反对战。这是讲上下属之间关系的概念，但孙子的思想告诉我们“和而不同”才是符合事物发展的规律。孙子的思想涉及中国文化的核心概念，就是“和”的概念。这个“和”的观念出现在春秋战国时代，那时有过一次“和同之辩”的讨论。孔子和墨子也有不同观点。墨子主张要以“同”来统治社会，就是说把人们的思想意志都统一起来，如此一来社会就好管理了，所以他主张“尚同”的治国策略。而儒家主张“和为贵”，孔子特别主张的是“和”。

“和”最早发生在中国音乐史中，中国古代的音乐有七个音素，这七个音素根据一定的序列，或是节律而构造和谐的音乐，叫作“音因序而和”。中国古代音乐强调的是变化气质、陶冶情趣、移风易俗的观念。因此“和”的观念引申到家庭关系里，就是家庭和睦；推到世界就是和谐天下，协和万邦。“和”与“同”的讨论在《战国策》里也有记载，这是一场类似话剧的演出，剧中出现了三个人物：一个是齐惠王，一个是惠王最亲近的大臣叫梁丘据，第三个人就是齐国外相晏子。这三个人有一场对话，惠王对晏子说，我跟我的亲密大臣据之间的关系，到底是“和”还是“同”？晏子说，君说“是”，大臣就说“是”，君说“否”，大臣就说“否”，所以你俩是“同”的关系。惠王问那么什么是“和”呢？晏子说所谓“和”，应是君说“是”，臣说“否”；君说“否”，臣说“是”，这才是和。《战国策》告诉我们，作为下属要敢于对君主说否，要敢于提意见，坚持己见。这与郭店出土竹简中有一条简的话包含相同的意思，这就是《鲁穆公问子思》：“恒称其君之恶者，可谓忠臣矣。”这句话与前面孙子对战争胜负判断的思想是一致的。在规律面前敢于坚持原则，不能以领导者的判断为判断标准，作为下属应该依据战争规律来判断，并敢于坚持自己的意见。《战国策》对“和同之辩”总结道：“和则相生，同则不继。”不同的东西放在一起才有生命，相同的东西放在一起是没有发展的。无论人类社会抑或自然界，“和”是基本规律，也是价值核心。

中国的思维方法在《孙子兵法》中有很多表述，如在《军形》中的“先胜而后战”之说。孙子说：“古之所谓善战者，胜于易胜者也。故善战者之胜也，无智名，无勇攻，故其战胜不忒。不忒者，其措必胜，胜已败者也。故善战者，立于不败之地，而不失敌之败也。是故胜兵先胜而后求战；败兵先战而后求胜。”孙子强调没有取胜的把握，就不能发起作战行动，不打无准备之战，不以侥幸心理指挥作战。战争胜负的决定权在我们自己，但敌人有无可乘之机被我战胜，则不能由我而定。这就是“胜可知而不可为”。孙子讨论攻守、胜负问题，不是简单使用对立二分法，也不是单纯指出二者转化，而是从“自保而全胜”的高度去认识，所以孙子的思维为历代兵家所重视。

比如《虚实》中的“我专而敌分”思想。孙子认为使敌军处于暴露状态，而我军处于隐蔽状态，这样我的兵力就可以集中，而敌军兵力就不得不分散。如果敌我总兵力相当，我集中兵力于一处，而敌人分散为十处，这样我就是以十对一。如果在局部战场上，我众敌寡的态势下，敌军不知道我军所预定的战场在哪里，就会处处分兵防备，防备的地方越多，能够与我军在特定的地点直接交战的敌军就越少。所以防备前面，则后面兵力不足；防备后面，则前面兵力不足；防备左方，则右方兵力不足；防备右方，则左方兵力不足；所有的地方都防备，则所有的地方都兵力不足。兵力不足，全是因为分兵防御敌人；兵力充足，是由于迫使敌人分兵防御。这就是孙子所说：“故形人而我无形，则我专而敌分；我专为一，敌分为十，是以十攻其一也，则我众而敌寡；能以众击寡者，则吾之所与战者约矣。吾所与战之地不可知，不可知，则敌所备者多；敌所备者多，则吾所与战者寡矣。故备前则后寡，备后则前寡，备左则右寡，备右则左寡，无所不备，则无所不寡。寡者，备人者也；众者，使人备己者也。故知战之地，知战之日，则可千里而会战。不知战之地，不知战之日，则左不能救右，右不能救左，前不能救后，后不能救前，而况远者数十里，近者数里乎？以吾度之，越人之兵虽多，亦奚益于胜败哉？故曰：胜可为也。”孙子讨论“虚与实”“专与分”“众与寡”，不仅看到了二者的转变，更可贵的是指出了这种转化的根本原因，是主体的人的思维方式。

又如《地形》中孙子“施无法之赏，悬无政之令”与“投之亡地然后存，陷之死地然后生”的思想。这里的“无法”的对立面是“有法”，有法之赏即是按制度设计发放奖赏；“无政”的对立面是“有政”，有政之令即是按照等级制度转达命令。“亡地”与“死地”都是布置部队的大忌之地。但是按照“执中有权”的权变思维，也即“时中”观念，任何事物都存在于时间与空间中，时间、空间改变了，事物的性质也随之变化，如：“凡为客之道，深入则专。主人不克，掠于饶野，三军足食。谨养而无劳，并气积力，运兵计谋，为不可测。投之无所往，死且不北。死焉不得，士人尽力。兵士甚陷则不惧，无所往则固，深入则拘，不得已则斗。是故，其兵不修而戒，不求而得，不约而亲，不令而信，禁祥去疑，至死无所之。吾士无余财，非恶货也；无余命，非恶寿也。令发之日，士卒坐者涕沾襟，偃卧者涕交颐，投之无所往，则诸、刿之勇也。”孙子这是在告诉我们，军队越深入敌国腹地，军心就越团结，因此敌人就不易战胜我们。在敌国丰饶地区掠取粮草，三军给养就有了保障。同时要注意休整部队，不要过于疲劳，保持士气，养精蓄锐。巧设计谋布置，让敌人无法判断。将部队置于无路可走的绝境，士卒就会宁死不退。士卒既能宁死不退，那么他们怎么会不殊死作战呢！当士卒深陷危险的境地，他们就不再有恐惧了，一旦无路可走，军心就会更加牢固。深入敌境，军队就不会离散。遇到迫不得已的情况，军队就会殊死奋战。因此，无须整饬就能注意戒备，不用强求就能完成任务，不必约束就能亲密团结，不待申令就会遵守纪律。禁止占卜迷信，消除士卒的疑虑，他们至死也不会逃避。我军士卒没有多余的钱财，并不是不爱钱财；士卒置生死于度外，也不是不想长寿。当作战命令颁布时，坐着的士卒泪沾衣襟，躺着的士卒泪流满面，但把士卒置于无路可走的绝境，他们就都会像专诸、曹刿一样勇敢。孙子的这一思想非常重要，他告诉我们，但凡事物的存在，都是存在于特定的时间、空间中，没有脱离时空而一成不变的规律。

《行军》说：“卒未亲附而罚之，则不服，不服则难用。卒已亲附而罚不行，则不可用。故令之以文，齐之以武，是谓必取。”这里，孙子说的是治军方法。如果士卒还没有从情感上亲近依附就执行惩罚，那么他们会不服，不服就很难使用；士卒已经亲近依附，如果违法而不执行军纪军法处罚，这样的军队也不能用来作战。所以，要用怀柔宽仁使他们思想统一，用军纪军法使他们行动一致，这样就必能获得部下的敬畏和拥戴。孙子所论述的治军原则是既不能简单以情感治军，也不能简单以制度管理，这一思维方法即是上文写到的“执中”而不落两边的方法。

就《孙子兵法》的读法，可以作一个简单的概括：

第一，道与器的关系问题。道在器中，器不离道。我们从《孙子兵法》里那些具体的谋略之术中读出了“道”，道可以驾驭术。如果没有道驾驭术，那些谋略诡诈之术的破坏作用将是巨大的。时下人读《孙子兵法》，更多是关注谋略之术，这是本末倒置，是最大的误读。《易经》中说“厚德载物”的思想值得我们深思，一个没有自我道德的约束，没有民族、国家、社会责任的企业家、政治家，必然走向歧途，这是在当今的转型社会里屡见不鲜的事。

第二，与西方哲学所推崇的二分方法看事物观念不同，中国文化传统中，始终贯彻的思维方法是“一分为三”。笔者认为中国文化传统的思维方法，与道德修养又是紧密关联的，如“内圣外王”“圣智”等，应该都是与“中庸”崇尚德与智并行的观念一致的，这也是所谓的“大德必有大智”。《孙子兵法》中的思维方法，与孙子的人文道德关怀是分不开的。

与《孙子兵法》有关的书很多，笔者特别推荐郭沫若先生的《孙子译注》和北京大学中文系李零先生的《兵以诈立：我读〈孙子〉》。笔者建议还是先读原著，然后再读那些注释的书，就会有自己的体会。在社会转型时代，还是要回到经典，要读经典原典。在经典当中，每个人带着自己的经历去读，都会在经典中找到启发自己的“数据”。

二、《孙子兵法》中的大智慧

1. 十三篇主旨

《孙子兵法》素有“兵典”“武经”“百代兵家之师”的美誉，全书总结了春秋末期及其以前的战争经验，揭示战争的一般规律及具有普遍意义的作战和治军原则，在世界军事史上占有重要且突出的地位。书中不只讲了“谋略”“诡计”，尤其是对战争的本质进行了深刻的反思，汇聚了中国古代兵学思想的精粹。

《孙子兵法》共十三篇，全文约六千字，各篇既独立成章，又自成体系，相互联系在一起。接下来，我们就对这十三篇文章的主旨进行分析。

（1）始计

本篇可以说是《孙子兵法》的总纲，从全局的高度来论述作战的基本要领。孙子指出，在战争中必须根据利害关系和不断变化的形势进行研究和谋划，采取机动灵活的措施，做到“攻其无备，出其不意”地打击敌人。谋划周密就可能在战争中获胜，谋划不周难以获胜，不谋划则注定要失败。

此外，战前必须对敌我双方的基本条件作周密的研究和比较，以便制订正确的作战计划。而对决定战争胜负的“道”（道义）、“天”（天时）、“地”（地利）、“将”（将帅）、“法”（法制）比较清楚了，就基本可以判断战争的胜负。

孙子指出了决定战争胜负的基本条件，即“五事”“七计”。只有在对这些条件进行研究、考核与比较的基础上，分析敌我双方的强弱优劣，才有可能预测和判断战争的胜负。为了取得战争的优势与主动，他还提出了“攻其不备，出其不意”的战术，强调以灵活机动、快速多变、欺敌误敌的战法来打击、消灭敌人。

在本篇中，孙子强调：战争是关系国家和人民生死存亡的大事，必须高度重视开战之前的谋划。这其中蕴含着一种“慎战”的思想，即关系国家安危的战争问题必须谨慎对待，如果没有周密的部署和准备，绝不能随意开战。

（2）作战

本篇论述速战速胜的重要性。因为出兵打仗要损耗大量的人力、物力和财力，一旦陷入持久战，就会使军队疲惫、锐气挫伤、财货枯竭，其他国家也会乘机进攻。从速胜的思想出发，孙子反对以当时简陋的作战武器去攻克坚固的城寨，也反对在国内一再征集兵员和调运军用物资，而主张在敌国就地解决粮草，主张用财货厚赏士兵，主张优待俘虏，主张用缴获来补充壮大自己。他认为这样做，才能迅速战胜敌人。

（3）谋攻

智取者，以智谋取胜而非以勇力取胜之谓，此乃孙子之所重，故本篇一开始就说“上兵伐谋”。然“谋攻”之义较广，泛指谋划攻战——主要是攻城之策。

本篇论述用计谋征服敌人的问题，首先提出“不战而屈人之兵”的基本方针。孙子认为“不战而屈人之兵”是“善之善者”，“全国”“全军”“全旅”“全卒”“全伍”地强迫敌人屈服投降是最理想的作战方案，“破国”“破军”“破旅”“破卒”“破伍”地用武力击破敌人则次一等，“非善之善者”。所以，《谋攻》论述的是用计谋征服敌人的问题。

怎样才能做到“不战而屈人之兵”呢？孙子认为上策是“伐谋”，其次是“伐交”，最后是“伐兵”，即主张通过政治攻势、外交手段和武装力量来征服敌人。在与敌人作战斗争时，如果敌强我弱，应该集中优势兵力战胜敌人，做到“十则围之，五则攻之，倍则分之，敌则能战之，少则能逃之，不若则能避之”，即有十倍于敌的兵力就包围敌人，有五倍于敌的兵力就进攻敌人，有多一倍于敌的兵力就设法分散敌人，和敌人的兵力相等就要善于战胜敌人，比敌人的兵力少就要善于退却，战斗力不如敌人时就要避免与敌人作战，不能强拼硬打。孙子在此篇中提出了“知彼知己，百战不殆”的光辉思想，认为谋略必须建立在了解敌我双方情况的基础上。

（4）军形

本篇主要论述如何用兵才会使自己立于不败之地。孙子认为，战争的胜负由敌我双方力量的强弱来决定。要想战胜敌人，就必须在力量的对比上使自己处于绝对优势，造成一种迅猛不可抵挡之势。除此之外，还要等待敌人可以被我战胜的有利时机，善于抓住敌人的弱点，这样就能轻而易举地战胜敌人。

而要在作战中取胜，就必须善于对待攻和守。兵力不足就防守，兵力有余就进攻。防守时要十分严密地隐蔽自己，进攻时要打得敌人措手不及。这样，就能达到“自保而全胜”的目的。

（5）兵势

上篇言强弱，讲的是如何能成为“胜兵”，使之具有克敌制胜的可能性；而欲使这种可能性变成现实，还必须具有一种强有力的态势。所以，孙子在讲“形”之后，紧接着就讲“势”，“形”和“势”是既有区别又有联系的两个概念。“形”讲的是强弱问题，孙子明言：“强弱，形也。”而“势”讲的是勇怯问题，孙子又明言：“勇怯，势也。”军队既强且勇，何往而不胜？

解决勇怯问题的关键，在于“奇”“正”的运用。所以，孙子说：“战势不过奇正。”只要能够很好地掌握运用“奇”“正”之术，并“择人而任势”，充分发挥人的主观能动作用，那就能够造成一种如“转圆石于千仞之山”的险峻有力的作战态势。有了这种态势，就能高屋建瓴，势如破竹，遇之者毁，遏之者折，甚至能使怯者勇，弱者强。

（6）虚实

本篇论述用兵作战时“虚”“实”的运用与主动权的夺取与保持问题。军事上的“虚”是指兵力薄弱、分散和无备；“实”是指兵力强大、集中和有备。

处理好二者的关系，对战争主动权的夺取和保持关系甚大，而主动权的夺取、保持则是获得战争胜利的基本保证。

孙子指出：如果有了这种主动权，就可以“攻而必取，守而必固”，“进而不可御，退而不可追”，就“能为敌之司命”。至于如何夺取和保持这种主动权，他又提出“避实而击虚”“因形而错胜”“以十击一”“因敌变化而取胜”等具有普遍指导意义的策略原则。

（7）军争

本篇主要论述与敌争夺制胜条件或先机之利，以掌握战争主动权的一般法则，使之处于有利地位，即所谓“常法”。

孙子认为：首先，必须了解各国的政治动向，必须熟悉地形，必须使用向导，做到情况明了；其次，必须行动统一，步调一致，做到“其疾如风，其徐如林，侵掠如火，不动如山，难知如阴，动如雷霆”，“勇者不得独进，怯者不得独退”；最后，要求指挥正确，机动灵活，“避其锐气，击其惰归”。做到以上几点，才能在战争中处于有利的位置。

（8）九变

本篇首先强调“通于九变”的重要，指出只有“通于九变”才算“知用兵”。而要做到这一点，最重要的则是从事物正反两面的联系中去考虑问题，即所谓“智者之虑，必杂于利害”，并以“利”为准则，灵活地运用作战原则。这里，孙子所讲的五个“有所不”（“途有所不由，军有所不击，城有所不攻，地有所不争，君命有所不受”）和五个“危”（“必死”“必生”“忿速”“廉洁”和“爱民”），都含有生动活泼的朴素辩证法思想。至于孙子提出的“无恃其不来，恃吾有以待也；无恃其不攻，恃吾有所不可攻也”的论点，即使在今天也有借鉴价值。

（9）行军

本篇主要论述在出征作战过程中，要根据不同地理条件妥善处理好行军宿营和观察判断敌情的问题。所列三十余条“相敌”之法，均可视为实战经验之总结。通过这些方法，把看到、听到和侦察到的各种现象加以分析，掌握真实的敌情，制订出正确的作战方案，才能获得胜利。

此外，孙子还讲到“取人”问题，提出“合之以文，齐之以武”的“文”“武”兼用原则，既要用道义来教育士兵，也要用法纪来统一步调，这样的军队打起仗来一定能取得胜利，并主张“与众相得”。这种思想观点在当时是难能可贵的。

（10）地形

本篇首列“六地”之名及处置之法，指出：“地形者，兵之助也。”除了论述用兵作战怎样利用地形的问题，还着重讨论了深入敌国作战的好处。孙子分析了九种战地的特点和士兵处在这些地区的心理状态，相应地提出了在这些地区用兵的不同措施，认为深入敌国，等于把士兵投置在危地或陷入死地，他们会迫不得已拼死作战，发挥更大的战斗力；而且深入敌国，还可就地补充军粮；还可因离家太远而不会逃散，服从指挥，一心一意作战，夺得战争胜利。

（11）九地

本篇主要论述如何根据客观战略环境条件的不同而采取妥善的作战原则和处置方法。全书唯本篇篇幅较长，内容也较杂乱且有重复，李零《发微》说它“很可能是由各篇编余的零章碎句组成”。清邓廷罗与日本知名孙子学家服部千春也都曾对本篇作过富有成效的研究，并重新整理排列了文字顺序，值得重视。今为保持原本面貌，其基本结构不予变动，而只对具体文字出入作些必要解说（见之于《附录》）。

（12）火攻

本篇主要论述以火助攻而夺取胜利的有关问题。

孙子认为，火攻有“火人”“火积”“火辎”“火库”“火队”五种，即焚烧敌军的营寨、积聚、辎重、府库和运输设施，着眼点在于摧毁敌人的人力、物力和运输线。这五种火攻方法必须变化运用，我军可以掌握，敌军也可以掌握，应该注意防备。

此外，除了放火的器材必须平时有准备之外，纵火时还要选择天时，要在天气干燥和刮风的日子放火。实施火攻也必须和士兵的进攻互相配合，这样才能发挥火攻的作用，达到夺取胜利的目的。

（13）用间

本章主要论述使用间谍侦察敌情在作战中的重要意义。孙子认为，间谍是作战取胜的关键因素，军队需要借助间谍获得的情报采取行动。那些重“爵禄百金”而不重视使用间谍的人，是“不仁之至也，非人之将也，非主之佐也，非胜之主也”。

孙子把间谍分为五种：因间、内间、反间、死间、生间。所谓因间，就是利用敌国乡里的普通人为间谍。所谓内间，就是利用敌国的官吏为间谍。所谓反间，就是利用敌方的间谍来为我所用。所谓死间，就是故意对外散布虚假的情况，让我方间谍知道，然后传给敌方。所谓生间，就是派往敌方侦察敌情以后能亲自回来报告的间谍。同时使用这五种间谍，情报的来源就会非常广泛，在打仗的时候就可以让敌人处于不知所措的状态。

通过分析《孙子兵法》十三篇的主旨，可以总结如下：

慎重对待战争是《孙子兵法》最核心的思想。因为战争可能造成

“亡国不可以复存，死者不可以复生”，所以孙子告诫：“明君慎之，良将警之，此安国全军之道也。”

在孙子看来，“善用兵者，修道而保法，故能为胜败之政”。“修道”是修明政治，“保法”是确保法制实行。由此，才能把握战争的决定权。战争可以解决问题，但战争造成的危害也是极大的，不了解“危害”，就不能知道什么是“有利”。由此，“非利不动，非得不用，非危不战”。

在孙子看来，攻城略地不是战争的最终目的。孙子说：“百战百胜，非善之善者也，不战而屈人之兵，善之善者也。”百战百胜，不是高明中的高明者，不用战争而屈服敌人，这才是最高明的。所以“善用兵者，屈人之兵而非战也，拔人之城而非攻也，毁人之国而非久也，必以全争于天下”。孙子主张尽量不用战争的方式解决存亡问题，这种思想应受到了中国古文化中“人本”观念的影响。在连年战争的惨烈祸害下，人们思考出的弭兵止战的办法就是以道德制约战争。

所以，我们看到了《孙子兵法》十三篇的内在逻辑是“屈人之兵而非战”，必推崇“谋略之法”。谋略的本质是“诡”“诈”，正是曹操所注的“兵无常形，以诡诈为道”。谋略非常重要，善用谋略，可以不战而胜。所以，孙子才强调“上兵伐谋，其次伐交，其次伐兵，其下攻城”。不过，即便孙子重视谋略的重要性，他也要告诫人们：运用谋略的前提，仍然是以道德为“体”，以谋略为“用”。这一点与唐代著名诗人杜牧在注解《孙子兵法》时所提出的“古之兵柄，本出儒术”的观点是一致的。

2. 孙子的战争观

《孙子兵法》既包括战略战术、军事法度、将领的素质、军事心理，也包括天气地理、行军扎营、水势火攻，可以说几乎无所不包，就连对军事间谍的运用也有着十分详细的分类和阐述。

面对这样博大精深的军事思想体系，当今的人们不能不由衷地发出惊叹。孙子在书中全面系统地阐述了自己的政治、军事见解和战略战术思想。

他的军事思想的核心是“不战而屈人之兵”，这一全胜思想在中国乃至世界军事史上都有着深远的意义。《孙子兵法》还反映了孙子朴素的辩证法思想，他在书中指出，在一定条件下对立因素往往是能够相互转化的，有时少可胜多，弱可胜强，哪怕是处于不利地位的也可以反败为胜。

孙子在《孙子兵法》一书中，不仅阐述了战争的基本原则和规律，更为重要的是提出了“慎战”这一核心战争观。作为一位军事家，一位军事思想家，孙子首先明确了对战争的基本态度，即厘清战争与政治的关系、与经济的关系、与国家前途的关系等。孙子并不否定战争，因为在当时，各个国家为了寻求各自利益的平衡，战争是个不可避免的历史现象，战争在这一情况下也是必要的存在，但是他反对穷兵黩武，反对把战争看成是解决一切问题的手段。这是孙子战争思想的基本态度，也是他的战争观，可以简单地总结成“慎战”的思想。

在《始计》篇中，孙子开宗明义：“兵者，国之大事，死生之地，存亡之道，不可不察也。”这是对战争最透彻、最精辟的阐释和论断。对于这句千古名言，要从两个方面理解，一方面是高度重视战争和武备。因为战争关系到国家的前途命运、人民的生死存亡，所以必须要慎重对待。尽管《孙子兵法》中并没有过多的阐述，但通篇都能够看出他对战争和武备的极度关切。“重战”并不意味着“好战”，倡导武备也不是穷兵黩武。

另外，正因为“重战”，所以更要“慎战”。因为战争有着巨大的破坏性，而且非常残酷，一旦失败，往往要承受沉重的代价。《作战》篇中就描述了战争所造成的大量耗费：“则内外之费，宾客之用，胶漆之材，车甲之奉，日费千金。……国之贫于师者远输，远输则百姓贫；近师者贵卖，贵卖则百姓财竭，财竭则急于丘役。力屈中原、内虚于家，百姓之费，十去其七；公家之费，破军罢马，甲胄矢弓，戟盾矛橹，丘牛大车，十去其六。”《火攻》还有一段极具警示意义的话：“明主虑之，良将修之。非利不动，非得不用，非危不战。主不可以怒而兴师，将不可以愠而致战。合于利而动，不合于利而止。怒可以复喜，愠可以复悦；亡国不可以复存，死者不可以复生。故明君慎之，良将警之，此安国全军之道也。”意思是：明智的国君要慎重地考虑这个问题，贤良的将帅要严肃地对待这个问题。没有好处不要行动，没有取胜的把握不能用兵，不到危急关头不要开战。国君不可因一时愤怒而发动战争，将帅不可因一时气愤而出阵求战。符合国家利益才用兵，不符合国家利益就停止。愤怒还可以重新变为欢喜，气愤也可以重新转为高兴，但是国家灭亡了就不能复存，人死了也不能重生。所以，对待战争，明智的国君应该慎重，贤良的将帅应该警惕，这是安定国家和保全军队的基本道理。

孙子这种重战而又慎战的思想，是从春秋时期诸侯争霸的战略环境中产生的。当时，任何一个国家都有多个对手，不仅有明面上的对手，也有潜在的敌人，敌、我、友的关系不断变化，错综复杂的客观环境迫使各国既重视战争，也更强调慎战。为此，他还继承了魏绛与楚庄王“有备无患”和臧文仲“国虽小，不可易也；无备，虽众不可恃也”的思想，要求在精神、物质各方面，都要有充分的战争准备，“无恃其不来攻，恃吾有所不能攻”，强调“以虞待不虞”，“立于不败之地”。

3. 治军与管理策略

在孙子看来，军队由平民百姓组成，他们没有经过训练，缺乏纪律性，无法形成战斗力。因此，孙子提出了一系列的具体治军方法。这些办法有很多，包括将领的任用，部队的训练、赏罚等，用《孙子兵法》中的一句话来形容就是“令之以文，齐之以武”，就是要对士兵进行教化，对士兵进行思想教育，用严格的军纪来治理军队。这一点与现代军队的管理思路是完全相同的。

不过，孙子在书中并没有拿出专门的章节来讲治军与管理，但通观全书，其实每篇都蕴含着相关的内容。我们可以把《始计》篇中的“七计”作为线索，来探寻孙子的治军和管理策略。

（1）“主孰有道”与将帅选拔

“主”是一个国家的国君，这里可以理解为一支军队的领导者。“道”的含义则很丰富，既包括国君自身的修养，也包括国家的政策法令，同时还有国君的领导艺术。这三种含义相互交织，在不同的情况下可以形成不一样的主次关系。在孙子看来，一个“有道”之主必须从以下几个方面进行管理：

第一，国君必须有“道”。这里的“道”，指“道者，令民与上同意也，故可以与之死，可以与之生，而不畏危”。这里的“令”并非命令，而是说国君通过开明的政令让“民”与其保持一致。如果能够做到这一点，“民”便可为了国家的利益出生入死，不管面对多么大的危险都能够勇往直前。

第二，要选拔合适的将帅。对于将帅的作用以及选将用将问题，孙子一直都非常重视。他将国家比作一辆战车，而将帅则是车体两边用以固定和牵引的辅木。“夫将者，国之辅也。辅周则国必强，辅隙则国必弱。”（《谋攻》）将帅能够尽心尽力地对国家，国家就会强盛，反之则会衰弱。“故知兵之将，生民之司命，国家安危之主也。”（《作战》）由于将帅与国家的安危关系密切，所以孙子提出“求之于势，不责于人，择人而任势”，也就是坚持这一原则来选择合适的将领。

第三，要努力提高将帅的带兵水平。孙子认为，国君和统帅无须事事操心，独揽大权，应该相信将领，不要过多地干涉将领的工作：“故君之所以患于军者三：不知军之不可以进而谓之进，不知军之不可以退而谓之退，是为縻军；不知三军之事而同三军之政者，则军士惑矣；不知三军之权而同三军之任，则军士疑矣。三军既惑且疑，则诸侯之难至矣，是谓乱军引胜。”（《谋攻》）把将帅当作提线木偶，一举一动都要予以干涉和操控，将帅在这种情况下是不可能有所作为的。因此，历来善于统兵作战的将帅都反对国君干预。

（2）“为将五德”与“为将五危”

“千军易得，一将难求”，之所以会出现这种情况，是因为普通人很难具备成为主将的综合素质。孙子在讨论将帅之才时，提出了“为将五德”和“为将五危”的观点。所谓“为将五德”，是说好的将帅应该具备五个方面的才能：“将者，智、信、仁、勇、严也。”孙子认为“五德”是能否治理好军队、带领军队打胜仗的关键。其中智即足智多谋，信即言出必行，仁即爱护士兵，勇即勇猛果敢，严即法纪严明。曹操在对这一句作注解时指出：“将宜五德备也。”但是，我们应该知道，将领的“五德”并非天生就具备，也不是突然间“顿悟”出来的，而是要不断学习、不断磨炼，这样才能不断进步，最终成长起来。即便军队指挥官的职位很低，只要他能够做到“智、信、仁、勇、严”，也能够获得成功。此外，孙子还主张统兵的将领需要做到“静以幽，正以治”（《九地》），即考虑问题要安静而长远，管理部下要公正而严格。对于主将的品行，也要“进不求名，退不避罪，唯人是保，而利合于主，国之宝也”（《地形》），即一切以国家利益为重，不能计较个人的得失。

除了“为将五德”之外，孙子还告诫身为将帅者需要竭力避免的五个弱点：“故将有五危：必死，可杀也；必生，可虏也；忿速，可侮也；廉洁，可辱也；爱民，可烦也。凡此五者，将之过也，用兵之灾也。覆军杀将，必以五危，不可不察也。”（《九变》）凡事皆要掌握尺度。在这里，孙子就强调了为将的尺度。“必死”的“必”，指的是过于固执。身为将帅，需要拥有不怕死的精神，但如果超过了限度，就会变成无谓的牺牲；同样，贪生怕死也不可取。“必生，可虏”，是说到了战场上，越是贪生怕死，越有被敌人俘虏的危险。“忿速”是指过于急躁，总想着一蹴而就。“廉洁”是指过于看重自己洁身清廉的名声。“爱民”是指一味迁就，不知权衡利弊。以上都是可能被敌人利用的弱点，需要为将者谨记。

（3）“法令孰行”与“令必素行”

凡是有远见卓识的军事家，都很注重以法治军。《孙子兵法》中所说的“法令孰行”，其实讲的就是以法治军问题，这个问题的重点在于如何“行”法。

首先，孙子认为治军应当明确各种法律和规章制度，军令一旦颁布，就要严格执行，不能朝令夕改，不能因人而异。“令素行以教其民，则民服；令不素行以教其民，则民不服。令素行者，与众相得也。”（《行军》）这段话中的“素行”二字非常重要，强调了民众能否服从将令的关键在于将领能否严格执法。

其次是恩威并用、文武兼施。“卒未亲附而罚之，则不服，不服则难用也。卒已亲附而罚不行，则不可用也。”（《行军》）这里的“亲附”，是指将领通过施加恩惠、彰显信义来收拢人心，增强军队的凝聚力。如果不能施加恩惠或是在没有彰显诚信的情况下施加惩罚，那么部下就很难心悦诚服，到了关键时刻，也很难让他们拼死效力。因此，孙子主张将领们“视卒如爱子”。孙子准确地抓住了治军的核心，即“令之以文，齐之以武”。同时，孙子又强调“文”不可滥用，“武”也不能。“视卒如爱子”固然没错，但也不能过度，导致“厚而不能使，爱而不能令，乱而不能治，譬若骄子，不可用也”(《地形》)。

最后，法令的实施还有一个关键之处，即“赏罚孰明”，“施无法之赏，悬无政之令，犯三军之众，若使一人”(《九地》)。孙子认为，到了危难之际，要对士卒施以特殊奖赏，在颁布号令时也要打破常规，这样才能做到“若使一人”，指挥全军就像指挥一个人那样，真正做到令行禁止。这也反映了孙子并非因循守旧之人，在他的思想中，既有常法，又有变法，能够突破常规来对士兵进行重奖，鼓舞士气。

(4)“士卒孰练”与“兵贵精而不在多”

凡是有远见卓识的军事家，都非常重视军事训练。一支军队如果训练有素，其战斗力也必然更强，在与敌军交战时就能够占据上风，而训练不精的一方则必然处于劣势。在孙子看来，“兵非贵益多也，惟无武进，足以并力、料敌、取人而已”(《行军》)。孙子所强调的军队应当在实力上占据优势，并不是说在兵力上一定要超过敌人，而是要看能否做到训练有素，是否属于“精兵”。孙子认为：兵力并非越多越好，只要不轻敌、不冒进，将优势集中起来，准确判断敌情，仍然可以克敌制胜，甚至以少胜多、以弱胜强。

4. 孙子的大战略

在孙子的战略思想体系中，“全胜”思想占有突出的地位，它贯穿于《孙子兵法》的全文中，其中以“必以全争于天下，故兵不顿而利可全，此谋攻之法也”最为著名。“谋攻”即在战略上战胜敌人，核心就是一个“全”字。《孙子兵法》全文涉及“全胜”战略所包含的方方面面：第一，他推崇“不战而屈人之兵”，即以最小的代价取得最大的胜利，以“伐谋”“伐交”作为实现“全胜”的理想手段，以破中求全作为谋求局部“全胜”的指导原则；第二，提倡先发制人，不能被动挨打，必须要主动出击；第三，战争应当速战速决，就是要进攻、进攻、再进攻，用最短的时间取得最大的利益，达到战争的目的——胜利。

在孙子看来，胜利是所要达成的目标，为此，他先是通过《始计》篇中的“五事”“七计”来计算获胜概率，然后又在《作战》篇中论述了取胜所需要的财力物力及时间成本。而在《谋攻》篇中，他又论述了人员伤亡成本。

在《始计》篇中，孙子主要论述了战争的重要性，因此必须先“计”后“战”，以求得胜利，即“兵者，国之大事，死生之地，存亡之道，不可不察也。故经之以五事，校之以计，而索其情”。战争关系到国家的存亡，所以要慎重，需要先通过五事、七计来衡量敌我的实力，先计算胜利的可能，然后再选择是否开始战争。

在《作战》篇中，孙子主要论述了战争所耗费的人力、物力、财力，所以主张速战速决，以最小的成本获得胜利。即“其用战也，胜久则钝兵挫锐，攻城则力屈，久暴师则国用不足。夫钝兵挫锐，屈力殚货，则诸侯乘其弊而起，虽有智者不能善其后矣。故兵闻拙速，未睹巧之久也。夫兵久而国利者，未之有也”。此外，还有“国之贫于师者远输，远输则百姓贫”“力屈、财殚、中原内虚于家”，正是因为一旦开战就会令国家的财力遭受巨大损耗，所以孙子才提出要“兵贵神速”，务求用最快的速度来获得胜利。

在《谋攻》篇中，孙子论述了战争会造成人员伤亡，所以要先谋后打。“夫用兵之法，全国为上，破国次之；全军为上，破军次之；全旅为上，破旅次之；全卒为上，破卒次之；全伍为上，破伍次之。是故百战百胜，非善之善也；不战而屈人之兵，善之善者也。故上兵伐谋，其次伐交，其次伐兵，其下攻城。”在孙子看来，最好的用兵策略就是靠谋略取胜，其次是用外交手段取胜，再次通过野战取胜，最下等的才是攻城。谋攻的成本最小，其次是外交，再次是野战，最后是攻城，使用的顺序也是谋攻优先，攻城最后。这是按照成本从小到大的顺序进行排列的，能用成本最小的方法取胜，就不用成本大的方法。

总结起来，孙子的战略就是：战争的直接目标是获得胜利，然后将战争胜利作为谈判条件来和敌人谈判，最终获得利益。但是战争费财，速战速决才能降低经济上的损失；战争也会死人，通过优先使用谋攻和外交来减少伤亡，即以最小成本获得胜利。

5. 孙子的战术思想

《孙子兵法》不但在宏观战略上博大精深，在微观战术思想方面，也有着非常丰富的内容。他提出了很多重要原则，如“致人而不致于人”“奇正之术”“避实击虚”以及“九地”“六形”等具体战术，虽然字数寥寥，但却言简意赅，成为孙子战术思想体系的基本内容。这些理论虽然看似简单，但却是战争里面的核心思想。

（1）“致人而不致于人”：掌握战争主动权

“致人而不致于人”，是说要对敌人进行调动，而不是被敌人所调动，也就是说要在战场上时时刻刻控制主动权。这种主动权也是军队作战时行动的自由权，其含义有三层：第一层，让自己在整场战争中处于有利地位；第二层，自己可以自由选择作战行动计划；第三层，可以调动、支配敌军的行动。可以说，主动权是战争取胜的命脉，那么如何才能夺得这种主动权呢？这就需要正确的主观指导来获得，而非势力的强弱、装备的优劣、环境的利弊等客观物质基础。

要获得战争主动权，首先就要做好战前准备，包括“先知”“先胜”。孙子在《用间》篇中指出：“故明君贤将，所以动而胜人，成功出于众者，先知也。”意思是说，高明的将领之所以一出兵就能取胜，原因就在于“先知”二字。所谓“先知”，既包括“知彼”，也包括“知己”。《地形》篇曰：“知吾卒之可以击，而不知敌之不可击，胜之半也；知敌之可击，而不知吾卒之不可以击，胜之半也；知敌之可击，知吾卒之可以击，而不知地形之不可以战，胜之半也。”意思是说，只了解自己的部队可以打，而不了解敌人不可打，取胜的可能只有一半；只了解敌人可以打，而不了解自己的部队不可以打，取胜的可能也只有一半；知道敌人可以打，也知道自己的部队能打，但是不了解地形不利于作战，取胜的可能性仍然只有一半。

这里的“知”既包括战前“庙算”的“五事”“七计”，也包括具体作战过程中的各种情况，《用间》篇曰：“凡军之所欲击，城之所欲攻，人之所欲杀，必先知其守将、左右、谒者、门者、舍人之姓名，令吾间必索知之。”敌人的兵力配置、作战计划、军心士气、后勤供应、活动规律及指挥部中的“守将、左右、谒者、门者舍人之姓名”等细节，都必须通过“用间”或其他方法达到“先知”。只有在“先知”的基础上，才能制订出战胜敌人的作战方案。

要获得战争的主动权，还要懂得“以逸待劳”和“先发制人”。“凡先处战地而待敌者逸，后处战地而趋战者劳。”（《虚实》）这里的“战地”有两层含义，一是“隘形者，我先居之”（《地形》）；二是战略进攻“先其所爱”（《九地》），即两军交战时要争夺有利的地形，这就需要“以迂为直、以患为利”的谋略，即采取迂回绕道、以小利引诱敌人等计谋，不让敌人注意到我方的行踪，达到后发先至、出其不意的效果。战场上的形势瞬息万变，“不可胜在己，可胜在敌”（《军形》）。自己不犯错误可以避免失败，却无法让自己一定能打败敌人，所以必须“先发制人”“示形诱敌”“速战速决”，即采取计策调动敌人，达到“敌逸能劳之，饱能饥之，安能动之”（《虚实》）的目的。所谓“示形”，就是通过各种假象来掩饰自己的真正意图。如《始计》云：“能而示之不能，用而示之不用，近而示之远，远而示之近。利而诱之，乱而取之，实而备之，强而避之，怒而挠之，卑而骄之，佚而劳之，亲而离之。”这就是孙子所说“兵者，诡道也”的诠释。

为了达到“速战速决”的目的，最好的战术还是集中优势兵力歼灭敌人。“用兵之法：十则围之，五则攻之，倍则战之，敌则能分之，少则能守之，不若则能避之。”（《谋攻》）“故形人而我无形，则我专而敌分；我专为一，分敌为十，是以十攻其一也。则我众而敌寡，能以众击寡者，则吾之所与战者约矣。”（《虚实》）用十倍于敌人的兵力，形成绝对优势，以十击一，就能达到“始如处女”“后如脱兔”（《九地》）和“其疾如风”“动如雷震”（《军争》）的效果。

（2）“正合奇胜”：战术要机动灵活

孙子在《兵势》中指出：“三军之众，可使毕受敌而无败者，奇正是也。”率领军队与敌人交战，如果能够灵活地运用正、奇两种战术，就能够立于不败之地。对此，老一辈无产阶级革命家、军事家刘伯承元帅曾经有过解释：“什么是正兵呢？大体上讲，按照通常的战术原则，以正规的作战方法进行战斗的，都可以称为正兵；根据战场情况，运用计谋，攻其无备，出其不意，打敌人于措手不及，不是采用正规作战方法，而是采取奇妙方法作战的，都可以称为奇兵。”通常来说，在进行作战部署时，负责担任警戒、守备任务的部队为“正”，负责机动任务的部队为“奇”；负责牵制敌人的为“正”，负责突击任务的为“奇”。在作战时，正面攻击为“正”，迂回侧击为“奇”；明攻为“正”，偷袭为“奇”。山东临沂银雀山出土的《佚书丛残·奇正》篇从理论高度界定说：“形以应形，正也。无形而制形，奇也。”这一定义，可以说抓住了正与奇的本质。

那么，正与奇应当如何运用呢？曹操在对《兵势》中“凡战者，以正合，以奇胜”这一句进行注解时说：“正者当敌，奇兵从傍击不备也。”这也符合孙子在《军争》篇中所说的“高陵勿向，背丘勿逆，佯北勿从，锐卒勿攻，饵兵勿食，归师勿遏，围师必阙，穷寇勿迫，此用兵之法也”。这八条“用兵之法”反映了一般作战规律，属于作战常法而非变法，这叫“以正合”。而在作战时那些“秘密伪装”“突然袭击”“出奇制胜”的战法，则多属于“以奇胜”的范围。正所谓“攻其不备，出其不意，取胜之道也”。

（3）“避实而击虚”，克敌以制胜

“虚”与“实”作为军事专用术语，最早就出自《孙子兵法》。书中有两处论及虚实关系，一是《兵势》：“兵之所加，如以碫投卵者，虚实是也。”二是《虚实》：“夫兵形象水，水之行，避高而趋下；兵之形，避实而击虚。”在这里，孙子将避实击虚阐述为克敌制胜的法宝。在孙子看来，敌我双方都有虚、实，如在防御方面，“备前则后寡，备后则前寡；备左则右寡，备右则左寡。无所不备，则无所不寡”。（《虚实》）而且虚实的态势并非固定不变，而是如“水因地而制行”，是可以相互转化的。如《军争》云：“朝气锐，昼气惰，暮气归。”说的就是士气从锐向钝、从实向虚转化的过程。在指挥作战时，孙子提出，要想获胜，就必须“避实击虚”，通过“避敌之实”“削敌之实”“击敌之虚”“造敌之虚”与“防我之虚”“造我之实”，也就是根据敌情的虚实来决定我方到底是采取“避”还是“击”的战术。

唐太宗李世民对于《孙子兵法》的虚实之道极为重视，评价甚高。他说：“朕观诸兵书，无出孙武。孙武十三篇，无出虚实。夫用兵识虚实之势，则无胜焉。”（《唐太宗李卫公问对》卷中）

（4）“六形”与“九地”——战术地形与战略地理

战争，需要在一定的时间和空间内进行，因此在孙子的战术思想里，除了“奇正之术”“虚实之道”以外，还包括“九地”“六形”的战术地形理论，如《九变》中说：“故将通于九变之利者，知用兵矣。将不通于九变之利者，虽知地形，不能得地之利矣。”《军争》：“不知山林、险阻、沼泽之形者，不能行军；不用乡导者，不能得地利。”《虚实》：“知战之地，知战之日，则可千里而会战；不知战地，不知战日，则左不能救右，右不能救左，前不能救后，后不能救前，而况远者数十里、近者数里乎！”通过上述文字的论述，我们可以总结出这样一个重要结论：“地形者，兵之助也。”（《地形》）正是因为地形在战争中的地位非常重要，所以孙子专门撰写了《九变》《行军》《地形》《九地》等四篇文章，比较集中地阐述了他的战术地形理论。从这个角度，孙子将战场的地形分成了六种，并指出将帅需要根据不同的地形条件，采取合适的战术，夺取战争的胜利：“地形有通者，有挂者，有支者，有隘者，有险者，有远者。”“通者”指四通八达的平原地形；“挂者”指山高坡陡的挂隘地形，“支者”指对敌我双方都不利的对峙地形，“隘者”指易守难攻的狭隘之地，“险者”指高峻险阻地形，“远者”指敌我营垒距离很远且势均力敌的地形。针对上述六种地形，孙子分别提出了不同的战术主张，并指出如果不遵循这些战术，就会出现“兵有走者、有驰者、有陷者、有萌者、有乱者、有北者”的结果，这是“将之过也”。然后，根据上述“六形”战术地形理论，孙子又进一步对江河、沼泽和山地作战的战术进行了阐述。如山地作战，“用兵之法：高陵勿向，背丘勿逆”（《军争》），“凡军好高而恶下，贵阳而贱阴，养生而处实，军无百疾，是谓必胜”。“丘陵提防，必处阳而右背之。”（《行军》）再如江河作战，孙子说：“绝水必远水；客绝水而来，勿迎之于水内，令半济而击之，利；欲战者，无附于水而迎客；视生处高，无迎水流，此处水上之军也。”(《行军》）关于沼泽地作战的战术，主要是“绝斥泽，惟亟去无留。若交军于斥泽之中，必依水草而背众树，此处斥泽之军也”(《行军》)。

在“六形”的基础上，孙子又提出了“九地”这一战略地理学观点：“用兵之法：有散地，有轻地，有争地，有交地，有衢地，有重地，有圮地，有围地，有死地。”(《九地》）所谓“散地”，即“诸侯自战其地”，也就是在本国境内作战。所谓“轻地”，即“入人之地而不深者”，指刚刚进入敌国境内作战。所谓“争地”，即“我得则利，彼得亦利者”，也就是我们常说的兵家必争之地。另外，“交地”指交通便利之地，“衢地”指四通八达之地，“重地”指战争期间进入敌国的腹地，“圮地”即山林、险阻、沼泽等交通困难之地。“围地”即“背固前隘”之地，亦即“所由入者隘，所以归者迂，彼寡可以击我之众者”；“死地”，则是“无不往者”“疾急战则存，不疾战则亡”。针对上述“九地”的特点，孙子从战术上给出了明确规定：“散地则无战，轻地则无止，争地则无攻，交地则无绝，衢地则合交，重地则掠，圮地则行，围地则谋，死地则战。”

第三篇

《孙子兵法》的实战运用

一、《孙子兵法》在历代战争中的借鉴与运用

1. 将者，智、信、仁、勇、严也。——《始计》

【经典战例】

韩信论项羽“妇人之仁”

身为将领要有智谋，要有信用，要爱护士卒，要勇敢果断，要严明军纪、树立威严。战争事关生死存亡，而将领则关系着战争的成败。天时、地利等因素都是客观条件，属于“硬件”；但将领的因素却是主观的，属于“软件”。所以，将领的军事指挥才能就更为重要。

韩信，西汉开国功臣，中国历史上著名的军事家、战略家。早年落魄，曾追随项羽，但是不被重视，后得到萧何的赏识。萧何将其荐举给刘邦，说他是独一无二的人才，若要得天下，非得有韩信的帮助不可。于是刘邦“设坛场，具礼”，任用韩信为大将。韩信对刘邦说：“项羽一声怒吼，千人都吓得胆战腿软，但是他不信任人，不把重要的任务交付给有能力的将领们。他的勇不过是匹夫之勇罢了。项羽待人，恭敬而慈爱，说起话来，柔和温顺；部下生病了，他同情病人的痛苦，甚至为他流泪，把自己的食物分给他们；但是等到部下因有功该封给爵位时，他却迟迟没有动静。这就是妇道人家的习气——不识大体。项羽目前虽然做天下的领袖，诸侯们都臣服于他，可是他不驻守在可控制中原的关中，宁可跑到彭城（今徐州）去。他又违背义帝当时与天下诸侯所做的约定，而把他所亲近的、喜爱的人，都封为王。诸侯们对他这种自私行为十分愤怒。项羽把义帝驱逐到江南一隅。凡是项羽军队所到过的城邑，没有不被蹂躏得残破毁灭的，所以天下人都非常怨恨，老百姓们都不愿归顺拥戴他，只是被他的淫威所强迫罢了！

他名义上虽然是天下的领袖，实际上已经失去了天下人的心，所以说，他目前看来很强，但很快就会衰弱下去。您当初由东方进入秦的武关，一点儿也没有损害到秦国的老百姓，废除了秦朝的苛刻刑罚，约法三章。秦国的老百姓，几乎没有一个不希望大王在秦国做王的。现在大王起兵向东，三秦王的属地，只要送一封文告去，就可以收复了！”刘邦重视韩信的分析，“部署诸将所击”，终于称雄天下。

2. 主孰有道？将孰有能？天地孰得？法令孰行？兵众孰强？士卒孰练？赏罚孰明？吾以此知胜负矣。——《始计》

【经典战例】

穰苴治军斩庄贾

要想把自己的军队建设得很强大，就必须为士兵定下严明的军队纪律。无论是在作战还是训练的时候，将领都应该严格执行。不管是谁违反了纪律，都应该按纪律受到惩罚，即使是将领，也不例外。只有这样，将领才能够约束士兵的行为，使士兵听从自己的指挥。这样的军队，一旦打起仗来，也一定很有战斗力。

齐景公时，晋国进攻齐国的阿邑、鄄邑；同时，燕军侵略齐国的河上之地。齐国军队大败。景公对此忧心不已。晏子于是向他推荐田穰苴，说：“穰苴虽然是田氏庶子，但是他这个人文武兼备，文能亲服左右部下，武能威慑敌人，希望君王试试他。”齐景公召见穰苴，与他谈论军事，对他大加赞赏，就任命他做将军，领兵抵抗燕国和晋国的军队。穰苴对景公说：“我一向地位低下，君王把我从平民提拔起来，位在大夫之上，可能士兵对我不信服，百姓对我缺乏信任。由于我资历浅而权威不足，希望得到君王的宠臣、国人所尊重的大臣来担任监军，这样更加可行。”于是景公派庄贾前往。穰苴跟庄贾约定说：“明天中午在营门会合。”

第二天，穰苴先赶到军中，等待庄贾，直到烈日当空庄贾还未到达。穰苴进入营中，检阅军队，指挥士兵，宣布纪律条令。军纪宣布完毕，已是黄昏时分，庄贾才翩然出现。穰苴问道：“你为什么迟到？”庄贾说：“有劳大夫和亲戚们送行，所以耽搁了。”穰苴说：“如今敌国深入侵略，国内很不安定，士兵们在边境上风餐露宿，百姓的性命都在您手上，还有什么可相送的呢？”召来军正问道：“按照军法，约定时间而迟到的，怎么说？”军正回答说：“应当斩首。”庄贾害怕了，派人向景公求救。那人去了，还没来得及回来，穰苴就已经斩了庄贾，以此号令三军。三军将士全都震惊万分。穰苴整军之后，齐军面貌立刻改观，纪律严明，军容整肃，令行禁止，悉听约束。穰苴执法如山，不畏权贵，最终得以克敌制胜。

3. 视卒如婴儿，故可以与之赴深谿。——《地形》

【经典战例】

吴起为士兵吸脓

军事将领除了要有聪明的头脑，还应该懂得关爱士兵。聪明的头脑可以帮助将领想到好的计策，时刻关爱士兵，能够使士兵感受到将领的真心。有的时候，一个主动关心士兵的将领，能够和士兵建立起兄弟般的情谊，在作战的时候，上下一心，更容易赢得胜利。

在《孙子兵法》中，孙子也强调，将领应该时刻关爱士兵。将领关心士兵，士兵也会爱戴将领。如果双方能够真心相对，在战斗中就容易配合，士兵的表现也会非常积极。

战国时期有一位著名的军事家叫吴起，他做将军时总是能和士兵同甘共苦，从来不搞特殊化。在行军的时候，他不骑马，也不坐车，和普通的士兵一样徒步前进。在驻军休息的时候，他也和普通的士兵睡在一起，完全没有大将军的架子。即使是吃饭，吴起也和士兵吃同样的饭菜，不会因为自己的大将军身份而有特别的优待。

一天，吴起率军在营地驻扎。大家正在休息，忽然，吴起听到旁边的营帐中传来了呻吟声，于是顺着声音走过去，想看看到底发生了什么事情。这时，就见一个士兵正躺在地上痛苦地呻吟。吴起走过去一看，原来这个士兵的身上生了一个疮，疼得他忍不住呻吟。吴起看到士兵痛苦的样子，二话没说，低下头用嘴就为士兵吸出了疮里的脓水。士兵看到他们的大将军居然亲自为自己吸脓水，感动得一时不知道说什么好。

后来，这件事被这个士兵的妈妈知道了，她居然忍不住放声大哭起来。周围的人都感到非常奇怪，就问她为什么哭。这位妈妈说："吴将军曾经为我孩子的爸爸吸过伤口上的脓水，孩子的父亲为了报答将军的大恩，就在战场上拼死战斗，结果战死了。现在将军又这么关照我的孩子，我想我的孩子也一定会心存感激的，一旦发生战斗，我的孩子也会为将军誓死效命的。"

4. 鸟集者，虚也。——《行军》

【经典战例】

叔詹献空城计退楚军

在和敌人作战的时候，将领一定要做到随时辨明敌人的情况。也许敌人的真实情况不会轻易就被知道，但是，聪明的将领总是能够根据敌人的一些行动或表现，判断出敌人的实际情况。如果看到敌营上空有飞鸟在盘旋，那就可以判断，敌营中已经没有人了。因为，如果地面上有人活动，鸟很容易受到惊吓，就不会在上空停留。只有当敌营没有人的时候，在上空才会看到飞舞的小鸟。

公元前666年，楚国的公子元亲自率领大军攻打郑国。郑国当时并不是楚国的对手，因此，当郑国国君得知楚国要来攻打自己的时候，立即就派人到齐国求救。但是，楚国的军队来得太快了，齐国的援兵还没有赶到，楚国的大军就已经到达了。然而，楚国的军队也不知道郑国的真正情况，虽然他们到了郑国附近，却也没有立即发起进攻，而是驻扎下来。看到楚国的军队就在城外面驻扎，这可急坏了郑国国君。这时，郑国有一个叫叔詹的上卿主动请求前去退敌，郑国国君答应了他的请求。

叔詹来到城头，先查看了一下敌情，发现楚国的军队人数众多，以目前郑国的实力，是很难同他们作战的。但是，叔詹也看到，楚国只是驻扎在附近，并没有立刻发起进攻。他忽然想到，这也许是因为楚国并不知道郑国的实力，所以没有马上开始战斗。想到这里，叔詹觉得可以为楚军摆一个空城之计。于是，叔詹马上采取行动。结果，楚军果然没敢再有其他的行动。第二天，叔詹登上城楼查看敌情，看到楚军的军营上空有很多鸟在盘旋，于是他对周围的人说："楚军已经撤退了，我们的危险解除了。"周围的人听叔詹这么说，非常困惑。这时，旁边有个人说："敌军的军营上还插着旗帜，您怎么说楚军已经撤退了呢？"叔詹听了以后，笑着说："如果他们没走，军营中一定有人活动，那么就会吓到天空中的小鸟，小鸟是不可能在附近活动的。现在楚军的军营上已经有小鸟在飞，那么军营中一定是没有人了。"大家听了叔詹的解释，恍然大悟。

5. 攻其无备，出其不意。此兵家之胜，不可先传也。——《始计》

【经典战例】

李嗣源解幽州之围

在战争中，率领士兵的将军除了要懂得用常规的办法领军作战，还应该懂得出其不意，随机应变，根据敌人的情况采取针对性的方法。两军交战的时候，如果能够掌握敌人的弱点，就可以趁其不注意攻击他的痛处，这样就会使敌人招架不住，任由我军摆布。

五代时期，契丹首领耶律阿保机率三十万大军包围了晋国的北方军事重镇幽州（今北京市西南）。晋王李存勖派大将李嗣源统率七万人马增援幽州，解幽州之围。

李嗣源与诸将商议进军之计，说："敌人多是骑兵，人数众多，又已先处战地，外出游骑没有辎重之忧，而我军多是步兵，人数又少，还必须有粮草随军而行。如果在平原上与敌人相遇，敌军只需把我军粮草截走，我军就会不战自溃，更不用说用骑兵来攻击我们了！"

针对这种不利情况，李嗣源从易州出发，不是走东北直奔幽州，而是先向正北越过大房岭（今北京市房山区西北），然后沿着山涧向东走。

李嗣源率大军餐风饮露，日夜兼程，一直行进到距幽州只剩六十里的地方，突然与一支契丹骑兵遭遇。契丹人这才发现晋军派来了救兵，全部大吃一惊，慌忙向后撤退。李嗣源与养子李从珂率领三千骑兵紧随契丹人身后，晋军大部队则紧紧跟随在李嗣源的骑兵后面。不同的是，契丹骑兵行走在山上，晋军行走在山涧中。

行至山口，契丹万余骑兵挡住了晋军的去路。李嗣源知道成败在此一举，摘掉头盔，用契丹语向敌人喊道："你们无故侵犯我国，晋王命我率百万之众，直捣两楼（契丹首府），将你们全部消灭！”说完，一马当先，冲入敌阵，斩杀契丹酋长一名。众将士见主帅身先士卒，群情激奋，斗志倍增，纷纷杀入敌阵。契丹骑兵被迫向后退却，晋军的大部队乘机走出山口。

出山之后即是一马平川的大平原。由于失去山地的保护，极易遭受骑兵攻击，李嗣源命令步兵砍伐树枝作为鹿砦，人手一枝，每当部队停下来或遭到契丹骑兵攻击时，即用树枝筑成寨子，契丹骑兵只能环寨而行，而晋军乘机放箭，契丹人马死伤惨重。逼近幽州时，晋军掩后的步兵拖着草把、树枝行进，一时间烟尘滚滚，契丹兵不知虚实，以为晋军援兵甚多，未战先怯。等到决战来临，李嗣源率骑兵在前，步兵随后，有组织地掩杀过来。契丹兵斗志皆无，丢弃了大量的车帐、牲畜，狼狈逃去。

至此，幽州重镇得以保全。

6. 不战而屈人之兵，善之善者也。——《谋攻》

【经典战例】

渭水之盟

在作战的时候，将军所率领的军队明显比敌人的队伍强大，就会使敌人在心理上惧怕自己的声势。这时，如果将领再适时运用计策，就能将敌人打得落荒而逃。

公元626年，唐太宗李世民刚刚即位。不久，东突厥颉利、突利二位可汗就率领十多万大军长驱直下，准备攻打长安。大军到达了长安城外渭水便桥的北面便安营扎寨，准备寻找机会一举攻破长安城。

当时，突厥军队驻扎的地方距离长安城只有四十里。如果突厥大军忽然发起攻击，城中的士兵可能会抵挡不住。这时，唐朝的援兵还没有赶到，这可急坏了李世民。李世民虽然很着急，但他毕竟也是见过大风大浪的人，因此，他表面上表现得非常镇定。李世民反复思考了敌我双方的力量对比，最后决定必须马上采取策略将敌人击退，否则时间长了，长安城一定会被突厥大军攻破。

李世民先下令让长安城中的士兵都提高警惕，随时准备战斗，使得整个长安城看上去戒备森严，井然有序。在气势上，这就让突厥大军觉得长安城的守卫是非常牢固的。李世民把军队整顿好后不久，就亲自率领高士廉、房玄龄等大将和谋士出城，主动要求和突厥军的将领谈话。突厥将领听说李世民要找自己谈话，便从军营中走了出来。李世民看到他们以后，就对着他们的军营大声喊道："你们突厥本来是臣服于唐朝的，现在忽然发兵要攻打我们，就算你们打胜了，也不会得到百姓的拥戴！"李世民喊完话后，看到突厥军中已经有一些骚动，就继续说道："如果你们还像原来一样，继续做唐朝的臣子，我可以保证，唐朝还会像原来一样对你们，不会攻打你们。"突厥首领听到李世民的话后，心理发生了变化。他们驻扎的这几天，就已经看到唐朝的军队军纪严明，士兵也训练有素，如果打起仗来，自己的军队不一定能够打赢。另外，就像李世民说的那样，就算他们打胜了也不一定能得到百姓的支持。这时，唐朝的皇帝又答应他们，如果归顺，还会像原来一样对待自己。这不正是个好机会嘛！想到这里，突厥首领让所有士兵放下武器，当场就归顺了唐朝。

7. 故上兵伐谋，其次伐交，其次伐兵，其下攻城。——《谋攻》

【经典战例】

墨子、公输般斗法

在准备进行一场战争之前，对战争中可能出现的各种情况都应该进行大致的预测。只有在战争发生前作好充分的预测，才能在战争进行的时候作出恰当的应对，不会因为出现突发情况而手忙脚乱，不知所措。

战国初年，楚国国君楚惠王想要重新恢复楚国的霸主地位。他加紧扩充军队，要去攻打弱小的宋国。

楚惠王重用了一个非常有本领的工匠叫公输般，是鲁国人，也就是后来人们口中的鲁班。

公输般被楚惠王请去做了大夫。他为楚惠王设计了一种专门用来攻城的工具，叫作云梯。云梯比楼车还高，是攻克城池的理想工具。

楚惠王一边命公输般加紧制造云梯，一边着手准备向宋国进攻。楚国制造云梯的消息很快就传扬了出去，各国都非常担心，特别是宋国，得到楚国要来进攻的消息，更觉得大难临头。

楚国准备伐宋的事，引起了很多人的反对，其中反对得最厉害的人是墨子。

墨子是墨家学派的开创者，他反对奢侈浪费，主张勤俭治国；他更反对为了攻城略地而使百姓遭受灾祸。当他得知楚国要利用云梯去攻打宋国后，就立刻亲自前往楚国。他为了赶路，脚底磨出了泡，还出了血，于是把自己的衣衫撕下一块来裹在脚上继续走。

就这样日夜兼程地奔走了十天，墨子终于到达了楚国的都城郢都。他先去求见公输般，规劝他不要帮助楚国攻打宋国。

公输般回绝道："不行啊，我已答应楚王了。"

于是墨子就请求公输般带他去面见楚惠王，公输般答应了他的请求。见到楚惠王之后，墨子非常诚恳地说："楚国地域辽阔，方圆五千里，可以说地大物博；而宋国的土地不过五百里，物产也不是很丰富。大王您为什么有了华丽贵重的车马，还要去偷别人的破车呢？为什么要抛弃自己的绣花绸袍，去偷人家一件破旧的短褂子呢？"

楚惠王听了以后，虽然觉得墨子的话很有道理，但还是不肯轻易放弃伐宋的打算。公输般也认为用云梯攻克城池很有胜算。

墨子直截了当地对公输般说："你能攻，我就能守，你占不着什么便宜。"

他说着，就解下了腰上系着的皮带，在地上围起来当作城墙，又拿几块小木片当作攻城的工具。他叫公输般来与他演习一下，比一比本领。

公输般使用一种方法攻城，墨子就会采用一种方法守城。公输般用云梯攻城，墨子就用火箭烧云梯；公输般用撞车撞城门，墨子就用滚木礌石砸撞车；公输般挖地道，墨子就用烟熏。

公输般使用了九套方案，把所有的攻城方法都用完了，可是墨子还有很多种守城的高招没有使出来。

公输般知道了墨子的厉害，但他心里还不服气，就对墨子说："我还有一个办法来对付你，但是现在不能说。"墨子听了微微一笑，说道："我知道你想用什么办法来对付我，不过我也不说出来。"

楚惠王在一旁听两人说话就好像打哑谜一样，感到莫名其妙，就问墨子："你们说的究竟是什么？"

墨子回答说："公输般的意思是把我杀掉，他以为杀了我，就没有人帮助宋国守城了。不过，他打错了算盘。我在来楚国之前，就已经派了禽滑厘带着我的三百名学生去宋国守城，他们每个人都学会了我全部的守城方法。即使您把我杀了，楚国也还是占不到任何便宜。”

楚惠王听了墨子的这番话，又亲眼看到了墨子守城的本领，心里明白要打败宋国根本没有希望，只好对墨子说：“先生的话说得很有道理，我决定不攻打宋国了。”

一场战争就这样被墨子阻止了。

8. 不知军之不可以进而谓之进，不知军之不可以退而谓之退，是谓縻军。——《谋攻》

【经典战例】

宋襄公好“仁”

将领在指挥军队作战的时候，应当根据战场上的实际情况来调整和使用谋略，不能固守传统，应该懂得变通。另外，战场上的机会瞬息万变，当机会出现时一定要当机立断，看准时机，一击致命。

公元前638年，一直想成为霸主的宋襄公出兵伐郑，郑国便向楚国求助。楚成王接到消息后，并没有直接援救郑国，而是统领大军直接杀向了宋国。宋襄公顿时慌了手脚，也顾不上攻打郑国，连忙带领军队赶回宋国。

等宋军在河边扎好营盘，楚国的兵马刚好来到了对岸。这时属下公孙固对宋襄公说：“楚军来到这里只是为了救郑国。我们已经从郑国撤兵，他们的目的也已经达到了。咱们兵力不足，不能硬拼，还是和楚国讲和吧。”宋襄公却反驳道：“楚军虽然兵强马壮，可是缺乏仁义；我们宋国虽然兵力单薄，但却是仁义之师。不义之兵能胜过仁义之师吗？”

宋襄公还特意命人做了一面大旗，上面绣着“仁义”二字。他就要用这“仁义”来战胜楚国的刀剑。

到了第二天早上，楚军开始过河。公孙固对宋襄公说：“楚军正在渡河。等他们渡到一半，我军杀过去，一定能够取胜。”宋襄公却指着“仁义”之旗说：“人家还没渡完河我们就打，那还算什么仁义之师？”

过了一会儿，楚军全部过了河。正当他们在河岸上布阵时，公孙固又对宋襄公说：“趁楚军正在乱哄哄地布阵，我们发动攻击，也许还能取胜。”宋襄公听罢很不满意：“人家还没有摆好阵，你就要去打他，那还算得上是仁义之师吗？”

楚军布好阵之后，立刻发起攻击。宋襄公领兵冲在最前面。可是，宋军根本不是楚军的对手，很快就被打得落花流水，宋襄公也受了箭伤。

宋襄公被手下人救回来以后，仍然执迷不悟：“仁义之师就是要以德服人，我奉行仁义之道打仗，不能乘人之危去攻打对方，这才是君子所为。”他手下的将士们听了，都暗骂宋襄公是个草包。

后来，宋襄公因伤口感染，不久便死去了。

9. 故知胜有五：知可以战与不可以战者胜；识众寡之用者胜；上下同欲者胜；以虞待不虞者胜；将能而君不御者胜。——《谋攻》

【经典战例】

赵简子将袭卫

通常来说，战争是为了实现自己的政治目的而进行的。如果能够从这个角度出发，预判通过这场战争能否达到自己的政治目的，来决定是否发动战争，那么无疑就是高瞻远瞩的明智之举。

赵简子是春秋末期晋国六卿之一。他为人刚毅勇武，很有才干。

他经常奉命出使各国，也经常率军去讨伐违抗晋国命令的诸侯，为维护晋国的霸主地位立下了汗马功劳。因此，他深得晋君的赏识，在朝中享有极高的威望。

当时，卫国与晋国相邻，由于卫国经常受到侵略，以致人口锐减，领土大量丧失，逐渐沦为一个弱国。卫国国君卫灵公的才能并不出众，没有什么贤德的名声，所以他被迫与晋国结盟，长期以来一直对晋国俯首帖耳。但是，卫灵公这个人很有骨气，他不想永远忍受任人摆布的屈辱地位。后来，卫灵公与齐景公在沙泽结盟，从此断绝了与晋国的关系。

卫国的叛变，使晋国上下受到了极大的震动。赵简子立刻调动大军，准备发兵攻打卫都帝丘，企图用武力迫使卫国屈服。

赵简子深谋远虑，没有贸然出兵。在发兵前，他找来身边一个叫史默的亲信，对他说："我听说卫灵公在国内排斥贤士，重用小人，我想现在卫国已经上下离心，国是日非。我命你在一个月之内把卫国的情况了解清楚，我等你回来报告，然后再出兵。"史默走后，赵简子一边命令将士们加紧习武练兵，作好打仗的准备，一边等着史默的报告。可是过了一个多月，史默也没有回来复命。这时，有人对赵简子说："史默逾期不归，可能是被卫人捉拿。其实卫国是个弱国，根本就抵挡不了晋军的攻击，只要我们的人马渡过黄河，卫军就会不战自降。请元帅尽快下令出兵吧！"赵简子听后摇头说："卫灵公既然敢断然同晋国绝交，肯定是有了充分的准备，我们决不能掉以轻心。再说，史默这个人向来思虑深远，他没有如期回来，可能是发现了某些预料不到的情况，还需要进一步打探。出兵的事，等他回来之后再讨论吧！"

过了很长时间，史默回来了，他向赵简子讲述了卫国的情况："卫灵公现在提拔忠臣，废黜奸佞，深得民心。他为了激起国人对我们的愤怒，对外宣布：'晋人已命令我国，凡是有女儿的人家，都要抽调一个到晋国当人质。’他还抽调了一批宗室大夫的女儿，假意准备送往晋国。卫国的百姓听了之后，怒吼道：‘让晋人来吧！我们一定要把晋国人打回去。’卫国现在人才济济，民气可用，我们用武力使它屈服，可能会付出很大代价。还请元帅三思而行！”赵简子听了，按兵不动。之后，他还亲自面奏晋君，取消了攻打卫国的计划。

10. 知彼知己者，百战不殆。——《谋攻》

【经典战例】

夏侯渊大破韩遂

将领在指挥军队作战的时候，应善于运用谋略，不能固守传统的方式而不知道变通。在战争中，将领一定要把握好时机，当机立断，并且根据自己已经掌握的情况，采取合适的战术，一举取胜。

汉献帝建安十九年（214 年）春季，马超请求张鲁分派给他一支军队，向北攻取凉州。张鲁派遣马超回军围攻祁山，祁山守将姜叙向夏侯渊告急。夏侯渊部下将领议论，认为必须上报魏公曹操，由他发令调度。夏侯渊说：“魏公远在邺城，向他报告，往返行程四千里，等他的命令传到这里，姜叙等人必定早已被打败，这不能解救危机。”于是命令部队行动，由张郃率步、骑兵五千人为先头部队。马超败退而走。

韩遂驻军显亲，夏侯渊欲袭击韩遂，夺取显亲，韩遂退走。夏侯渊追到洛阳，距离韩遂驻地三十余里。将领们准备向韩遂发动攻击，有人却建议应当进攻兴国的氐族。夏侯渊认为：“韩遂的军队精锐，兴国有坚固的城防，此时进攻很难迅速取胜，不如攻打长离的羌人部落。长离的羌人有许多在韩遂军中，他们必然会回去援救自己的家乡。韩遂若舍弃长离羌人拥兵自守，便会失去羌人的支持而势孤力单；如果援救长离，我们就可以与他的部队进行野战，一定能够生擒韩遂。”于是，夏侯渊留下督将守卫辎重，亲自率军轻装至长离，攻打羌人部落，韩遂果然来救长离。夏侯渊的部下将领见韩遂兵多，要扎下营盘、挖好堑壕再作战。夏侯渊说：“我军千里转战，如果再扎营盘，掘堑壕，士兵便会疲惫不堪，无法再用他们去作战了。韩遂兵虽多，并不难对付。”夏侯渊下令击鼓进攻，一举击溃了韩遂的军队，并乘胜包围了兴国。氐王逃到马超那里，其余的官兵都投降了。夏侯渊又转而进攻高平、屠备两个部落，也把他们都击溃了。

夏侯渊刚勇果断，因时制宜，发兵击走马超。知韩遂兵精，兴国城固，不硬拼硬打，而是攻其必救，以逸待劳，因而大破韩遂。

11. 凡战者，以正合，以奇胜。——《兵势》

【经典战例】

长平之战

当双方交战的时候，不能轻易就让敌人看到自己的底线，要懂得欲擒故纵的技巧。这样，敌人就很难摸清自己的底细，也无法推测自己可能采取的行动。即使自己的军队纪律严明，实力强大，聪明的将领也可能故意向敌人展示自己的弱小，从而迷惑敌人。当敌人放松警惕的时候，将领就可以率领士兵发起突然的攻击，并取得胜利。这就是所谓的“出奇制胜”。

赵括的父亲赵奢是赵国著名的将领。赵奢一生领兵打仗，为赵国立下了赫赫战功。赵括在他父亲的影响之下，也非常喜爱军事，自幼就读了很多兵书。

父子俩在一起，经常谈论带兵打仗的策略。每当这时，赵括总是讲得滔滔不绝，天花乱坠，还时常引经据典，说得有板有眼。因此，别人都佩服他的口才和谋略。赵括也因此沾沾自喜，常以“将门虎子”自居。

但是，赵奢却经常说赵括只是空谈理论，而不能真正带兵打仗。赵奢在临终前留下遗言：千万不能让赵括领兵，如果赵王一定要让赵括当将军，那么产生的后果一概与赵家无关。

几年以后，赵国与秦国之间发生了一场战争。

公元前 262 年，秦昭王派秦将白起讨伐韩国。秦军占领了野王城，从而切断了上党郡与韩国国都的联系。韩国想割让上党郡向秦国求和，可是上党郡守冯亭不愿意降秦，于是请求赵国出兵取上党郡。

公元前 260 年，秦军夺取了上党郡，上党郡的百姓纷纷逃到了赵国。赵军驻扎在长平，以便安抚上党百姓。秦军多次向赵军进攻，赵王派老将廉颇率兵抵抗。经验丰富的廉颇根据当时敌强己弱且初战失利的形势，下令坚守营垒。秦军多次前来挑战，赵国却始终不出兵。这令秦军一筹莫展。

这时，秦国丞相应侯范雎派人用重金向赵国的权臣行贿，使用离间计，在赵国散布流言说：“秦军最怕的，是赵奢之子赵括；而廉颇最容易对付，他不敢出兵，就快要投降了。”赵王本来就对廉颇坚壁固守不肯出战的做法有些不满，这时听信了流言，就让赵括代替廉颇为将，率兵击秦。

赵括被封为将军之后，得意扬扬，向赵王夸口，说他击败秦军就如同秋风扫落叶一样。赵王听了非常高兴，赏赐了他许多钱财。赵括马上就把这些赏赐之物全部运回家中。

赵括的母亲知道这件事以后，立即求见赵王，把赵奢临终时的遗言告诉了赵王。可赵王不以为然，坚持要让赵括当将军，但最后答应了赵母的请求：如果赵括战败，决不追究赵家的责任。

赵括带着一箱兵书来到前线，替下了老将廉颇。赵括上任以后，一改过去廉颇的部署，不仅更改了部队的制度，还大批地撤换将领，使赵军的战斗力迅速下降。他还下达命令：如果秦军再来挑战，一定要主动出击，毫不手软。

秦军得知赵括当上了赵军的主将之后，暗地里把赵括最害怕的大将白起派到战场统帅秦军，决定将赵军全部歼灭。

白起非常了解赵括的本领和性格，知道他鲁莽轻敌而又高傲自恃，于是决定采取先后退诱敌、再分割围歼的办法。他先观察好地形，将主力安排在构筑好的袋形阵地中，然后派出三千人马担任诱敌的任务。赵括果然上当，领兵出战。在赵军进攻的时候，秦军佯败后撤。赵括在不知虚实的情况下，贸然追击秦军，结果进入了秦军的包围圈。这时白起命令两翼伏兵迅速出击，将赵军截成三段。于是赵军首尾分离，粮道被切断。秦军又派数千轻骑兵不断骚扰赵军，使赵军死伤无数，疲惫不堪。赵括见战势危急，只好筑营坚守，等待救兵。可是秦军早已阻断了赵国的援兵和粮草，倾全国兵力围困赵括的军队。

赵兵断粮长达四十六天，士兵们饥饿不堪，有的甚至自相杀食。赵括没有办法，只好重新集结军队，强行突围，但一直没有成功，赵括自己也在混战中被秦军射杀。赵军主将阵亡，四十万士兵投降秦国。白起把投降的赵军全部坑杀，只留下二百四十个士卒回国报信。

历史上著名的长平之战就这样以赵军的惨败而告终，白起正是以奇取胜，打败了赵国军队。

12. 故善战者，致人而不致于人。——《虚实》

【经典战例】

李广退敌

在与敌人交战时，将领可以根据敌情，做出迷惑敌人的举动。敌人无法判断其真实意图，就会在战术执行方面出现差错，这时，就可以抓住时机，实行自己的计划，最终取得理想的战果。

汉朝时，匈奴军大举入侵雁门、上郡。汉景帝命“飞将军”李广统军御敌。

一天，中贵人带领几十名骑兵出营，发现三个匈奴人，以为是敌军侦探，便立即跃马追去。三个匈奴人转身放箭，射伤中贵人，几十名骑兵也被射杀殆尽。

李广闻报，判断说，这一定是匈奴射雕的猎户，于是便带百余骑去追赶，结果杀死二人，活捉一人。李广正准备上马回营，突然发现远处奔来数千匈奴骑兵。匈奴骑兵这时也发现了李广等人。匈奴兵误认为这是汉军派出来的诱兵，就急忙驰向山头，列开阵势，准备迎击。李广手下的骑兵见状大惊，皆拍马欲退。李广制止说：“我们远离主力部队，如果惊慌撤退，匈奴肯定会追杀我们。现在最好的办法是留下来，这样，匈奴就会以为我们是大军的诱兵而不敢贸然进击。”于是，他率领骑兵继续行进。当走到离匈奴阵地约二里的地方时，李广命令骑兵全部下马解鞍，以迷惑敌人。

匈奴军由于摸不透李广的用意，果然不敢轻易出击。一会儿，匈奴有一个骑白马的将军走出阵地巡视兵士。李广发现后，立即跃马弯弓，带领十多名骑兵冲上去，一箭就将骑白马的人射落马下，然后驰回自己的队伍中，又卸下马鞍，叫兵士们把马放了，让马吃草，大家躺在地上休息。一直等到日暮，匈奴人还是辨不清李广的虚实，始终不敢下山。到了半夜，匈奴军担心遭到汉军伏兵袭击，便乘夜撤退而去。李广终于安全返营。

13. 出其所不趋，趋其所不意。攻而必取者，攻其所不守也。——《虚实》

【经典战例】

隋朝灭陈之战

在战争中，“出奇制胜”是一个非常有效的策略。“奇”就是避实击虚、以实击虚，在敌人没有设防的地区出兵。在敌人意想不到的时间，向敌人难以预料的地点发动进攻，就能够取得意料不到的效果，最终也必将获胜。

公元 581 年 2 月，北周贵族杨坚逼迫静帝退位，自己当了皇帝，改北周为隋，这就是隋朝的第一个皇帝——隋文帝。

隋朝建立以后，在江南唯一能和它抗衡的只有陈朝。因此，隋朝要统一中国，必须扫除陈朝。隋文帝为了灭掉陈朝，着手在国内进行了一系列的经济和政治改革，采取了诸如减轻赋税、废除残酷刑罚、裁减官吏等积极措施。果然，几年之后，北方生产得到迅速发展，人民生活有了很大的提高，社会秩序逐渐安定下来。

隋文帝鉴于出兵进攻陈朝的时机逐渐成熟，就召集朝中的文武大臣，共同商量灭陈大计。

仆射高颖说：“要消灭陈国，必须先毁坏它的粮食储备。江南的房屋、粮仓，多是稻草盖的，只要一放火，就能让它的房屋、粮仓化为灰烬。没有粮食，他们还怎么打仗呢？”隋文帝连声称赞：“好计！好计！”高颖又说：“他们割稻子的时候，我们派兵骚扰。等到他们把割稻子的士兵集中起来的时候，我们就立即收兵，像这样一而再、再而三，他们看到我们并不是真打，一定会放松戒备。那时我们就打它个迅雷不及掩耳，突破长江天险，江南的半壁江山不就都归我们了吗？”

隋文帝听了高颖的计策，十分高兴，立即下令出兵骚扰江南。同时，他还指派大臣杨素火速赶造渡江用的战船。

此时，陈后主却骄奢淫逸，过着花天酒地、纸醉金迷的生活。隋朝将领贺若弼按照原定的战略部署，规定凡守备江防的部队，每次调防时，都要在历阳（今安徽省和县一带地区）集中，并且遍插旌旗，广搭帐篷，用来迷惑敌人。果然，陈国以为隋军要来进犯，立即调集国内全部兵力严密防御，随时准备迎击。不料，隋军始终没有进攻的举动，只不过是守备部队例行调防而已。渐渐地，陈军对隋军插旗、搭篷这一套做法习以为常，戒备松懈下来，不久后就把调来加强防御的重兵撤回。

公元 588 年 10 月，隋文帝见条件已经成熟，决定渡江灭陈。在发兵之前，他还特地下诏揭露陈后主的罪恶，并抄写三十万份，派人暗地到江南各地散发，广造舆论，争取人心。随后，他派自己的二儿子晋王杨广担任兵马大元帅，率领五十万大军从东海来到永安郡（今重庆市奉节县），兵分八路，浩浩荡荡同时渡江。

陈朝守军的告急文书像雪片一样飞到建康（今江苏省南京市）。这时，陈后主才慌忙召集大臣商议对策。都官尚书孔范故作镇定，说：“长江古称天堑，隋军难道能长翅膀飞过来不成？这不过是守边的将领谎报敌情，想要骗取奖赏罢了。杀他几个，就没有敢说谎话的了！”昏庸的陈后主一听，又高兴起来，竟然挺胸昂头地说：“这话有道理，建康自古是帝王之都，朕受天命当皇帝，怕什么？从前，北齐三次进犯，都失败了；北周两次入侵，也都碰了壁。今天，小小的杨坚还能成多大气候呢？”

开皇九年（589年）正月初一的清晨，大雾茫茫，江面上伸手不见五指，陈朝君臣还在酣睡之中，而两支分别由大将贺若弼、韩擒虎率领的隋军，静悄悄地渡过了长江。两军会合后，衔枚疾进，马不停蹄，迅速接近并且包围了建康城。

当时，建康城里还有十几万陈朝军队，地势险要，如果能很好地组织兵力，积极防守，是难以被攻破的。但是，陈后主昏聩无能，他见隋军兵临城下，急得没有一点主意，只是日夜哭泣。大将萧摩诃建议趁隋军还没有站稳脚跟，立即出兵攻打，一决胜负。孔范也对陈后主说：“臣以为应该出兵决战，如果战败，甚至战死了，还会青史留名！”陈后主听了他们的话，立即命令萧摩诃、任忠带兵出城决战。由于陈朝士兵长久没有训练，将士过惯了享乐生活，军心涣散、士气低落，毫无战斗力，两军一交手，陈军立即溃退，争相逃命。将官任忠投降了隋军，带着隋将韩擒虎冲进建康城的正门朱雀门，向守城的陈军大声喊道：“连老夫都投降了，你们还打什么？”守城士兵听了，便一哄而散。贺若弼活捉了萧摩诃，从北门冲进了建康城。

这时候，陈朝文武百官都已纷纷逃命，昏君陈后主还坐在殿上等候捷报传来。忽然，他听到一片杀声，才知道隋军已经打进城，吓得跳下宝座，跑往后宫。他找到张贵妃、孔贵人，一手拉着一个，想逃出宫去。刚逃到景阳殿的井边，听到前边杀声震天，陈后主自知无路可逃，就拉着两个妃子，一起跳进井中，因是枯井未死，都被隋军俘虏。

开皇九年（589年）正月二十二日，隋晋王杨广进入建康城，陈朝宣告灭亡。

14. 故形兵之极，至于无形。——《虚实》

【经典战例】

朱棣靖难夺取皇位

有时，敌人为了保护自己，可能会隐藏自己的实力，从而在表面上看来，让人觉得非常弱小，使人放松警惕。聪明的将领总是能够对表面现象进行分析，不会为眼前的假象所迷惑。

明太祖朱元璋死后，因继承人皇太子朱标早已亡故，故由长孙继位，是为惠帝，改年号建文，亦即建文皇帝。建文帝年纪虽小，却相当精明，他知道自己所处的环境——在十多个王叔的威胁之下，地位处于动摇未稳之势。为使皇权免受控制，在黄子澄等人的策划下，他进行了大刀阔斧的削藩运动，把那班老叔父按其危险性程度，流放的流放，杀的杀，逐步把这批对皇朝有威胁的势力肃清。只有宁王和燕王因环境特殊，建文帝还未敢遽然下手。

燕王朱棣眼见各位王兄王弟一个个倒了，兔死狐悲，料想迟早要轮到自己，与其等死，不如先发制人。他的军师道衍以军备未足、时机尚未成熟为由，劝他再等机会。因此燕王朱棣暂时隐忍，秘密练兵，预备行事。

有一次，燕王照例派亲信葛诚入京奏事，见了建文帝。建文帝有意收买葛诚，便召他进入密室，对他说："如果你能把燕王的活动情况及时报告于我，将来会升你为公卿。"葛诚说："食君之禄，担君之忧，臣愿效犬马之劳，此次回去，必密报燕王举动，为陛下做内应。"

葛诚回到燕京后，怂恿燕王入京（南京）见帝，以释嫌疑。此计无非想驱羊入虎口。燕王与道衍商议，道衍力主不去，燕王却说："此时我举兵，便当举兵，若不能举兵，不如暂往一回，料他也无奈我何。”因此便毅然进京。果然有人怂恿建文帝将他扣留，但建文帝很犹豫，一时找不到借口，便于一个月后放燕王返回燕京。

燕王相当精明，他最清楚自己的处境，一回来就诈病，并且病得很厉害，无非是为了使朝廷不怀疑他。

建文帝虽放走燕王，却也时刻防备，并不因他“病重”而松懈。他用了一个调虎离山之计，以边境防卫为名，把燕王所属的劲旅调了一部分离开北京，派亲信工部侍郎张昺和谢贵把文武两权夺了过来，又制造借口把燕王的得力部属于谅、周铎杀掉。

燕王眼见这种情势，便诈癫扮傻，溜出王府，整天在街边游荡，口出狂言，见物就抢，装成一个十足的疯子。

张昺和谢贵知道此事后，便入宫去探病，想看个究竟。这时是暑天，只见燕王穿起皮袄，围炉而坐，身子还在发抖，牙关打战，不停地说天气太冷了。他们认定燕王是真病，防备稍有放松。但是，葛诚认为燕王是装病扮傻，用意难测，担心被他瞒过。

张昺于是具报明廷，建文帝便立即采取行动，密令城防副司令张信动手。张信过去是燕王的亲信，接到密令，犹豫不决。

建文帝见还没有消息，又再下密旨催促张信。张信很生气，愤然去见燕王。守门的不准张信进去，他就大声说：“你们只管去传报，说我张某有要紧事求见！”

燕王召见张信，却仍卧在床上，不说半句话。左右的人说：“殿下正患风疾。”张信知其装病，坚持不走。燕王屏退左右，起身与张信密谋。张信拿出建文帝的手谕，催促燕王早日动手。

密议后，张信增兵王宫，说是严密监视，实际上是保护燕王的安全，进一步定计要除掉张昺和谢贵这两位朝廷命官。

外弛内张的情势，已到一触即发的地步。张信暗中要保护同党人的安全，当晚下令把燕王的部将全体逮捕，说他们有造反的嫌疑，要押赴朝廷处决。这一招的目的是掩人耳目。他又暗中派出精壮士兵埋伏在东殿两旁，宫门内外密布便衣密探。第二天，对外宣称燕王的病已好，要召见张昺和谢贵，商议如何把这批阴谋造反的将领押解入朝。

张、谢两人虽然不疑，但也有防备，带了很多卫兵前往。到了礼端门，燕王扶杖把他们迎进去，卫队却被拒于门外。宴会行酒间，一片欢乐气氛，左右献上几个西瓜，大家都吃起来。燕王忽然停食站起来，气愤地说："想起我目前的处境，食物实在难以下咽，就是当一个普通百姓，兄弟叔侄间也应该互相怜恤。我身为皇帝叔父，反而要惶恐度日。今皇帝待我这样，国家还有什么希望呢？"说完，将手上的西瓜往地上一摔。

这其实是个暗号，两旁埋伏的士兵一见，立即奔出，不由分说就把张昺、谢贵等斩首，再揪出葛诚，也斩首示众。燕王随即宣称起义兵，清君侧，向南京进军。不久，燕王的军队便攻破皇城，建文帝不知所终。燕王抢了帝位，是为明成祖。

15. 智者之虑，必杂于利害。杂于利而务可信也，杂于害而患可解也。——《九变》

【经典战例】

螳螂捕蝉，黄雀在后

因为战争的复杂性，所以在交战的时候，指挥战斗的军事将领一定要做到客观地认识形势，对全局的发展要有准确的把握。成功的军事统帅，能够在不利的形势下分析有利的因素，在有利的形势下看到不利的影响。只有这样，军事将领才能在不论多么复杂的环境下都作出正确的判断，进而夺取战争的胜利。

春秋时，吴王寿梦准备去攻打楚国，这一决定遭到了大臣们的反对。但是，吴王不愿意听取任何人的意见，一意孤行，积极为攻打楚国作准备。

一天，吴王处理国事非常疲劳，于是，他就到后花园散步，想放松一下。这时，他看见在花园中，有个侍卫正盯着一个地方发呆。吴王非常好奇，轻轻走过去，想看看是怎么回事。侍卫看到吴王走过来，马上向吴王施礼。吴王问道：“我刚才看见你正聚精会神地看东西，你到底在看什么?”侍卫说：“我刚才看见了一只蝉，它正趴在树叶上开心地喝着露水，可是，它没有看到，在它的身后有一只螳螂想要吃掉它。螳螂可能是只看见了蝉，但是在螳螂的身后，还有一只黄雀准备吃掉螳螂。黄雀可能很厉害，但是如果它太关心眼前的东西，那么，如果它的身后有一个猎人的话，它可能就无法发现。”吴王听了侍卫的话，忽然感觉受到了很大的启发：有的时候，人们可能过分关注眼前的利益，从而忽略了身后可能存在的危险，就像蝉、螳螂、黄雀一样。想到这里，吴王重新召集大臣，正式宣布取消攻打楚国的计划。

16. 归师勿遏，围师必阙，穷寇勿迫，此用兵之法也。

——《军争》

【经典战例】

赵充国平定羌族叛军

穷寇勿迫，就是现在人们所说的“穷寇勿追”，这一点与“置之死地而后生”是相吻合的。如果将敌人逼入绝境，他们为了自己活命，也必然拼死搏斗，士气反而会暴涨。如果给他们留一条生路，那么敌人争相逃命，即使来日再战，也会在心理上产生巨大压力。

西汉时期，西北边疆一直动荡不安，少数民族屡屡进犯，羌族也是其中之一。羌族在汉朝时有先零、广汉等十多个部落，曾依附匈奴。张骞出使西域后，羌人逐渐内迁。宣帝时，先零要求渡过湟水游牧。宣帝恐羌人有诈，不曾应允。先零羌不肯罢休，联合本族各部落强渡湟水，占据了汉朝边郡地区，郡县无力禁止。宣帝于是派赵充国征讨先零羌人。羌人见汉朝大军压阵，心下大骇，于是放弃辎重，想徒步渡过湟水奔逃。赵充国手下见此情景，十分着急，请求出兵，赵充国不许。有的将领说："追敌宜速，不然等敌军渡过湟水，想追都来不及了。"赵充国却说："穷寇勿追。何况羌人连辎重都抛下，求生意志坚决。此时急追，羌人走投无路，一定会奋起反抗，让我们损失很大。倒不如等他们渡过湟水，立足未稳的时候进攻，才可以大获全胜。"

于是，汉朝大军陈兵于后，令羌人惊惶不已，像无头苍蝇一般争先过河，在湟水中淹死的就有上万人。赵充国见羌人阵脚大乱，人心惶惶，才下令进攻。羌人抵挡不及，被杀得落花流水。

17. 投之亡地然后存，陷之死地然后生。——《九地》

【经典战例】

背水一战

在用兵打仗的时候，人们都会希望自己占据有利的地形，也就是兵家在作战时常常强调的"天时、地利、人和"。其实，有的时候，如果将自己的军队放到危险的环境下，士兵们有可能为了活命而激发出求生的潜能，甚至比平时更英勇，更拼命战斗。下面要讲述的韩信背水一战的故事，就是成功运用这种作战方法的一个例子。

公元前 205 年，汉王派张耳和韩信带兵攻打赵王歇及守在代地的陈余。因赵军已占据了形势有利的地形，韩信等人便在距井陉口三十里的地方驻扎下来。韩信派一万人担当先头部队，开出营寨，面向赵军，背着河水排开了阵势。赵军看到韩信军队排成这样只有前进、没有退路的绝阵，大笑不已。等到天大亮，韩信登上战车，插上大将旗号，设上战鼓，边击着前进的鼓声，边领着军队开出井陉口隘道。于是赵军打开营门迎击汉军。两军交战了很久，韩信、张耳假意战败，抛开了主帅指挥的旗鼓，赶快退到排在水边的军阵之中，进入阵地，迅速回头迎战。军士们个个奋勇争先，拼死命作战。韩信先派出的两千名轻骑兵，见赵军全营出动，就冲入赵军营垒，拔掉赵旗，插上了两千面汉军的红色旗帜。赵军回头一看，大为惊恐，以为汉军虏获了赵王及他们的将领，于是阵势大乱，各自奔逃。背水上阵的士兵和两千名轻骑兵两面夹攻，大破赵军，在泜水边斩了成安君陈余，活捉了赵王歇。

18. 故将通于九变之地利者，知用兵矣。——《九变》

【经典战例】

三家分晋

在作战的时候，不能一味强调自己的勇猛，还应时刻观察周围的环境，随时保证自己处于安全的环境中。从一定意义上讲，减少自己的危险，才能保存自己。只有自己的实力得到保存，其他的一切行动才有继续的可能。因此，将领在指挥士兵作战的时候，要考虑包括地形在内的各种因素，然后再去执行其他的计划。

一向被称为中原地区霸主的晋国，到了春秋后期，国君已经大权旁落了，国家的实权由六家大夫掌握。他们各自都有独立的地盘和武装，互相攻伐。后来其中两家被打散了，还剩下智家、韩家、赵家、魏家。在这四家中，以智家的势力最为强大。

智家的智伯瑶想吞并其他三家的土地，于是就对三家的大夫赵襄子、韩康子、魏桓子说："晋国原本是中原的霸主，后来相继被吴、越夺去了霸主的地位。为了使晋国再次强大起来，我主张每一家都划出一百里土地和户口来交给公家。"

这三家大夫都知道智伯瑶想借公家的名义来逼迫他们交出土地，可是三家大夫心不齐，首先是韩康子把土地和户口割让给了智家，魏桓子不想得罪智伯瑶，也把土地、户口割让出来了。

智伯瑶又向赵襄子索要土地和户口，赵襄子坚决不同意，他说："土地是祖上留下来的产业，无论如何也不能送人！"

智伯瑶听了赵襄子的话，怒气冲天，马上率领韩、魏两家一同发兵攻打赵家。

公元前455年，智伯瑶亲自率领中军，让魏家的军队在左路，韩家的军队在右路，三路人马直奔赵家。

赵襄子知道寡不敌众，就带着手下的兵马退守晋阳（今太原市）。

没过多长时间，智伯瑶率领的三家人马已经把整个晋阳城团团围住。赵襄子命令将士们坚守城池，不许出战。每当三家军队攻城的时候，城头上的箭好像飞蝗一般落下来，使得三家兵马无法前进一步。

就这样，赵襄子凭着弓箭守了两年多。三家的兵马始终没能把晋阳城攻下来。

这一天，智伯瑶来到城外查看地形，看到晋阳城东北面的晋水，忽然有了一个主意：晋水从晋阳城边绕过，向下游流去，如果把晋水引到西南边，晋阳城不是就被水淹了吗？他想到这里，就命令士卒在晋水边另外挖一条河，一直通到晋阳城，又在上游筑起了堤坝，用以拦住上游的水。

当时正值雨季，堤坝上的水很快就满了。智伯瑶命人在水坝上挖出个豁口。这样，大水就直冲出来，灌到晋阳城里去了。

晋阳城里的房屋被淹，人们不得不躲到房顶上去避难；炉灶也淹没在水里，老百姓不得不把锅悬起来做饭。即便如此，晋阳城的老百姓宁可淹死，也坚决不肯投降，因为他们恨透了智伯瑶。

智伯瑶请魏桓子和韩康子一同去查看水势。他用手指着晋阳城，得意扬扬地对他们说："你们看，晋阳不是很快就要完了吗？以前我还以为晋水能像城墙一样拦住敌人，现在才知道，原来大水也能灭掉一个国家！"

魏桓子和韩康子表面上虽然顺从地答应，可心里却暗暗吃惊。原来，在魏家的封邑安邑（今山西夏县西北）、韩家的封邑平阳（今山西临汾市西南）旁边各有一条河流。智伯瑶的话提醒了他们：晋水既然能淹晋阳，说不定哪天安邑和平阳也会遭到和晋阳同样的命运。

晋阳被淹之后，城中的情况越来越危急了。赵襄子坐卧不安，他对门客张孟谈说："晋阳民心虽然没变，可水势要是再涨起来，全城就保不住了，这可怎么办呢？"

张孟谈回答说："依我看，魏家和韩家把土地白白割让给智伯瑶，也不会心甘情愿，我会想办法劝他们两家共同对付智伯瑶。"

于是当天晚上，张孟谈就奉赵襄子之命偷偷出城。他先找到韩康子，又找到魏桓子，说服他们反过来与赵家一齐攻打智伯瑶。韩、魏两家早就为此事犹豫，经张孟谈一劝，都欣然同意了。

第二天半夜，智伯瑶正在营帐里睡觉，忽然间听见外面一片喊杀的声音。他急忙从床上爬起来，发现被褥和衣服全都湿了。他定睛一看，原来兵营里全是水。开始他还以为是堤坝决口，河水流到自己营里来了，于是赶忙命人去抢修。可是水势越来越大，把整个兵营全都淹没了。正当智伯瑶惊慌不定的时候，四面八方响起了震耳欲聋的战鼓声。赵、魏、韩三家的将士驾着小船、木筏一齐冲杀过来。智伯瑶手下的士卒，被砍杀和淹死的不计其数。智家全军覆没，智伯瑶也被三家的人马捉住杀了。

后来，赵、魏、韩三家瓜分了智家的土地，各自独立，形成了赵、魏、韩三国，历史上称这件事为“三家分晋”。

19. 料敌制胜，计险厄、远近，上将之道也。——《地形》

【经典战例】

司马懿平定辽东

将领应当根据敌我双方的强弱形势和地形条件作出正确的决策，特别是远途作战，如果后勤无法保障，那么就很难取胜。有的地方，即使得到了也对自己不利，因为很难防守，那么就无须强行占领。

公元 238 年，魏国派司马懿征讨公孙渊。司马懿谒见魏明帝曹叡，曹叡问道：“你认为公孙渊会如何行动？”司马懿答道：“公孙渊若弃城先走，那是上计；据守辽东，抗拒大军，那是中计；若坐守襄平，便是下计，必为臣所擒。”曹叡问公孙渊会不会选择上计，司马懿说：“公孙渊不知兵谋，只能定出中、下计。”曹叡又问：“你出军往还，需要多少天？”司马懿说：“去约百日，还百日，攻百日，又须休息六十日，大约一年就可了事。”曹叡便派司马懿带兵启程。公孙渊听说司马懿带兵出征，果然派步骑数万坚壁而守。司马懿笑着对诸将说：“贼不与我交战，是要我劳师糜饷，粮尽退兵。贼众多在此处，巢穴一定空虚，我们应该直攻襄平，一举破贼。”公孙渊出战失利，退守危城，司马懿的大军包围了襄平。时值秋雨连绵，辽水暴涨，运粮船直达城下，平地水深数尺。城中的人看见司马懿的营地被水淹了，就出外打柴、放牧。诸将请求出兵截击，司马懿不同意。司马陈硅问道：“太尉之前进攻上庸，昼夜兼进，所以能立拔坚城，擒斩孟达；如今远道而来，并且缓慢行进，又放任敌军打柴、放牧，究竟是什么用意？”司马懿笑着回答道：“孟达兵少粮多，我军兵多粮少，怎能不速战呢？现在敌兵多我兵少，敌饥我饱，何必速攻呢？倘若掠夺敌人的牛马，截取其樵粮，不是要驱赶敌人远走吗？”不久天气转晴，司马懿就分兵合围，在四面筑土山，登高俯攻，昼夜不停。公孙渊守兵死伤极多，粮食也将要用尽，只得派使者前来请和。司马懿怒斩来使。公孙渊从南门突围，司马懿派兵追击并将其斩首，于是平定了辽东。

20. 行火必有因，烟火必素具。发火有时，起火有日。——《火攻》

【经典战例】

赤壁之战

在战争中，火攻是非常有效的一个攻击方法。但是在采取火攻的时候，务必要做好各种准备工作，包括进攻的时间和使用的工具。因为要实行火攻，天气因素会起到很重要的作用。所以，在开战前一定要了解天气的情况，保证火攻顺利进行。

公元 208 年 9 月，曹操收编了荆州水军，乘胜东进，企图一举吞灭东吴。孙权派遣周瑜及程普等同刘备联合起来迎击曹操，孙刘联军与曹军在赤壁相遇。这时，曹操军队中疾病流行，刚一交战就被打败，退兵驻扎在长江北岸。

周瑜等驻扎在长江南岸。周瑜的部将黄盖说：“目前敌众我寡，很难跟曹军长期相持。然而我们可以看到曹军的船舰都前后紧紧相连，正可以用火攻击退它。”于是调来了数十艘艨艟斗舰，并在战舰中装满柴草，把油灌注在里面，用帐篷围起来，船上竖起军旗。黄盖事先写了封信给曹操，骗他说要向他投降。黄盖又准备了一些快艇，分别系在大船的后面，按照次序一起进发。曹操军队中的官兵都伸长脖子观望，指着说黄盖来投降了。

黄盖散开这些船，同时点上火。这时风势很猛，大火蔓延，烧尽了曹军的船只，并延烧到岸上的营寨。不一会儿，烟火弥漫在天空中，曹操的人马被烧死淹死的有很多。曹军于是败退，回兵保守南郡。刘备与周瑜等又一齐率军追赶。曹操只好留下曹仁等将领守住江陵城，自己直接逃回了北方。孙刘联军用火攻大破曹军的这次战役，就是我国历史上著名的赤壁之战。

二、民族的也是世界的

1.《孙子兵法》的国际影响

在中外历史上，有多少战绩辉煌、事业恢宏的天骄伟人，随着时间的推移，渐渐地被人们遗忘了，而被称为“东方兵学鼻祖”的孙子，不仅没有被忘却，反而更加举世瞩目，更加引起人们的重视和崇敬。

《孙子兵法》在唐代中叶传入日本，使日本对孙子学说的研究比欧美早得多，也广泛、深入得多。日本将《孙子兵法》尊称为“兵学圣典”“世界古代第一兵书”。《孙子兵法》对日本军事思想的影响很深，在历史上成为日本军事思想的主体结构，日本历代将领无不奉其为圭臬。从德川幕府时期的日本将领，到日俄战争时的东乡平八郎、乃木希典，再到第二次世界大战时的日军将领，无人不推崇孙子。他们在战前总是随身携带一本《孙子兵法》，作为作战指南。孙子对日本军事思想和军队建设的影响，超过古今各国任何一位伟人。如今，在日军的任何一个角落，仍然可以感觉到孙子的教诲与影响。

大约在十八世纪，《孙子兵法》传入西方，1772年出版了第一个法译本，随后，俄、英、德、意、捷、越、希伯来等十几个文种的版本先后问世。迄今两个多世纪，已逐渐引起西方军事家和战略理论家的极大关注。据说《孙子兵法》是拿破仑最爱读的书之一，他在重大战役前常常挑灯夜读，并在实践中加以运用。德国威廉二世皇帝在第一次世界大战失败后读到了《孙子兵法·火攻》中“主不可以怒而兴师，将不可以愠而致战”两句话，感慨万分，惋惜20年前没有看到这本书！

早在1888年，俄军总参谋部即开始撰文介绍《孙子兵法》。第二次世界大战中，苏联根据伏罗希洛夫学院的建议，将《孙子兵法》译成俄文，列为军事学术史教学与研究的重要内容。

英、美等西方主要国家，对《孙子兵法》深入、广泛的研究，是在第二次世界大战之后。科学技术的飞速发展，核武器、导弹、喷气式作战飞机等新式武器的出现，极大地改变了传统的作战形式和规则，西方传统的军事战略理论，已不能适应新的环境，唯独《孙子兵法》的军事哲理与博大深邃的内涵依然熠熠生辉。西方的许多军事战略理论家纷纷转向研究《孙子兵法》，以求从中寻找解决问题的答案。

朝鲜战争和越南战争，从某种意义上说，是以孙子为代表的“以谋取胜”的东方理论与“以力取胜”的西方传统军事理论的较量。较量的结果是前者远胜后者。驻越美军总司令威斯特摩兰离任后偶然看到了《孙子兵法》，其中“兵贵胜，不贵久”的原则对他启迪甚深。他由强硬的主战派变成主和派，到处宣传孙子的“兵久而国利者，未之有也”的忠告，力主美军尽早从越撤军。

英国著名战略家利德尔·哈特在《孙子兵法》新英译本序言中说：“在导致人类自相残杀、灭绝人性的核武器研制成功以后，就更需要重新而且更加完整地翻译《孙子兵法》这本书了。”

美国前总统尼克松把孙子“不战而屈人之兵”的战略思想运用于制定国家战略、政治战略、军事战略和外交战略上。他1988年写的《1999：不战而胜》一书，可以说是运用孙子这一战略思想的产物，至少也受到了这种思想的影响。美国前总统卡特的国家安全顾问布热津斯基在他的《运筹帷幄》一书中，援引孙子“诸侯之地三属，先至而得天下之众”的思想，从地缘战略的角度分析苏、美全球力量部署中的“要害国”，为美对苏战略提供理论根据。美国的约翰·柯林斯在《大战略》中指出：“孙子是古代第一个形成战略思想的伟大人物。《孙子兵法》十三篇可与历代名著包括2200年后的克劳塞维茨的著作媲美。今天，没有一个人对战略的相互关系、应考虑的问题和所受的限制比他有更深刻的认识。他的大部分观点在我们的当前环境中仍然具有和当时同样重大的意义。”

前联合国裁军事务首席政务官林国炯博士，运用孙子“情报、均衡、辩证”等观点解决裁军中遇到的一些问题，取得了较好的效果。美国的福斯特和日本的三好修，根据核武器时代的特点，提出了“孙子的核战略”的概念，引起了西方世界的关注。韩国汉城大学教授李大功，运用孙子“伐谋、伐交”的思想来论证当前南北方的谈判战略，为韩国的现行战略提供理论依据。除了上面提到的人士之外，像蒙哥马利、布莱德雷等著名战略家，都根据孙子的原则提出了一系列全新的地理战略理论。

近一二十年，西方主要国家研究《孙子兵法》更加深入广泛。美国的国防大学、西点军校、海空军指挥学院和英国的皇家指挥学院，都把《孙子兵法》列为战略学和军事理论的必读书。连西方一些著名私立大学，凡攻读国际政治的学者，也都少不了要读《孙子兵法》。自二十世纪八十年代起，美国海军陆战队就将《孙子兵法》编进游击战教材。1984年，美国国防大学在所编教材《军事战略艺术与实践》中，把《孙子兵法·始计》写入必读文献部分。美军把孙子的某些论点写进他们的《作战纲要》。1989年，美海军陆战队司令格雷上将发布训令，将《孙子兵法》列为陆战队全体军官1990年理论必读书之首，并指出“孙子的作战思想在今天仍如2500年前一样适用，是当今实施运动战的基础”。

美国前总统乔治·布什十分推崇孙子，在历次政治选举中都随身带着《孙子兵法》。他执政时，应用孙子“不战而屈人之兵”的思想，对社会主义国家实行和平演变战略。1991年8月，海湾危机爆发后，《洛杉矶时报》记者报道，在布什的案头上摆着两本书，一本是《孙子兵法》，另一本是《恺撒传》。被派到海湾地区作战的美国海军陆战队队员的背包里普遍装有《孙子兵法》的英文本和解释《孙子兵法》的磁带。

上至最高统帅，下至持枪的士兵，人人爱读孙子之书，喜研孙子谋略。不少社会名流、政治家力主将《孙子兵法》列为世界兵书。1961年，英国的蒙哥马利元帅会见毛泽东主席时，曾建议将《孙子兵法》作为世界上所有军事院校的必修教材。日本防卫大学的宇佐见哲说：“在战争频繁的时代，往往只带着实战的观点来理解《孙子兵法》，目的是打赢战争，结束战争；在和平时期，往往是从政治和权谋的角度理解《孙子兵法》，目的是维持和平局面。”该大学的平间洋一教授在他的论文中也强调指出：“《孙子兵法》应当显示更大的重要性，成为二十一世纪的兵法。”

美国著名作家克拉维尔称，《孙子兵法》是一部令人叹为观止的举世之作。1983年，他为《孙子兵法》的英译本写了推崇备至的前言。他在前言中这样写道：“我真诚地相信，如果我们近代的军政领导人研究过这部天才的著作……两次世界大战会予以避免。至少可以肯定地说，不会打得那样残酷；至少数百万计的青年不致被那些称为将军的魔鬼们愚弄，无谓地丧生。”“我希望能把《孙子兵法》列为自由世界中所有现役官兵、一切从事政治活动的人和政府官员以及所有大中学生的必读之作。因为《孙子兵法》的要旨是：战争的目的是和平。我坚信，孙子的思想对我们的生存有着至关重要的意义。它能够为我们提供必要的保护，使我们的子孙在和平的环境中成长、富裕、成功。”在孙子的家乡山东省惠民县举行孙子塑像落成典礼暨《孙子兵法》电视艺术片开机仪式之际，他寄来一封贺信并附了一张500美元的支票。他在信中热情洋溢地写道：“欣悉有关尊敬的兵圣的消息，我禁不住要向你们表达我的惊叹。我确信，你们已经注意到了孙子的智慧业已并仍在取得伟大的成就。总有一天，我一定要到山东惠民县访问，要在孙子塑像前跪拜叩头。”他解释说：“所付的500美元微不足道，聊供买一两株牡丹。”因为想在孙子塑像周围栽几簇深红色的牡丹。他说：“深红色表示好运，贵国的木本牡丹生长挺拔，象征孙子的高大；茁壮坚实，象征着他的强大有力；芬芳沁人，会激起人们对他的追忆，永志不忘。”

在当今世界，孙子不仅被军界、政界尊为伟人，也受到经济界的特别推崇。近20年来，西方许多经济理论家认为，经济争夺和商业竞争更趋近军事斗争，在战略战术的制定、情报搜集、战区选择、攻防转换、作战时机的选择等方面，二者有很多相似之处。为此，许多经济学者和企业领导人转向军事理论研究，以便寻找经济发展的最佳途径。在众多的军事著作中，《孙子兵法》受到特殊的重视。美国最著名的哈佛大学和哥伦比亚大学的商学院将《孙子兵法》列为未来经理人员的必读书，并要求背诵其中的部分章节。美国有两家大的商业咨询公司，专门研究如何将以孙子为代表的战争艺术应用到市场开发和产品竞争上，提出了一套完整的理论，很受美国一些大公司的青睐。在第二届《孙子兵法》国际研讨会上，其中一家公司的代表麦克尔森先生介绍了这种战略，题目就是《孙子与商业战略》。美国国际科技应用公司近年专门制定了“孙子科技发展战略”，受到了美国国防部、能源部、总统科技委员会的高度重视，认为《孙子兵法》在同西欧、日本等的科技竞争中“很有参考价值”。一位叫汉德森的美国人依据《孙子兵法》写了一本名为《如何打赢争夺市场的战争》的书，非常畅销，一版再版，被称为“商业经营领导人手册”。美国著名企业家杰拉德尔·麦克森在一次《孙子兵法》国际研讨会上说，他把《孙子兵法》中“出奇制胜”的谋略应用于他经营的一桩生意中，开始时，他估计这笔生意只能赚200万美元，但由于他运用了孙子“出奇制胜”的策略，结果赚了1亿多美元。

西方大公司、大企业如此热衷于研究、应用《孙子兵法》，既是为了制定更有效的竞争发展战略，也是为了更好地了解东方竞争者的战略、策略，找到应付的方法，以便改变在经济争夺和商业竞争中的被动地位。

日本经济界在对《孙子兵法》的研读、应用上，远胜西方的竞争伙伴。他们把研究《孙子兵法》的成果，广泛应用于企业之间的竞争和改进企业的经营管理上，应用于国际间的经济竞争上，也特别注意应用到对美国的贸易战上。在当今的日本经济界，《孙子兵法》的研究和应用非常普遍，专业研究人员数千人，业余爱好者有十万之众。研究深入各个方面，运用到各个角落。日本的一家大公司每月轮训一次高级管理人员，主要分析、研究如何应用《孙子兵法》管理企业、发展企业。日本的大桥武夫曾写了一本《用兵法经营》的书，公司采用书中的理论后效益大增。占部都美根据孙子论将的观点，写了一本《怎样当企业领导》的书，把“智、信、仁、勇、严”作为一个企业领导者必备的条件，受到企业界的普遍重视。许多日本人应用《孙子兵法》的原则和哲理解决部分社会问题，写出了《孙子与人际关系》《孙子与高考战略》等普及性读物，深受读者欢迎。连日本的棒球队、足球队在比赛中，也普遍采用孙子的竞争原则，许多运动员对《孙子兵法》中的警句都可以脱口而出。

西方军界、政界、经济界竞相研究《孙子兵法》，互相启发，互相激励，研究成果接连不断，研究人才层出不穷。他们以孙子思想体系及其在当今时代的价值为主题，进行高层次的探讨和深层次的挖掘，研究应用涉及军事、政治、外交、经济、教育、商业、企业、体育、医学等领域。特别在运用孙子的思想分析当今世界战略格局变化、预测多极时代国际局势发展趋向、观察现代社会发展趋势、制定当代国际战略，以及对付国际间激烈的经济竞争等世界瞩目的重大现实问题上，获得了突破性的进展。

纵观战场、商场，浏览印业书市，孙子之书遍及五洲大地，呈现在四海厅堂斋宅。据不完全统计，世界上共有30种语言文字的《孙子兵法》版本。其中汉文版本最多，其次是日文版本。另有英文、法文、俄文、朝鲜文、意大利文、德文、捷克文、罗马尼亚文、丹麦文、希腊文、西班牙文、阿拉伯文、希伯来文、土耳其文、斯瓦希里文、印地文、泰米尔文、印尼文、马来文、越南文、缅甸文、泰文等语言的版本。

孙子之书被世人广泛传播应用，孙子之名赫然位于西方所推崇的亚历山大、恺撒、汉尼拔、拿破仑、苏沃洛夫、克劳塞维茨之前，这是中华民族对世界文明作出的特殊贡献。

2. 松下幸之助：《孙子兵法》是一部卓越的处世教典

中国和日本一衣带水，隔海相望，两国的交往源远流长，仅从汉字传入日本的时间即可见一斑。据日本史书记载：“（应神天皇十五年，公元285年）秋八月阿直岐亦能读（中国）经典……天皇问阿直岐曰：'是否有胜过汝之博士？'对曰：'有名王仁者，极为优秀。'（应神）十六年春二月，王仁来。即以王仁为太子菟道稚郎子之师，令太子随王仁学习各种经典书籍。"这只是正式使用汉字的相关记载，至于汉字最初传入日本列岛的时间，比这个时间还要早，至少在"公元前四世纪至公元前三世纪，汉字传入朝鲜和日本列岛"。随着汉字的传入，汉文典籍也陆续传入日本。据日本《古事记》卷中应神天皇条记载："天皇命令百济国说：'如有贤人，则贡上。'按照命令贡上来的人，名叫和迩吉师，随同这个人一起贡上《论语》十卷，《千字文》一卷，共十一卷，和迩吉师是文首等的祖先。"这些记载无疑表示公元三世纪的时候，中国文献典籍已经传入日本列岛了。而在日本历史上，流传最广、影响力最大的，莫过于《孙子兵法》一书。

（1）《孙子兵法》东传诸说

那么，作为中国重要典籍的《孙子兵法》是何时传入日本的呢？日本著名兵法史学者佐藤坚司博士在其所著《孙子思想史研究》一书中提出了两种可能性，即由百济的兵学家传入和吉备真备引进二说。佐藤在该书《〈孙子〉研究的初始阶段》一节中写道：

"中国兵法传入日本，推测当于天智天皇二年（663年）以前。《日本书纪》第二十七卷，在公元663年9月记事中记载：百济兵法家'达率木素贵子、谷那晋首、忆礼福留……始向日本'。另据养老四年（720年）记事载：'秋八月，遣达率答炑春初筑长门国。遣达率忆礼福留、达率四比福夫于筑紫国。筑大野及椽二城。'由此可知百济兵法家们在日本进行了筑城活动。因此正如养老十年春记事所载，达率谷那晋首、达率木素贵子、达率忆礼福留、达率答炑春初因'娴兵法'而被授予大山下之位。这四位百济人精通中国兵法，可以推断是他们把中国兵法传入日本的。而且这部中国兵法可能就是《孙子兵法》，这一点可根据下面的记载判断出来。”

“据《日本书纪》第三卷记载，神武天皇之兄征战矶城的时候，椎根津彦的计策中有‘倏忽之间，出其不意，则破之必也’这样的语句，这与《孙子·始计》的‘出其不意’以及《虚实》的‘趋其所不意’在文字和意思上是相同的，我们如何来解释这个事实呢？我认为，上述记载并不意味着神武天皇采用了孙子兵法，而是《日本书纪》的编撰者舍人亲王、太安麻吕等人的头脑里有此思想，便使用了孙子的语言‘出其不意’表达了神武天皇的兵法。再作进一步推理，由于《日本书纪》的成书年代（720年）仅在记载四位百济兵法家活动事件（663年）的57年后，因此可以认为‘出其不意’是由百济人传授的，进而可以认为这些百济人把《孙子》引进日本。至少可以设想孙子兵法最初是由他们传进来的。”

接着他又写道：“然而，在日本人中最初把《孙子》引进来的是吉备真备（695—775年）。吉备真备于养老元年（717年）至天平六年（734年）赴唐（玄宗年间）留学18年，兼修文武两学，所以他回国以后充分发挥了其在唐朝学到的兵法知识。在《续日本纪》第二十卷天平宝字四年（760年）十一月丙申条有这样的记载：‘遣授刀舍人春日部三关、中卫舍人士师宿弥关城等六人于太宰府，就大贰吉备朝臣真备，令司诸葛亮八阵、孙子九地及结营向背。’该记载证明了吉备将《孙子》带回日本，同时也证明了他对孙子兵法是何等娴熟。”

另外，据美国《孙子》研究专家塞缪尔·B.格里菲思将军的研究，公元516年，中国一位熟悉兵书的学者曾到日本。日本继体天皇在任命其子粗鹿火为兵马统帅时曾说过：“夫将者，民之命与国之存亡所系也。”这句话显然有些受到《孙子兵法·作战》中“故知兵之将，生民之司命，国家安危之主也”的影响。这样，最晚至六世纪初，《孙子兵法》已传入日本。

在以上三种说法中，笔者更倾向于第三种说法，而且时间还要更早一些，其理由有五。

其一，根据日本史书记载，公元 527 年，日本筑紫的地方官国造磐井发动兵变。当时的继体天皇（450—531 年）在其颁发的讨伐叛军的诏令中，曾写有这样的话："良将之军也，施恩推惠，危己治人，攻如河决，战如风发。""大将，民之司命，社稷存亡，于是乎在。"其思想和用语多与《孙子 · 作战》"故知兵之将，民之司命，国家安危之主也"暗合（转引自潘俊峰《中国古代军事思想在日本的传播和影响》，《军事历史》1989 年第 5 期）。

其二，可以从圣德太子（573—622 年）颁布的《宪法十七条》中得到印证。据《日本书纪》记载："（推古十二年，公元 604 年）夏四月丙寅朔戊辰，皇太子亲肇作宪法十七条。"推古女皇于公元 592 年即位，翌年立圣德太子为摄政。公元 604 年，圣德太子用汉文记述了官吏、贵族必须遵守的十七条政治道德，即史称《宪法十七条》(也有称《十七条宪法》者)。对《宪法十七条》的遣词用句，日中学者均认为多出典汉籍诸子百家。其中文中几处用语与《孙子兵法》极其相似。

例如，第十条"是非之理，讵能可定。相共贤愚，如环之无端"，第十一条"明察功过，赏罚必当"，第十五条"上下和谐，其亦是情矣"。上述依次与《孙子兵法》中《兵势》"奇正相生，如循环之无端"、《始计》"赏罚孰明？吾以此知胜负矣"、《谋攻》"上下同欲者胜"诸句极其相似。尽管有学者研究认为《宪法十七条》中有的句子可能引自《史记》等典籍，但也不能排除圣德太子研读《孙子兵法》的可能性。虽然那时《孙子兵法》作为禁秘书只有皇室少数人员能够接触，但圣德太子作为摄政的身份是完全有可能看到的，只是目前还缺乏直接的文献来证明。

其三，寺尾善雄在《兵法与武艺》这篇文章中写道："中国的兵法传入日本，据说是仲哀天皇为征伐熊袭驻在九州时，从中国渡海前来的一个叫陶履公的人，向天皇传授黄帝的‘八阵’兵法。天皇将其教给皇后。天皇死后，皇后用它讨伐新罗得胜。其子应神天皇从其母后处学习兵法，临终前担心‘此兵法若留存于世，必有滥用之而起无用之兵乱者’，遂焚兵书，饮其灰，曰：‘吾死而成军神’，气绝身亡。供奉该天皇的军神八幡宫，之所以称八幡状，是因为八阵有八根幡而得名的。”这自然是一种传说，不能作为史实，但它从一个侧面反映了中国兵法传入日本的历史轨迹。寺尾善雄接着又写道：“根据记载，天武天皇十三年（684年），天皇命亲王以下诸臣学习兵法，似为日本最早的兵法学习，其后的持统天皇七年（693年），也有同样的记载。”这里虽然没有明确兵法中有《孙子兵法》，但此时距日本派出遣隋使、遣唐使的时间已有几十年了，中日文化交流已初具规模，很难说不是这些留学生（僧），把包括《孙子兵法》在内的中国兵书带回了国内。

其四，据北京大学严绍璗教授的研究表明，撰写于养老四年（720年）的《日本书纪》一书，“不仅全用汉字写作，而且大量引用中国文献典籍，如该书卷一开宗明义表达天地形成的概念……这一段作为开场白的文字，则是直接从《淮南子·天文训》推衍而成的。此外，《日本书纪》中还引用了诸如《史记》《汉书》《南史》《北史》《水经注》《新序》《述异记》《尉缭子》《吴子》等书”（严绍璗《汉籍在日本的流布研究》，江苏古籍出版社1992年版）。这里虽然没有提到《孙子兵法》，但早于《尉缭子》《述异记》《吴子》在战国时期就“藏孙、吴之书家有之”（《韩非子·五蠹》）的《孙子兵法》，想必来华日本留学生也会千方百计弄到的，只不过当时作为禁秘书流传不广而已。

其五，从日本派遣隋遣唐使的时间看，将吉备真备称为《孙子》“携入日本第一人”的说法也不能令人信服。日本自公元630至894年的约260年间，共任命过20次（一说19次）遣唐使，其中4次因故停止，实际成行16次。吉备真备第一次来华的时间是公元717年，在中国生活了18年；第二次是公元752年，翌年回国。在吉备真备入唐之前已有8次遣唐使到过中国，时间跨度约一个世纪。遣唐使来华的主要目的是学习文化、购求书籍。《旧唐书·东夷传》也记载，每次遣唐使归国，都是“所得锡赍，尽市文籍，泛海而还”。这些都说明历届遣唐使的一个重要使命就是搜求中国典籍。因此，很难想象吉备真备入唐前的100多年间，8次遣唐使们会将《孙子兵法》这样一部重要的兵书漏掉，于情于理都是说不通的。

综上所述，可以得出这样的结论：《孙子兵法》很可能在四至五世纪，最迟不晚于六世纪就已经传入日本列岛了，吉备真备并非将《孙子兵法》引进日本的第一人，而是现有文字记载的首次在日本传授《孙子兵法》的人。兹认为，这样表述可能更准确一些。

(2)《孙子兵法》在日本的研究概况

日本民族是一个善于吸收外来文化并加以消化融合，从而使之成为自己文化的民族。如同儒家思想经过几百年的吸收消化形成日本的独特文化一样，中国的兵家学说，特别是《孙子兵法》传入日本后，不断发扬光大，逐渐形成了日本自己的军事思想体系，成为历代兵家武士的灵魂。

经研究，《孙子兵法》在710年至1603年间基本上还作为朝廷的秘籍，只有皇室以及亲王等少数上层人士接触；同时由于由中土传来的书籍数量有限，自然都需要抄写本，所以这一时期，《孙子兵法》多以手抄口授为其基本特征，经过长期历代的父子师承传授，加以学习运用。而到了1467至1568年间，就是群雄纷争，名将辈出了，例如毛利元就、武田信玄、上杉谦信、织田信长、丰臣秀吉、德川家康等人，他们无不精通兵法，运用孙子兵法得心应手，打了很多胜仗，仅在此举两个例子。

武田信玄（1521—1573年）是日本战国时代风云一时的人物，因与上杉谦信长期作战而闻名，尤其于天文十年（1541年）成为武田家族首领之后，在与上杉谦信争夺关东霸权时威名大振，对织田信长形成了威胁。武田信玄最后在与织田信长作战时负重伤而亡。武田信玄利用从其祖辈传下来的家传兵法，亲率“武田军”南征北战，攻城略地，争雄一方。他深通《孙子》十三篇，特别钟爱《军争》中“其疾如风，其徐如林，侵掠如火，不动如山”这四句话，并绣在大军的突击旗上，以此鼓舞士气，振奋军威，体现了武田信玄“常变一体，动静一元”的战略思想，如今这面旗帜仍珍藏在日本盐山市云峰寺中。武田信玄不但敬仰《孙子兵法》，而且由他本人撰写的著名兵书《甲阳军鉴》在慎战、气胜以及不战而胜等方面与《孙子兵法》亦有共同之处，故有“日本的孙子”的美誉。

丰臣秀吉（1537—1598年）是结束战国时代、统一日本的一代名将。在天正十二年（1584年）决定命运的小牧战役中，统率12万大军的丰臣秀吉，面对1.8万人但占据局部优势的德川家康军，没有采取强攻硬打的策略，而是通过谈判与德川家康和解并使其臣服，避免了打消耗战，保存了双方的实力。尔后，双方又联合起来攻克四国和九州等地，最终统一了全国。丰臣秀吉运用的战略，佐藤坚司博士研究认为“其精神方面与《孙子·谋攻》之‘不战而屈人之兵，善之善者也。故上兵伐谋’是一脉相承的”。(《孙子研究在日本》）丰臣秀吉对《孙子兵法》的用间思想亦情有独钟，心领神会。每次作战前，他都要派出大批间谍，搜集各种情报。他要求派出的间谍人员要不间断地移动，按严格的预定路线活动，并用后一组间谍的报告去核实前一组的报告，以此验证情报的准确性。天正十五年（1587年），丰臣秀吉在谋划征服九州岛时，要求间谍送回各种详尽的草图和地形图，以及有关收成、粮食供应、运输车辆和各军阀与其部队之间关系等情报，直到对手情况了如指掌后，才投入战斗。

纵观这一时期《孙子兵法》的流布，虽因禁秘书而局限在皇室上层的小范围内，但没有阻碍在实际军事斗争中的运用，而且为江户时代大规模注释训解《孙子兵法》奠定了基础。在此后的200多年间，日本的经济得到了发展，文化空前繁荣，封建社会达到顶峰。这一时期，日本对《孙子兵法》的研究进入了封建社会的高峰期，版刻印刷迭起，注译训解大家辈出。此间研究《孙子兵法》者近百家，刊印《孙子兵法》的书多达140余种，存世逾百种，还有数量可观的写本、抄本现藏于日本各地，可谓日本研究《孙子兵法》的鼎盛时代。

最先对《孙子兵法》展开研究的是江户大儒林罗山，林罗山是日本朱子学的奠基人，终生跟随德川幕府，历任家康、秀忠、家光、家纲四代将军侍讲，参与幕府制定法令、起草外交文书等机要。他当将军的侍讲，又主持幕府的学问所，其间主持标点刊印大量的中国古籍，仅《孙子兵法》就有《七书评判》《孙子抄》《孙吴摘传》《孙子谚解》和《孙子讲义私考》等多种，其中尤以《孙子谚解》开日本注释《孙子兵法》一代之风，诚如佐藤坚司博士所言“要论对《孙子兵法》的研究，那么《孙子谚解》的作者林罗山就是其草创人”“江户时代的《孙子兵法》研究，是从林罗山的《孙子谚解》开始的”。继林罗山之后，注解《孙子兵法》遂形成一代风气，群起而效法，且多为各兵家流派的代表人物。简述如下：

北条氏长（1609—1670年）是“北条派”的创建人。佐藤坚司认为，日本《孙子兵法》研究至北条氏长“才真正步入正轨”，其“在日本的《孙子》研究者中间，占据着特殊的地位”(《孙子研究在日本》)。原因在于北条氏长所著的《孙子外传》(1646年)，不仅研究了通行的《孙子兵法》，即日本所谓的《今文孙子》，而且还研究了济美馆樱田迪所藏的《古文孙子》本，并认为此书“盖魏武、李靖之辈不见此本者欤”(《孙子外传·序》)。关于《古文孙子》真伪的辨析，以下将作详解，此不赘述。同时，佐藤坚司还认为北条氏长此书是“日本第一部优秀注释著作”。此外，北条氏长在其名著《士鉴用法》(1646年)一书中，将《孙子》的“五事”“七计”“诡道”活用为“治内”“知外”“应变”之说，并认为“‘兵者，国之大事也’，此语为十三篇之大纲”。故而佐藤坚司赞扬道：“氏长对于《孙子》的解释，从一开始就大放异彩。”此外，他还认为，北条氏长对孙子用间的研究，“以‘上智为间’为顶峰”，其在书中“用一千八百三十字来说明‘上智为间’”，并由“用间”而得出“知外”的要诀，进而提出“用间行人者，知外治内法也”。论孙子用间思想为兵法的精髓，指出“孙子兵法十三篇，终之用间者，非轻也，益重也。凡用战者，知敌情，不知其情者，不可全胜，故必用间之义也”。因此，佐藤坚司得出“只有北条氏长才是孙子‘用间’的理解者，才是对《孙子兵法》首尾篇《计》《用间》的知音”的结论。

山鹿素行(1622—1685年)是山鹿派兵学创始人，15岁即师从小幡景宪，后师北条氏长，21岁即获小幡景宪仅授一人的认可证书，被佐藤坚司博士誉为“堪与孙子和克劳塞维茨齐名，是世界上三位军事巨匠之一”(《孙子研究在日本》)。山鹿素行少年时代和青年时代分别写出《孙子谚解》《孙子句读》，晚年又著述了《武经七书谚义》，另有《孙子要证》《孙子讲义备考》等，倾毕生精力研究《孙子兵法》，享有“日本的孙子”的美称。其对《孙子》十三篇自成体系的独到见解，被认为是对《孙子》研究的“卓越的贡献”，“无论在日本还是中国，发现这一科学体系并且用语言充分表达的第一人”。他在《孙子谚义》中称：“愚谓《始计》之一篇者，兵法之大纲要也。《作战》《谋攻》次之者，兵争在战与攻也，战功相通，以形制虚实，是所以《军形》《兵势》《虚实》并次，此三篇全在知己。知己而后可军争，军争有变有行，故《军争》《九变》《行军》次之，是料敌知彼也。知己知彼而可知天知地，故《地形》《九地》《火攻》次之。地形、九地者，地也；火攻因时日者，天也。自《始计》迄修功未尝不先知，是所以序《用间》于篇末，三军所持而动也。然乃《始计》《用间》两篇，知己知彼，知天知地之纲领。军旅之事，件件不可外之矣。《作战》《谋攻》可通读，《形》《势》《虚实》一串也。《争》《变》《行军》一串也。《地形》《九地》一意。《火攻》一意。《始计》《用间》在首尾，通篇自有率然之势。文章之奇，不求自有无穷之妙，谋者不可忽。"

此外，山鹿素行对《孙子·始计》的看法和"诡道"等的论述，可称真知灼见之言，"为前人所不及，后人也难以超越"。

新井白石（1657—1725 年）是江户幕府中期著名的朱子学家、历史学家，曾任德川家宣、德川家继二代将军侍讲。一生著述甚丰，多达 160 余种。所著《孙武兵法择》和《孙武兵法择副言》，"不仅是日本研究《孙子》的经典之作，而且堪称在日本史学上达到了顶峰"（《孙子研究在日本》）。其书最大的特点是用《孙子》语句自注，即"列出孙子在同一篇的自注，或是从其他篇里挑出类似的语句排列在一起，以便让作者自己解释自己的文章"。对此，佐藤坚司博士指出："白石如果不像记忆力非凡的吉田松阴背诵了《孙子》的全文，是不可能做到这一步的"，足见新井白石研读《孙子兵法》之勤。另外一个特点是他把《孙子兵法》和《管子》联系在一起，认为孙子是管子的后辈，孙子是学到了管子的兵法并从《管子》中找出二十多处《孙子兵法》的珍贵典据，除《火攻》《用间》外，几乎每篇都找出了这类典据。他以《孙子兵法》头三篇的用语与《管子》相比较，从而得出《孙子兵法》在相当大的程度上继承和发展了《管子》思想的结论。这是其他注家所未能发现的。至于白石注释的遣词用语，多简洁考究，虽简明扼要，但内容却是惊人的丰富，能使人读后余味无穷。新井白石也同山鹿素行一样，对《孙子兵法》十三篇进行了综合研究，认为“孙武一书，论兵大意，悉备于此，而首篇所言，乃是一篇要旨，次言兵之大经大法，终言所以用兵之术”，不无灼见。

吉田松阴（1830—1859年）是江户末期研究《孙子兵法》的六大权威之一。少时入藩习兵学、炮术和西洋阵法，19岁承袭兵学教师之职，22岁时因与水户藩相交而致“亡命脱藩罪”，被削去武士籍。他有感于幕府锁国政策所造成的国人无知的状况，提出“下田渡海”，即从静冈县的下田港出发，航海到欧美等国家考察，从而了解世界。1854年，他因偷登美国军舰欲去美国，触犯禁令而被捕入狱。一年后被赦，改为软禁。其间，他创办了松下村塾，培养了高杉晋作、伊藤博文等“尊王攘夷”运动的领导人，后来这些人成为推动明治维新的骨干力量。1859年，他因反对幕府与美国签订的《安政条约》、图谋行刺间部未果而被处死，年仅29岁。对《孙子兵法》素有研究的吉田松阴，对其所著《孙子评注》颇为自信，称“余深得孙子之妙”。他的注释言简意赅，颇得《孙子兵法》奥旨，如他把《始计》的“三纲领”的特点用简洁、恰当的语言表述出来，即“五事以经诸内，计以较诸外，诡道以佐诸外”。对《用间》推崇备至，评价甚高，认为“是十三篇结局，遥应《始计》。盖孙子本意，在知彼知己。知彼篇篇详之，知彼秘诀在用间。一间用，而万情见矣，七计立矣。孙子开篇言计，终篇言间，非间何以为计，非计何以为间。间计二事，可以始终十三篇矣。……按间者，兵之要，三军之所恃而动也，然必也”（《孙子研究在日本》）。佐藤坚司博士对吉田松阴研究孙子予以高度评价，指出“吉田松阴通过其武略、智略和计策，吸收了孙子的五事、七计和计策。但绝非简单地模仿，而是将其加以巧妙地运用，进一步发展了它，成功地发扬了日本兵法的特色”。

《孙子兵法》在江户时代不仅催生了新的兵学流派，出现了学派林立的局面，而且也左右了兵家武士的军事思想，成为日本军事思想的主体结构，产生了一批影响日本武学的重要兵书典章。例如，小幡景宪的《甲阳军鉴》、香西成资的《武田兵术文稿》、北条氏长三传弟子松宫观山的《士鉴用法直旨钞》以及佐久间象山的《省誓录衍义》，其中佐久间象山此书还是因其鼓励门人吉田松阴“下田渡海”而遭牵连后在狱中完成的。

对《孙子兵法》的评价和赞誉最为顶峰的还是大正时代。大正时代仅存世12年，直至1945年日本战败投降，其间由于战争的作用，对《孙子兵法》的研究较明治时代有所加强，形成了以军人为骨干的研究队伍，并出版了一批比较有影响的有关《孙子兵法》的著作。这个时期出版的《孙子兵法》书，普遍赞颂它的不朽价值，以及对人类生活的指导意义。冈本茂在《古代东洋兵学孙子解说》自序中说：“孙子兵学可称之为我国建国兵学，同时也是东洋兵学。”故而将其书名冠以“古代东洋兵学”。尾川敬二更赞扬：“孙子是东洋兵学的鼻祖，武经的冠冕，可以说东方的兵法皆出自《孙子兵法》。”并认为“《孙子》之外的‘六书’虽是往昔的兵圣所著，实则不过是为《孙子》做些解释”，“《孙子》不仅享有兵法的至高权威，在思想上也是一大巨作。两千多年以前的孙子对战争法则、国防真意，甚至对百姓福祉和国家存亡就有所论述，提出了以最低限度的生命财产去贯彻国事的要领，树立了综合运用政略、战略、战术的不朽原则，其功劳不可不说是伟大的。特别是多方面的简朴箴言，至今仍丝毫不减其价值”。儿岛献吉郎在《国译孙子》中指出：“《孙子》十三篇的文字极为平易简明，当与《老子》《论语》并称春秋时期三部好书。尤其是与《老子》《论语》有字法句法无篇法相比较，《孙子》是首尾一贯的篇法、章法、句法、字法完备，在文学上有重大价值。况且其内容不仅可以应用于国家有事之际、两军干戈相见之日，更多时可应用于各国和平交往的场合。”

（3）《孙子兵法》在社会生活领域的发展

日本开始讨论《孙子兵法》在非军事领域应用的价值，可以从北村佳逸的《孙子解说·自序》中看出端倪。他高度评价了《孙子兵法》对人生的借鉴作用和应用前景，甚至说：“如第三次世界大战（若有的话），以至围棋的胜败、棒球的比赛、投机的输赢、选举活动更至夫妻吵闹，若把握着孙子的神髓，我敢断然保证其必胜，没问题！”“不知道从多少亿万年前的太阳，老是今日、明日投照着新的光于我们，孙子的战争哲理，不论何时，都给人类无限的力量、热量，生命的希望，还有除此之外的所有企盼。”为此他还撰写了《孙子读法与日常生活应用》一文，阐述他将《孙子兵法》应用于非军事领域的观点。福本义亮则认为：“孙子者，兵书而外交书也，亦人事百般座右铭也。今更生于新时代，通各自之职务而活用之，处世上有所裨益也必矣。”（《吉田松阴评注训注·自序》）谷孙六在其《孙子夜话》中也认为《孙子兵法》“通卷全是绝妙的处世哲学”。

三轮善兵卫还结合自己经商的体会，撰写出《孙子与商战》一书。他在谈及《孙子兵法》对自己的影响时说：“《孙子》自然是兵法书，但不是军人而是商人的我为何爱读这本书，那是因为完全适用于我们日常的商机。两千五六百年前中国兵法家的话在当时的人完全无法预料激烈变化的现代，竟完全适用于全然不同的商业，这真是不可思议。先哲说的是千古不灭的真理。我对孙子真是佩服极了。”

《孙子与商战》的出版对后来风行于日本的《孙子兵法》应用热潮不无影响。1945年日本战败投降，第二次世界大战结束。日本开始战后的经济恢复，《孙子兵法》研究也在停滞近十年之后，又以崭新的姿态，在日本社会生活中发挥出独特的作用。对《孙子兵法》的研究也由过去侧重军事转向经济、人生等非军事领域，出现了又一次注释运用《孙子兵法》的高潮，出版了大量研究《孙子兵法》的著作。这些著作形式多样，内容丰富，涉及社会生活的多个领域，使《孙子兵法》更易于为普通群众接受，为《孙子兵法》的普及创造了条件。其中，又以在商业经营、企业管理等经济领域的成绩最为突出。《孙子兵法》的经营管理思想，为振兴日本经济发挥了独特的作用。正如日本著名《孙子》研究家、曾担任《人民中国》杂志顾问的村山孚所言，日本经济的腾飞，靠的是美国的现代企业管理理论和以《孙子兵法》《三国演义》等为代表的中国典籍这“两个轮子”。被誉为日本“经营之神”的松下幸之助，专门为冈村诚之所著《活在现代的孙子兵法》撰写“推荐语”，盛赞“《孙子兵法》不仅是一部出色的兵书，同时还是一部卓越的处世教典”，并认为“《孙子兵法》提供了一条没有时代界限的处世原则。我相信，无论对于政治家还是对各种实业家，它都是可以学习的老师，可以获得指导的教典”（《日本名人谈中国古代智慧》），甚至要求公司人员：“中国古代先哲孙子，是天下第一神灵，我公司职员必须顶礼膜拜，认真背诵，灵活运用，公司才能兴旺发达。”

日本麦肯齐公司董事长大前研一则称《孙子兵法》是“最高的经济教科书”，“从未见过哪本书能像《孙子兵法》一样，为我们提供如此丰富的经营管理思想。这本谈论战略的书籍是用极其精练的语言写成的，里面有着取之不尽的战略思想，每次读它，我都会涌出无限的想象力”（《日本企业家视孙子为企业经营的最高典范》，载《当代企业》1992 年第 6 期）。事实也是如此，这里可举出诸多实例。

其一，原东洋精密工业株式会社社长大桥武夫（1906—1987 年），战前是日本陆军中校、东部军参谋。从 1951 年起，他就用军事理论指导其公司的经营管理，开始了兵法经营的探索，并从 1959 年开始陆续出版有关这方面的论著，最终形成了长达十卷的《兵法经营全书》。他在 1978 年出版的《兵书研究》一书中谈及本人的体会时说：“兵书是我们的圣典。但是，我真正认识其价值其实并不是在率兵打仗时，而是在我成为欲倒闭公司的经营者以后，这是我自己非常意外的。”“我战后重读兵书，比服役时更有效地应用于经营，这对我这个外行经营者度过战后的动乱时期，于公于私都不知起了多少作用。下面我举几个具体的例子：如‘上下同欲者胜’（《孙子·谋攻》）。我们公司的前身是东洋钟表，在它倒闭后，于1952年重组为东洋精密工业。当时的日本思想、经济混乱荒废，我发挥我们经营者特有的刚毅，作为公司经营的大方针，提出了孙子的‘上下同欲者胜’的口号，使企业有了转机。”由此，大桥武夫还专门成立了“兵法经营塾”，将兵法与经营融为一体，普及兵法知识，对来自日本各地的企业经理、管理人员进行了为期一年的兵法讲座。他所著的《用兵法经营》一书，内容新颖，独具一格，出版后颇受欢迎，畅销一时。他在《兵法经营要点》一书中，这样评价《孙子兵法》“上下同欲者胜”这句话，即“要上下建立一体感的意思。韩非子以君主与国民利害相背，本质上没有取得共存共荣作为依据，主张冷酷无情地实行法治主义。马克思强调资本家（经营者）和工人的利害有本质的不同，前者靠剥削后者发财致富，后者却仰赖反对剥削得以生存，两者完全不能调和。而孙子主张找出共同利害统一两者的关系，求得共存共荣。孙子认为，如欲取得战争的胜利，必须寻求上下共同的利益所在，只有这样，才能发挥各自的积极性。只要存在建立在压低工人工资基础上的经营，或者开展以经营者为另一个阶级而加以敌视工人的运动，劳资纠纷就会持续不断，企业难以求得繁荣，工人也就难以期待生活有所改善和得到幸福。既然是依靠企业生活，如果没有企业的繁荣，工人就不会幸福，这从苏联、波兰等现状已得到证实。当然，重要的问题在于如何分配企业繁荣所获得的利益”。大桥武夫这一经营理念，在日本产生了极大影响，并在管理理论中形成了“兵法经营学派”。

这些研究也奠定了他兵法经营理论大家的地位。与大桥武夫合办

“兵法经营塾”的副塾长武冈淳彦（1922—2000年）是原日本陆军中将，在大桥武夫逝世后，他继续从事兵法经营研究，主持武冈战略经营研究所，在东京、京都、冈山、高松等地开办兵法经营塾，还组织了世界性质的“国际《孙子》俱乐部”活动。他还根据大桥武夫“要把兵法研究集中于《孙子》一书，写出不使日本人走错路的《孙子》解说书”的临终委托，撰写大量将《孙子兵法》运用于经营管理等社会其他领域的著作，如《兵法与战略的全貌》《孙子每天一句》《领导者孙子》《孙子经营学》等。他还在各种场合，积极宣传、弘扬《孙子兵法》，大声疾呼：“《孙子》这等放之四海而皆准的先进思想如不普及，是日本民族，不，是世界人类的不幸！”（转引自佐野寿龙《不战而胜——孙子兵法的科学体系与思想讲义·后记》1998年版）他在身患癌症的晚年，仍继续修改他的新著，出版了《新释孙子》一书，成为继大桥武夫后活跃在日本经济理论界的知名人物。

在武冈淳彦的影响下，其学生佐野寿龙有鉴于“当今流布的《孙子》书，多丢弃其中心和本质，都是过犹不及的例子和对《孙子》中只言片语的理解。这样的书即使读一百遍，也是于理解《孙子》有百害而无一利，越读离《孙子兵法》的含义越远”的问题，并针对这种“断章取义横行”的现象，认为“要普及《孙子》，需要有成体系地讲授它的正规讲座”，故而成立了“孙子塾”，举办了日本“第一家划时代的讲座”。通过讲座真正理解《孙子》十三篇的科学体系后，佐野寿龙形容道：“就好像孙子总是坐在您身边，教给您如何在优胜劣汰、弱肉强食的严峻现实中立于不败之地的有力的明快的指针。《孙子》是兵书，但在成系统地阅读时，其理论就变得与现实相通，真是一部最古老又最时兴的罕见的书。”（《不战而胜——孙子兵法的科学体系与思想讲义·后记》）他还用四年时间对《孙子兵法》科学体系和现实应用进行研究，写出了《不战而胜——孙子兵法的科学体系与思想讲义》

一书，并由武冈淳彦监修，于1998年出版。武冈淳彦逝世后，原日本防卫大学教授杉之尾宜生，于2001年在原“兵法经营塾”的基础上成立了“孙子经营塾”，并担任代表，负责经营塾的全面工作。他把主要精力集中在《孙子兵法》与企业经营管理的研究上，每年都制订出具体实施计划，并坚持每两个月召开一次类似座谈会的“恳谈会”，与来自各地的《孙子兵法》爱好者研讨切磋。武冈庆子不仅逢会必到，而且是《孙子兵法》的崇拜者和宣传者。与会者多半是来自东京周边的企业的经理和部门的课长，也有在大公司担任重要职务的部长，还有正在大学读书的学生。在恳谈会上，大家边听边依事前发放的发言提纲进行逐条逐句的讨论，不时还要翻出《孙子兵法》原文朗读一番，质疑问答，会场气氛十分活跃。与会者们对《孙子兵法》都相当熟悉，在运用上能结合企业的实际而有所心得。

其二，日本著名《孙子兵法》研究家、和光集团会长服部千春，学生时代即痴迷于《孙子兵法》，以至辍学到神奈川安立寺闭门攻读《孙子兵法》，并写下了“闭门谢客我一人，净面剃眉居深山；读破汗青研兵法，唯有阿弥为同伴”的诗句。大学毕业时，他选定的论文题目就是他深有研究的《〈孙子十三篇〉之考察》。此后不论担任公职，还是做企业社长，他始终没有放弃自己的追求，锲而不舍地继续《孙子兵法》的研究，写出了多篇有关《孙子兵法》的论文。

1974年，中日邦交实现正常化，服部先生将自己多年研究《孙子兵法》的成果——五卷本《新编〈孙子十三篇〉》，敬献给被他称为“孙子的知音”的毛泽东主席，传为《孙子兵法》研究史上的佳话。他还多次来华访问，进行学术交流，拜谒孙武故里，并将自己的大作《孙子兵法校解》交由军事科学出版社以中文出版，以实现他梦寐以求的将一千多年前吉备真备公携回的《孙子兵法》，以东瀛研究之成果回报孙武的故乡的心愿。1988年，他又与中国著名书法家李铎合作出版了首部书法形式的《孙子兵法新校字帖》，为《孙子兵法》著作增添了新的品种。日本文化振兴会为表彰服部千春在《孙子兵法》研究领域取得的重要成果，特授予他该会最高荣誉奖——“国际学术荣誉奖”。不久，服部千春又以其研究《孙子兵法》的学术成果——《孙子兵法新校》，获得南开大学博士学位。此后，他又相继出版了中文版《孙子兵法新校》和日文版《孙子圣典》，研究成果甚丰。服部千春借助研究《孙子兵法》的优势，以孙子“慎战”“知胜”为信条，踏踏实实办企业，在经营管理中游刃有余。从 1974 年创办第一家企业和光店铺，发展成今天的和光集团，其中的秘诀，按他的话说就是“靠《孙子兵法》经营”。事实也是如此，他从《孙子兵法》中悟出不少经营之道。他说：“兵法中讲的都是实的东西，办企业也应如此，不能靠虚的、骗人的东西，要靠自己的实力，自己的努力去争取生存。有的图虚名，名声弄得很大，靠贷款盖高楼大厦，结果没有根基，最终还是要垮下来。读《孙子兵法》要懂得这个道理，不能搞假的东西，追求空的东西，那不是实业家……我办公司不同，就是脚踏实地，有多少钱花多少钱，也从不借钱，主要靠自己的实力，一点一点地发展，这也是兵家求实的风格，打仗不能搞虚的，谁搞虚的肯定要吃败仗，搞企业也应该如此，这就是《孙子》中的虚实辩证法。”他还以身作则，带动企业员工学习《孙子兵法》，常年坚持早训读《孙子兵法》语录的制度，在企业形成研读和运用《孙子兵法》的氛围。学习《孙子兵法》对提高员工的工作能力有很大帮助，服部千春不无自豪地说：“读《孙子兵法》对他们的工作能力有很大帮助，现在已有五个人从公司出去，自己成立公司当了老板，有的搞房地产，有的搞建筑，干得都不错。这在日本经济不景气、很多公司倒闭的情况下，能坚持下来很不容易，这不能不说是得益于《孙子兵法》的。”（以上转引自尚夏、丘止戈《一位日本企业家的孙子情结》，载《孙子学刊》1995 年第 4 期）他还遵循

《孙子》“不战而屈人之兵”的“和平主义”思想，在日本成立了“亚洲和平委员会”，并到国外调节部族纠纷，致力于世界和平事业。

其三，日本软银公司总裁，有“日本的比尔·盖茨”之称的网络巨子孙正义。他 43 岁（2000 年）时个人资产超过 3 兆日元，成为亚洲首富，在全球排行榜上位居第四。孙正义何以能获得如此成功？日本传记作家板桓英宪在他所著《孙正义——数字化时代的英雄》一书的中文版序中道出了其中的奥秘。他说：“孙正义能取得如此辉煌的业绩，除了要归功于他天才的能力、不懈的努力和父亲友人的协助外，不能忽视 20 来岁就熟读的《孙子兵法》的影响。”并认为“孙正义是将《孙子兵法》生动地应用于经营的具有代表性的日本企业家之一。能了解孙正义是如何利用《孙子兵法》的，就能有助于我们在大竞争时代很好地生存下去”。事实也正是如此。孙正义将自己的思想和感悟加到《孙子兵法》中，提出一个纵横各五字的文字盘：

一流攻守群
道天地将法
智信仁勇严
顶情略七斗
风林火山海

其中，“一流攻守群”是孙正义的创造，意为以争天下第一为目标，洞察时势潮流，考虑攻守均衡，既要力求事半功倍的效果，又要分散风险，准备几种方案。“道天地将法”，此句出自《孙子兵法·始计》：“战之能胜有五：即道、天、地、将、法。”所谓道，即人之道，大义名分，不能无道，还要得天时、地利、好将领，要严整法纪。“智信仁勇严”，也出自《孙子兵法·始计》，意为领导者必须拥有丰富的知识，崇尚信义，笃信仁爱，如此才能吸引众多的追随者。此外，还应具备决断的勇气，还要有一定的威严。“顶情略七斗”是孙正义的发明，意为站在最高处环视四周变化，获得尽可能多的信息。为将者第一要有智，要能高瞻远瞩，信息通畅，以便运筹帷幄。这里的“七”是魔术数字，指有七分把握取胜就应果敢一战。低于七分则风险太大，而期待更大的把握则又会错过时机。“风林火山海”，海，势如大海。这五个字讲战斗的方式，其中“风林火山”出自《孙子兵法·军争》“故其疾如风，其徐如林，侵掠如火，不动如山”句。孙正义则加上了一个内涵深刻的“海”字，意为侵吞之势如海潮。孙正义认为，孙子思想中的战争，都是为了追求“道”，也就是实现目标和理想的一种手段。对企业而言，目标和理想也最为重要。孙正义表示：“软银公司的道是提供推动数字化革命的基础建设。”

《孙子兵法》渡海东瀛，被越来越多的人所认识，并在日本企业经营上发挥出莫大助力，涌现出一批孙子学专家和著作。《孙子兵法》独具的思想魅力及其不可替代的现实价值，促使日本许多长于汉学的学者投身于对其的研究行列。他们对《孙子兵法》的研究，既着眼于现实的应用，亦注重对《孙子兵法》字词文句的校理和诠释，并取得了数量可观的研究成果，出版了一批《孙子兵法》注释书，形成了颇具实力的“孙子学”专家队伍，出现了继江户时代注释《孙子兵法》的又一个热潮。现择其突出者（依据现有资料），按著作出版时间的先后简介如下。

武内义雄（1886—1966 年），日本著名汉学家，文学博士。1910 年毕业于京都大学，曾任东北大学教授，兼任该校图书馆馆长，并参与创立中国学研究室。一生从事中国古代史的研究，1960 年获日本“有成就学者奖”。主要著作有《老子研究》《诸子概说》《论语之研究》等，有《武内义雄全集》行世。在武内先生的学术生涯中，研究《孙子兵法》占有重要位置，其本人也投入了极大的热情。早在1922年发表的《〈孙子十三篇〉之作者》一文中，他就论证了江户时代斋藤拙堂提出的孙武、孙膑一人说，在当时产生了极大影响，对推动《孙子兵法》研究发挥了重要作用，并很快被介绍到中国。1944年，武内先生历经多年所作的注释、校勘《孙子兵法》全文的工作初步完成，于1952年发表《孙子考文》，将其校理《孙子兵法》原文的成果公之于世。此次校订，他参引先秦典籍和诸家校著多种，并以其深厚的汉学功底，对《孙子兵法》原文进行索隐发微，辨讹正误，系统地总结和梳理，改正原文达46处之多，整理出一个优于他书的新校本，并对书中错简提出有别于他人的新说，不乏独到之见。1980年，日本人编辑出版《武内义雄全集》(10卷本)，在《诸子篇》中，以《孙子研究》题名，收入武内研究《孙子兵法》的全部著述。其中前七章对孙子及其兵法、《孙子兵法》的思想、《孙子》在日本的传播等，作了深刻而又系统的论述。其下为《译注孙子》，对十三篇原文逐篇分段进行"考异"和"解诂"，对《孙子》全书进行全面的校理，并附旧作《〈孙子十三篇〉之作者》和《孙子考文》。其学生金谷治撰写的"解题"，对武内先生的研究成果给予极高评价。其校勘的《孙子兵法》原文，成为后来日本治《孙子兵法》者的范本，征引原文的参考书。

丰增秀俊（1902—1987年）从早年就读早稻田大学时，就开始接触辩证唯物主义，并将其作为自己的终生信仰。中国抗战时期，他因在北平（今北京）主持反战团体中亚协会而受到迫害，回国后不参与社会事务，专事学术研究。他博学多识，通晓德、英、法、中文，尤精汉学，著述甚丰。他于1956年首次发表自己研究《孙子兵法》的成果，后收入《丰增秀俊选集》。丰增先生认为，要深入研究《孙子兵法》"就必须根据《孙子》的理论来把握，而构成这一理论基础的，正是辩证唯物主义的方法论"(阿竹仙之助:《丰增秀俊选集》中文版序），并将这一科学的研究方法贯穿于注释《孙子兵法》的全过程。其注释《孙子兵法》，注重十三篇的内在联系，从整体出发，故书中注解多以《孙子兵法》之文互注，突破了前人研究以字词为主要考证研究对象的传统框架的束缚。同时，其注融文、史、哲诸学科知识，多有独到新颖之见和鞭辟入里之解，体现了他深厚的汉学功底和对中国文化的深刻理解。我国著名《孙子兵法》版本学家穆志超先生在书评中称该书“运用辩证唯物思想研究中国古代典籍在国外是绝无仅有的”。著名《孙子兵法》专家杨丙安先生亦称赞该书是他所见到的“最有学术价值的佳作之一”，对其在“文字校释上的科学理性态度，以及在对孙子思想实质把握上的辩证唯物主义和历史唯物主义观点”，亦给予了高度的评价（见《丰增秀俊选集》第一集）。

佐藤坚司（生卒年不详）先后就读于陆军士官学校、早稻田大学，毕业于东京大学，1960 年以《孙子思想史的研究》论文，获得驹泽大学博士学位。1939 年，他成立日本武学研究所，组织编纂 30 卷本《日本武学大系》，并著有《日本武学史》《世界兵学史话》等书。他长期从事日本武学和中国古代兵法的研究，是日本久负盛名的兵学家。佐藤先生自述 1915 年入东京大学一年后“第一次认真读《孙子》，并于 1919 年在《偕行社纪事》发表了《读孙子兵法》一文”。第二次世界大战后，佐藤开始系统地研究《孙子兵法》，他颇有体会地说：“我续读《孙子》，作为战败国日本人重新读《孙子》，比停战前感受到了更多《孙子》的价值。我感到孙子的战争论与克劳塞维茨的战争论是非常不同的。克劳塞维茨的目的是屈敌而战，而孙子的目的则是不战而屈敌。”“通过最大限度的总体准备，以‘不战而屈人之兵’为原则，在万不得已时才真正进入战争状态。这是孙子的万全主义和和平主义，对于战败的日本来说，岂不应当深刻反省吗？”（《孙子思想史的研究·自序》，风间书房 1962 年版）正是基于对《孙子兵法》的深刻认识，促使他对日本研究《孙子兵法》的历史及经验进行总结，写出了《孙子兵法》研究史上首部史学巨著《孙子思想史的研究——主要从日本的立场出发》，以及随后出版的《孙子体系的研究》。

《孙子思想史的研究》一书由五篇组成：第一篇序说，对《孙子兵法》其书做详尽考证；第二篇《孙子兵法》十三篇思想研究，论述《孙子兵法》各篇内容及其价值；第三篇日本历代对《孙子兵法》的研究，从思想史的角度对日本各时期的《孙子兵法》研究进行考察评价；第四篇资料，收入樱田迪校《古文孙子》和北条氏长著《孙子外传》二书全文；第五篇补余及附录。书中不仅对《孙子兵法》的内容和思想进行了全面的整理和论述，还对日本历代的《孙子兵法》研究作了系统的考察和总结，同时披露了两部重要的《孙子兵法》著作。该书的问世，在日本《孙子兵法》研究史上具有里程碑意义，代表了日本研究《孙子兵法》的最高水平，出版后受到了学术界的普遍好评，并有中译本出版。佐藤先生亦以此书成为研究《孙子兵法》而获得博士学位的第一人。

村山孚（1920—　），日本著名汉学家，“二战”前就读于中国哈尔滨学院，后入中央大学、大同学院，历任德间书店出版局长、日本生产性本部出版部长等职。二十世纪七十年代，他受聘于《人民中国》杂志社，担任日文顾问，出版研究中国传统文化的著译作多部，主要有《新编论语》《入门——论语的读法》《以名言读三国志》和《史记》（合译）等。村山先生研究《孙子兵法》，注重对《孙子兵法》原文本义的研讨，强调在尊重原文基础上的应用。在首部研究《孙子兵法》的著作——《孙子兵法》中，他反对那种注释《孙子兵法》“牵强附会地采取简单的联系今天的事例的态度”的做法，认为那样会“曲解具有长久生命力的古典名著，是一种如同纵火犯一样的犯罪”。他的这种研究《孙子兵法》的态度，对日本当时如火如荼的《孙子兵法》应用热潮，无疑具有指导意义，是必要的、有益的。同时，村山也看到了中国传统文化对日本人思维的巨大影响，于1965年出版了《孙子·吴子·尉缭子·六韬·三略》一书。他在该书的“解题”中盛赞“《孙子》不仅是中国最古老的兵法书，而且其内容也是‘七书’中出类拔萃的”，“孙子是最早探寻战争法则的人”，指出“《孙子》强调客观的判断，其透过现象分析本质的态度科学得令人惊讶”。此后他又相继出版了《中国兵法的思想——从毛泽东艰难渡世读本》和《实战孙子兵法》等，成为日本出版孙子兵法著作最多的人之一。在这些《孙子兵法》书中，他从毛泽东等著名人物对《孙子兵法》的运用，联系日本社会的实际，特别推崇《孙子兵法》对现代人的启迪教化作用，认为《孙子》“不单单是战争的艺术，而且反映了战场上的人的心理和行为，引申成为胜利的哲学”，高度评价《孙子》“是为了胜利最有效地控制自己和对手的力量和智慧”，可以“作为从经营管理别人的行为直至处世的指南来使用”（《孙子·解题》）。村山先生在《人民中国》任职期间，将他对《孙子兵法》的这种认识理念概括为推动日本经济腾飞的“两个轮子之一”，并在多种场合广为宣传，为中国尚在起步的《孙子兵法》研究注入了活力。

金谷治（1920—　），毕业于东北大学中国哲学科，后为该校名誉教授，文学博士，日本著名汉学，长期从事中国古代哲学的教学与研究。主要著译作有《秦汉思想史研究》《老子的世界》《论语》《孟子》《荀子》等。金谷先生师从武内义雄，受其影响对《孙子兵法》的研究造诣颇深。他认为研究东方兵学，“无论在中国还是日本离开《孙子》而谈论兵法的发展都是不可能的”，并强调“像《孙子》或《老子》这样的名著”，“将全文背诵出来才是正理”（《孙子索引·序》）。他译注的《孙子兵法》自1963年出版以来畅销不衰，多次再版和重印。截至2001年，已有五个版本问世，仅1963年版的袖珍本到1995年就印刷了45次之多，创日本《孙子兵法》书重印次数之最，亦为同类书籍所少见。该书采用汉录《孙子兵法》原文与日语文言文和现代日语对读的形式，以宋本《十一家注孙子》为底本，参以《武经七书》本、孙星衍校《十家注孙子》本、樱田迪刊《古文孙子》本，以及《群书治要》《通典》《北堂书钞》《太平御览》等多种中国典籍进行校勘，材料详赡，校订精当。对校正后的《孙子兵法》原文以现代日语译出，而不擅改《孙子》原文，尤见治学之严谨。该书注释多引曹操等十一家注和日本荻生徂徕《孙子国家解》等注解，融汇众说，参以己见，多有新颖独到之说，为当代日本《孙子兵法》研究取得的重要成果之一。为了把《孙子》的研究推向更深的层次，他还带领该校中国哲学研究室同人编制出海内外第一部《孙子索引》。索引以《孙子兵法》单字为检索对象，同时列出《武经》本、《平津馆丛书》本、《太平御览》本等六书与《孙子兵法》本文之差异，极便查检利用，为普及《孙子兵法》做了一项基础性的工作，这标志着日本在这一研究领域走在了前列。

河野收，1939毕业于陆军士官学校，后任防卫大学教授，著有《地政学入门》等。他长期进行《孙子兵法》的教学与研究，发表论文数篇，尤以对银雀山汉墓竹简《孙子兵法》的研究成果为学术界所称道，先后在《防卫大学纪要》（下称《纪要》）发表《银雀山汉墓竹简孙子兵法研究》《现代〈孙子〉与竹简〈孙子〉的比较研究》等。其中，《银雀山汉墓竹简孙子兵法研究》一文，从1980年3月至1983年3月，在《纪要》上连载，历时三年。在此文基础上，河野先生又将自己在防卫大学的讲稿《孙子的新研究》融入其中，以《竹简孙子入门》为书名出版。在该书“前言”中，向读者热情推荐《孙子兵法》。

他说：“《孙子》十三篇6000余字的文章中蕴含了丰富的、新鲜的、能有效应用于现代的主张。想到它如此古老，实在是具有不可思议的生命力的书。”“《孙子》以简洁的文章，网罗了一个国家在吃与被吃般严峻的国际竞争社会中生存、发展的深刻的哲学和战略战术。其最大的特点就是以不战而达到生存与繁荣的目的为首位。”并指出，在当今社会结构大变革的年代，“对于企业和个人来说，从来没有像现在这样更需要努力，在对难以预测的未来的不安中，通过激烈竞争生存下去达到繁荣发展，而《孙子》通过战争这种最严峻的社会现象提出的对策，确立的哲学、战略、战术、组织管理的原则，给了寻求这一道路的人们以宝贵的启示”。该书虽说是为“寻求处世智慧的人”而写的“入门书”，但书中集纳了著者多年研究《孙子兵法》的学术成果。为了使读者更好地把握《孙子兵法》的思想精华，书中将其归纳为目的论、战力论、战略论、战术论、管理论几个方面，条分缕析，佐以史证，详加论述，深得其旨。书中对《孙子兵法》原文的校改，参互通校，斟酌异同，颇多精到之见，取得了不俗的成就，显示了著者对《孙子兵法》的深刻理解和深厚的学术功底。在以汉简本《孙子兵法》为研究对象的专著中，该书可谓独领风骚。

守屋洋（1932—　），毕业于东京都立大学，中国文学硕士，日本著名汉学家，专以著述、讲演为业。其著译甚丰，主要有《战国策》《史记》《贞观政要》《诸葛亮孔明兵法》《中国名将列传》《史学——中国之兵法》等。守屋先生对中国古代文化有独到的见解，其研究注重现实的价值，以联系实际见长。在他所译注的几部《孙子》书中，也都体现了这种认识。如在1979年出版的《孙子》一书的代前言中，他在高度赞扬《孙子兵法》是当今世界绝无仅有的“旷世奇书”时指出，“它不仅古老，而且在两千几百年后的今天，仍具有丰富的实用性”，并强调“《孙子》的魅力在于它的军事思想是通过对人的深刻洞察证实的，这也是《孙子》在今天仍享有实用性的缘故”。因此，“《孙子》不仅被用作战略战术的兵法书，还可以作为人际关系书、经营战略书来读”。他在该书的袖珍版中畅述自己的体会时说：“《孙子》教给我人生的智慧，它不仅是深邃的古典名著，也是人生的教科书，花四百日元买本这样的书，就可以懂得人世间的不少知识，这大概不是我一个人的感受。”为使读者把握《孙子兵法》精髓，在这本书中，守屋先生将《孙子》的思想概括为“‘知彼知己’是指导战争胜利的关键”“‘攻其无备，出其不意’是取得胜利的重要条件”等十条原则，不仅深得《孙子兵法》要旨，而且简洁晓畅，便于掌握。在《孙子兵法入门》一书中，也体现了他的这一著述风格。在该书“前言”中，他说：“《孙子》充满了迄今仍适用的新鲜的教导。”“对人类社会生活具有广泛的指导意义，特别对习惯于‘直线式生活方式’的日本人，更需要掌握《孙子》‘兵者，诡道也’那样的灵活的、曲线式的随机应变的基本功。”为此，他选取了《孙子兵法》的65条名言警句，详加论说，指出其在现实生活中的应用方法。在1999年出版的《孙子·吴子》中，守屋先生将他这一认识上升到处理国家危机的层面。在《全译武经七书》的“刊行致词”中回答“今天为何还要看兵法书”的问题时，他说，这些兵书“是战略战术的精华，我们日本人喜欢战略战术这个词，用得亦很滥，但从战略上思考、行动都显得不够。因此，需要重新学习原著”。同时强调：“战争是胜则存，败则亡，对于国家、民族来说，是倾其全力的。因为兵书写的是如何解决战争问题，所以在一定意义上可以说是危机管理的思想。”由于守屋先生的《孙子兵法》译著直面日本的现实，出版后均获得了极大的成功，其1979年出版的《孙子兵法》，到1993年已连续重印38次；1984年袖珍版到2001年也重印了32次之多。

服部千春（1937— ），毕业于日本大学中国文学科。大学时代即开始研究《孙子兵法》，40余年执着追求，不断探索，终以其优异的学术成绩获得南开大学文学博士学位，其博士学位论文《孙子兵法新校》1997年由白山出版社出版。该书是服部先生继《孙子兵法校解》(军事科学出版社1987年版)后第二部以中文著述的《孙子兵法》著作。该书首列由服部先生新校正的《孙子兵法》用古字和现行繁体字排印的全文;次为对十三篇本文的校勘,依篇列节,第一节为“校异”,详列各本异同;第二节为“校勘”,并出校记。校勘以《十一家注孙子》为底本,依次将银雀山汉墓竹简《孙子兵法》本、《魏武帝注孙子》本、樱田迪刊《古文孙子》本、《武经七书》本和服部新校本对照排列,并写出校勘记。该书从校勘成果到版式体例均受到专家学者的好评。由王运熙等六位教授组成的博士学位论文答辩委员会在“决议书”中评价此论文“反映了《孙子兵法》几种有代表性的版本的文字面貌,吸收了各种版本的优点,校勘方法得当,处理合适,符合校勘学的规范,为《孙子兵法》的进一步研究提供了一种比较可靠的校本。全书材料丰富,学风严谨,用力甚勤,取得了可喜的成绩”。北京大学孙钦善教授称赞该书校勘方法科学,认为:“作者综合运用对校、本校、他校、理校诸法,多方取证,精于按断,慎于存疑,颇多精到之见。”南开大学王玉哲教授也认为该书“有不少新的创造发明,在恢复《孙子兵法》原来‘真本’容貌的道路上确实前进了可观的一大步”。著名《孙子兵法》研究专家杨丙安先生也指出:“该书对十三篇正文进行了全面、细致的校订,改正文字百余处,重要者也有二三十处,其涉及范围之广、参引文献之多以及其治学态度之严谨,实非其他率尔操觚者可比。尤其对《九变》篇与《九地》篇之文字错乱现象,作者紧扣语言环境(即其所谓‘三要素’),运用其‘三段论法’,结合对校与理校而以理校为主的方法,并参以张贲、刘寅与邓廷罗等名家之说,对该二处文字做了大胆而又审慎的调整。使之文通理顺,从而显出作者在这方面的突出成就和贡献。”并认为该书是他“所见到的最有分量、最有成就和最值得重视的当代日本学者所著的《孙子》校本”(以上均引自该书附录)。该书出版后，服部先生又以日文出版了600多页的《孙子圣典》巨著，汇总了他全部的研究成果。

除上述几位的著作外，尚有冈村诚之的《活在现代的孙子兵法》(产业图书株式会社1962年版)、町田三郎的《孙子》(中央公论社1966年版)、天野镇雄《孙子·吴子》(明治书院1972年版)、细川一敏的《孙子·吴子》(学习研究社1982年版)、浅野裕一的《孙子》(讲谈社1986年版)、中谷孝雄的《中国古典兵法书——孙子》、武冈淳彦的《新释孙子》(PHP研究所2000年版)、杉之尾宜生《孙子》等，不再详列。

随着《孙子兵法》的普及和研究队伍的扩充，《孙子兵法》的应用领域也在不断扩展，出现了将《孙子兵法》运用于政党建设、领导艺术、思维方法乃至信息革命等领域的实例，其内容包罗万象，展现了日本《孙子兵法》研究在21世纪的强劲势头。

3. 拿破仑：如果早看到《孙子兵法》，我怎么会落到如此下场

《孙子兵法》传入法国的时间是1772年，由巴黎书商及印刷商迪多(Di-dot)发行，书名为《孙子十三篇》(属于丛书《中国人的军事艺术》)，408页，21幅彩色附图，译者为耶稣会传教士法国神父让·约瑟夫·玛丽·阿米奥(Jean Joseph Marie Amiot)。阿米奥于1718年出生在法国土伦(Toulon)，1793年逝世于北京。该书的编辑、出版者是德顾内(Deguignes)先生。这是欧洲首次出版《孙子兵法》译本。

本书有《孙子兵法》一书的译文，且为了便于了解中国人的军事演习、部队征募、服装武器和战争装备，除刊有21幅彩图外，还刊有中国当时在位的乾隆皇帝的父亲雍正皇帝给军队的十道上谕。

1782年，阿米奥对《孙子兵法》一书进行注释，作为“中国历

史·科学·艺术·风俗习惯”一套丛书的第七卷，由“北京教会”发行。作为资料，阿米奥引用了《武经七书》。他可能是通过一位中国友人从一位解职的中国官吏出售的个人财物中购得《武经七书》的。

在《孙子兵法》法译本的序言中，阿米奥提及，他是受法王路易十五的军事部长培尔丁（Bertin）的委托翻译此书的。作为一位传教士，为什么会受军事部长的委托来翻译一本中国战争艺术的著述呢？1948年，法国人L.纳欣（L.Nachin）在孙子译本的新版序言中承认：“我们的耶稣会传教士利用了他们的高层关系，以服务于所有基督教各国国王的利益。他们不遗余力地把他们感兴趣的事物，加以报道。”

阿米奥后来在谈到《孙子兵法》译本时说：“我所从事的，不仅仅是照本翻译，还要把中国著者论述战争的思想和方式加以阐述。在解释战争概念时，尽量保持原著真谛，不歪曲原义。我设法对通常语意比较含糊、致使理解会有不明之处加以阐明。我不仅从满文文本，而且从古代及现代注释中获得裨益。”

阿米奥本来就不打算逐字逐句翻译。从上述引言中可看到，他对《孙子兵法》一书是在作探索性阐述。下面，列举几条他对《兵势》的翻译：

孙子曰：凡治众如治寡，分数是也。

阿米奥译：了解所有军官、将军以及下级军官的姓名，登记在一本专门的典籍上，注明每人的才能，以便一旦需要时，加以使用。

孙子曰：斗众如斗寡，形名是也。

阿米奥译：敌我之间的差别在于强弱众寡。

孙子曰：三军之众，可使必受敌无败者，奇正是也。

阿米奥译：使所有受统率指挥的军队都能信服你的着眼点，免受损失。

孙子曰：兵之所加，如以碫投卵者，虚实是也。

阿米奥译：指挥部队向敌人推进，必须像石子那样，投向鸡卵。

孙子曰：凡战者，以正合，以奇胜。

阿米奥译：公开出击，秘密制胜。

孙子曰：故善出奇者，无穷如天地，不竭如江河。

阿米奥译：这表明，用简单的话来说，领导军队的真实机智和圆满完成就在于此。

从上述引例中可看出，阿米奥是根据自己的见解来理解原文的，常常偏离原意。他在文中多次把自己的思想说成孙子的思想，经常把注释当作孙子的原文，从而使人无从判明哪些是孙子原文，哪些是他自己以及其他人的注释。无怪乎英国汉学家翟林奈（Lionel Giles，1875—1958年）提出批评，认为："如果把阿米奥的译文对照原文来阅读，译文是一篇欺伪之作。书中有不少地方，孙子并没有写过；很少地方是孙子确乎写了的。"

从翻译的角度来说，阿米奥的译文是"不及格"的。他最大的贡献，无疑是把《孙子兵法》十三篇的战争哲学及其最重要的部分向西方作了介绍。

十八世纪末，凡属中国的东西，在法国都受重视，备受赞扬，因而阿米奥的译作当时在法国的文艺杂志上受到好评。美国研究《孙子兵法》的专家塞缪尔·格里菲思（Samuel Griffith）对此有以下论述："该书一问世，立即引起注意。当代文艺杂志上登载评论，这颇令人惊讶的评论甚至说，《孙子》一书把色诺芬（Xenophon）、波里比阿（Polybius）和德塞克斯（DeSaxe）笔下的精彩内容包罗无遗。如果我们指挥军队的将军以及一般军官能够拥有这部'杰作'，人手一册，那就会对王国起重大的作用。首先，他希望'年轻一代的贵族能认真阅读这位名将的著作'，并把孙子比之于蒂雷纳（Turenne）和伟大的孔代（Conde）。在1772年7月号的《杂志精萃》和《特雷武回忆录》（刊登于《斯卡范杂志》）中只刊登了内容摘要。后一著述还对译文重复处及编排讹误处提出了批评。"

阿米奥的《孙子兵法》译本初版发行150年后，1922年在巴黎又发行了E.肖莱（E.cholet）上校的新译本，书名为《中国古代的战争艺术，两千年前的古代战争学说》，该书参照的是1772年阿米奥的译本。肖莱在书中选辑了阿米奥的思想，而不是孙子的思想。这种独特的做法严重歪曲了原著的本意。

阿米奥译本的第三次新版由L.纳欣（L.Nachin）于1948年在巴黎刊行。纳欣在《战争的经典著述》丛书中收入了这本书，书名为《公元前第五至第三世纪孙子、吴子和司马法》。1971年在巴黎出版了由玛丽－克莱尔·卜齐特（Marie-claire Beuzit）、R.卡塞莱（R.Caceves）、P.马蒙（P.Maman）、L.泰纳塞柯（L.Thanassecos）和居纳安（Tran Ngoc An）编辑的《孙子十三篇》一书。这书并无注释及研究资料，是根据阿米奥的译文以及以后的几种版本编辑出版的，书中参考了其他文字的版本。该书于1988年发行了第二版。

1972年在巴黎发行了1963年在伦敦、牛津和纽约出版的《孙子兵法》一书的法译本。原书出于美国塞缪尔·B.格里菲思准将（Samuel B.Griffith）之手，由美国军官及军事作家亨利·利德尔·哈特

(Henry Liddel Hart) 作序。

1988 年，在巴黎又有《孙子兵法》的法译本出版，并在 1990 年发行了第二版。该书由瓦莱里·妮凯翻译。她具有政治学博士及汉语硕士学位，是一位研究中国外交政策的专家。她在书中写道：“正是《孙子兵法》一书十三篇的普遍意义，才使此书引人入胜。《孙子》给当代人的是一种始终十分现实的思想：虽然战争本身不是好事，但必须对之有所准备。战争能牺牲很多人，引起经济崩溃，造成政治动乱，因此应该尽可能加以避免。这种思想，在战争的常规功能尚未完全消灭的时代里，是具有革命性的，是完全适合于当今世界的现状的。在当今世界上任何大国间的直接冲突，都有可能付出与假想能获得的利益极不相称的代价。现在和公元前五世纪一样，强国企图通过孤立对手和从精神上削弱对方的办法，来达到‘不战而胜’的目的，以迫使其在外交、经济或政治等多方面对之提出的要求作出让步。”

法国国防研究基金会研究部主任莫里斯·普雷斯 (Maurice Prestat) 将军为该书写了详尽的导言。普雷斯评论孙子说：

“历来军事战略家都可在直接方式和间接方式之间作出选择。直接方式是以主力攻克敌人主力。间接方式是力图以有限的兵力在指挥战争方面起重大作用 (起牵制作用)，或者试图把军事力量只起次要作用的各种方法结合起来使用 (就本义而言的间接策略)。

“就是这种不可分离的孪生作用构成了孙子思想的基本要点。这些思想在好几个世纪中普遍不为西方的政治军事首脑所知，英国人和异端分子除外。

“用西方战略家的话来说，孙子告诉我们的是在消灭对手之前，必须找到对方的薄弱环节，而并不是一开始就想加以消灭。但这和我们西方自己的相互挫折的概念毫不相关。我们的战略家是在面对万不得已的情况但又不知怎么办时，才借助于这种方法。不！‘亚洲式’的挫折仅仅是为了挫伤敌人。在兵力尚未投入战斗时，他们在耐心等待有利时机：‘鸷鸟之疾，至于毁折者，节也。’(《兵势》）因此必须迅速行动，‘故兵闻拙速，未睹巧之久也’。(《作战》）”

因此，孙子的教导是非常引人注目的，他用几句话就说明了要点：“是故百战百胜，非善之善者也；不战而屈人之兵，善之善者也。”(《谋攻》）“古之所谓善战者，胜于易胜者也……胜已败者也。”(《地形》）

为什么孙子的言论这样简单、明了、坚定？因为孙子是根据基本要点来展开思考的。这个基本点能包括全部战争艺术以及政治和战略的关系。

孙子曰：“兵者，国之大事。”孙子论著的这第一句话，不是指军事方面（战役、战斗）和军队，而是适用于战争的政治方面。在分析了战争的经济方面后，孙子又多次提及政治和战略的关系：

> 故君之所以患于军者三。(《谋攻》）
>
> 故进不求名，退不避罪。(《地形》）
>
> 唯民是保，而利于主，国之宝也。(《地形》）
>
> 故明君慎之，良将警之，此安国全军之道也。(《火攻》）
>
> 非利不动，非得不用，非危不战。(《火攻》）
>
> 亡国不可以复存，死者不可以复生。(《火攻》）

在对战术、作战和后勤方面显示了自己的才能，并研究了战争中需要对付的种种局面后，孙子似乎漫不经心地向我们传授了一系列指示。这些教诲很好地阐述了他的战争艺术（而不仅是军事艺术）思想：“故上兵伐谋，其次伐交，其次伐兵。”(《谋攻》)《孙子兵法》一书就战略思想、战略心理战、间接战略、直接战略等整个战略的各个组成部分按其正常的次序进行了逐章论述。

1900 年 8 月，当时的法国驻中国军事参赞德·孔坦松（Decontenson）在法国杂志《新论坛》上撰文指出，有必要对中国古代的军事作家作出新的研究。他说："正如过去那样，今天必须研究中国古代经典军事家，设法了解中国朝廷的战略。"他反复指出："中国战争艺术的要略在于中国将领的守备精神，他们千方百计以各种手段来欺诈敌人。"他强调，对法国指挥官最重要的是"不被中国将领的花言巧语蒙骗"。虽然德·孔坦松并没有了解中国兵学，但他明确建议，应重新翻译中国的经典军事著作。

1956 年，阿米奥的《孙子兵法》译本在法国重新唤起注意。罗歇·加耶瓦（Roger Gaillois）发表了一篇论文，题为《中国战争法则》。作者认为：断定中国古代军事文献的作者主要是在论述战争的道德和人道主义方面的问题，这是错误的，阿米奥的说法反映了他本人，而不是孙子的观点。

塞缪尔·B. 格里菲思在《欧洲大百科全书》中提及，在十九世纪的法国，中国《孙子兵法》不再如十八世纪时期那样为人注意了。他评论道：我发现，在十九世纪法国有人提到过孙子，但只有一次，而且仍是在法国。那是一本四十五卷的百科全书，书名是《古代现代历史综合百科全书——历史人物的公私生活、著述、行止、才能、德行或罪戾》，该书新版于 1854 年至 1865 年，发行于巴黎。在其第三十九卷上提到孙子："孙子是中国将军和战略家，生于公元前五世纪时的齐国（今山东省）。在他匆匆赶去为受邻国威胁的吴王效力前，他的战功和才能久已闻名。吴王以殊礼接待孙子，并问他：'你认为你在兵法方面所提出的一切忠告，你自己都能做到吗？'孙子回答道：'陛下，我书中所写的，没有一条不是自己在军营中实践过的，而且没有一条是我不能让别人做到的。'吴王说：'你能使妇女养成守纪的习惯，唤起她们的打仗意识吗？’‘毫无疑问。’孙子回答道。于是吴王召来了他的嫔妃，对她们说，他委托这位将军教她们列队操练。孙子立即叫人发给她们兵器，并教给她们兵器的使用方法。但是当他要让她们开始进行操练时，女兵们就放声大笑起来。将军生气了，这使她们乐得更厉害了。他说：‘不论是谁，不服从命令者杀。’尽管吴王禁止将玩笑开得太过分，孙子还是将他指定担任队长的两名嫔妃斩首了。这一严厉的事件产生了预期的效果，所有其他的人都听话了。不过吴王把这位残酷的孙子打发走了。但是不久，吴王又不得不把他重新召回来。在孙子的援助下，吴王战胜了他的邻国。这故事，或者更确切地说，中国史学家的记事，大体是符合历史事实的。人们从孙子那里知道了兵法，1710 年奉康熙皇帝之命这书被译成满文，又由阿米奥译成法语。这本译著是《中国人回忆录》的一部分（第七卷第 57—159 页）。这部书在中国被视为名著，是一切能称得上战争艺术的概要。只有那些能解释这部著作，或者至少能评述其中几篇文章的人才能有资格担任军事职务。

“在二十世纪，在不是为中国问题专家编写出版的百科全书，而是为一般读者撰写的百科全书中，有的只简略地提了一下孙子，有的只字未提。例如，《新大英百科全书》袖珍本第二卷，第十五版，1990 年在芝加哥等地出版，只简略地提到孙子，也没有列出参考文献。

“作为公元前第五世纪的人的孙子，是中国伟大的典籍、目前所知最古老的关于战争及战略这一题材的专集《孙子兵法》一书的著名作者。在作战时，他坚持应考虑政治对战略的影响。中国共产党军队在其对日作战以及后来对国民党人作战时，应用了孙子的不少战术。”

据说拿破仑最后被流放的时候，偶然间得到了《孙子兵法》这本书，他看后流着眼泪说，如果自己早点得到这本书，就不致落得如此下场了。然而以有关资料为依据，塞缪尔 · B. 格里菲思认为拿破仑一世可能之前就读过阿米奥的《孙子兵法》法译本。众所周知，拿破仑一世当年作为一位军校学员曾热忱读那时的军事著作，因而如果说他不曾读过十年内发行两版曾轰动一时的《孙子兵法》译本，就会很奇怪了。人们认为拿破仑一世身任统帅，在战术方面引用了不少《孙子》的理论，特别在作战行动迅速这一点上，是人们所始料不及的。所有这些都指明，拿破仑一世采用了一种“兵法”，使敌人长期内无法应付。

然而他在东征俄国时，却背离了孙子的学说。但要说拿破仑一世确确实实知道孙子并受其影响，尚欠翔实的史籍证明。格里菲思在论及法国的汉学时指出，法国军事理论未见受孙子多少影响：“只要他们在研究中国文化的勤奋好学精神中稍稍注力于孙子学说，在过去 20 年中法国军队所遭受的军事崩溃可能就会避免。”

1964 年于巴黎出版的十卷本法国《拉鲁斯大百科全书》中有这样的话：“孙子，公元前第六世纪中国的军事理论家，是中国最古老的论战争的著作（《孙子兵法》）的作者，这本书有十三篇、八十二条款。十九世纪末，根据满文译本，译成法文，传至法国。孙子理论研究如何交替使用战争的政治及心理作用、指挥作用以及敌人之间的不和等。孙子这些理论都是中国和日本战争思想的源泉。”

在 1989 年 5 月召开的首届《孙子兵法》国际学术讨论会上，法国学者魏立德先生就《孙子兵法》中的数理逻辑问题进行了详细阐述。他认为：关于《孙子兵法》中的数理逻辑问题，迄今仍未引起学者们的注意。《孙子》中有两个重要概念，一是“形”，一是“势”。“形”与具体的人数及其空间分布有关，它是指直观的和固定的因素。从计算的角度讲，它是一种“死”的数量。“势”与“形”相反，是比较微妙而难以测度的，如包括军队的士气以及各种变化的因素。可以说，凡是与“诡道”有关的东西，大抵皆与“势”有关。从计算的角度讲，它是一种“活”的数量。比“形”与“势”较为具体的是，《孙子》中“虚”“实”这两个概念。“虚”是作战部署上的薄弱之处，而“实”则是部署上的充实之处。作战的重要原则之一是“避实击虚”，然而动用这一原则的困难之处在于“虚”和“实”并不是一成不变的，它们不仅表现为某一时刻的空间分布，而且还是一种必须纳入时间流变中去加以考虑的过程。它向我们提出了一种“有余”和“不足”的数量概念。这种概念包括了各种变量的计算，使“虚”“实”常常处在一种相对的位置上。

在中国古代兵法中，“余奇”的概念非常重要。在古代筮法和算法中，引起各种数理组合变化的关键往往在于剩余部分，如所谓“大衍之数”就是如此。这种“余奇”也就是“出奇制胜”之“奇”。“余奇”还与数学上的“奇偶”之“奇”有关系：古人往往把奇数叫作天数和阳数，表示积极主动的力量；将偶数称为地数和阴数，表示消极被动的力量。这种对数字的看法来源于一个简单的道理，即偶数是成对的，而奇数只是任何偶数加“一”，这个“一”似乎微不足道，但它会为我们理解《孙子兵法》的“运用之妙”带来不少启迪。在战争中，双方对抗的平衡相当于同性的偶数，这种平衡可以是一种持续的胶着状态，但并不构成胜利，胜利本身是由致命一击即所谓“出奇制胜”所完成的。不难看出，这最后的一击，以绝对值而言，虽然小到“最小”，但从追加意义上讲，它却可以是“最大”。所谓“略胜一筹”，其重要性恰恰就在这里。

对“正兵”和“奇兵”，即所谓“奇正”的一般解释，人们常常忽略了它与数学直接有关的那种基本含义。从数学的角度理解，“正”就是构成某一成数中之大部分的那个“整齐之数”，而奇则是这个“整齐之数”以外的剩余部分，即所谓“奇零”。这种“奇零”在军事学上的意义是显而易见的。当指挥者把兵力投入作战时，他若倾其全力而不保存一定的机动兵力作为第二梯队和第三梯队，便往往会陷入被动。这种后续的力量，不仅可以保持攻击或防御的连续性，而且还是指挥者应付各种复杂局面、夺取和保持主动的重要手段之一。在古代战争中，最直接体现“奇正之用”的是阵法。阵法由固定的几何形式排列而成，旨在为以人力对抗为主的战斗提供较高的效率。古代的阵法有很多种，每种阵法各有其长短，如方阵宜攻不宜守，圆阵宜守不宜攻等。交战双方虽然可以最大限度地利用各种阵形的组合优势，但这种优势是相对的，取胜的关键并不完全在阵形本身，而是在于阵形变换的潜能。所谓“出奇”，恰恰就是阵形变换的契机。

1990 年 10 月，法国巴黎战略与冲突研究中心的龙乐恒在第二届《孙子兵法》国际学术讨论会上发表了论文《〈孙子〉与中国其他古典军事名著对中国现代战略的影响》。他指出：“最有趣的是，公元前 500 年的一本古书，居然对现代的军事、政治事务仍然产生着影响，而克劳塞维茨著作的某些部分却已过时。不过，中国军事传统却并非仅仅限于孙子。所谓《武经七书》即《孙子兵法》《司马法》《尉缭子》《六韬》《三略》《吴子》《李卫公问对》，过去是，今天依然是中国研究的常见课题。”

1991 年，《中国人，其精神和态度，反映于明代末年 1644 年时的著作及其生活情态》一书在巴黎出版。作者克洛德·拉勒（Claude Larre）是巴黎利玛窦研究所中国研究中心主任。两位有名的法国汉学家雅克·吉勒玛（Jcaques Guillermaz）和莱昂·旺德梅希（Leon Vandermeersch）分别写了序言和前言。在“战争艺术”一章中，除了介绍墨子和老子外，还提到“军事理论家”孙子，用十页篇幅介绍了《孙子兵法》的最重要的思想：其目的是在现代军事思想中追溯中国的战略传统，有时候不得不回到 1911 年辛亥革命时代。论文分为五个部分，每个部分都要介绍《武经七书》影响的某一个侧面。

其一，孙中山的影响是大多数政治理论家所承认的。就军事问题而言，他肯定研究过古代的军事论著，他的某些想法可以证明这一点。他强调，国家如要生存，关心军事事务非常重要，这种想法是《孙子兵法》和《司马法》所强调的。民生和国防的基本关系也来源于中国传统。所有的军事经书都十分强调要保证全体民众的繁荣。精神重于事物本身，这一点也是中国传统的一部分。士气作为一种基本力量，包括如何鼓舞士气，如何维持士气，源自孙子，但是其他兵书更强调教育和鼓动。“精神”也包括政治手段和权谋的使用，目的是制服敌人。

其二，大多数当代的战略家对本国的军事传统都了如指掌。许多人写文章常常引用《孙子兵法》，如毛泽东、朱德……许多小册子中都有不少古代军事著作的引语，有的已根据原意改用现代语言表述，如“声东击西”等。从古典军事名著中吸取的想法，充满了许多现代将领的著作，这一点非常重要，如朱德、刘伯承、冯玉祥等人的著作就是这样。他们提到的原则有：不战而屈人之兵、保持主动、权谋、“正”兵和“奇”兵结合使用……

其三，中国军事传统的一个有趣之处是至今人们仍在接二连三地翻印、注释、评论古代军事名著。从事这类工作的动机主要是满足实际的军事需求。许多作者都是军事理论家或高级军官，其中郭化若则以译注和研究《孙子》而闻名。发表这些文章和书籍的出版机构多与军事问题有关，如解放军出版社等。人们常常明确提到，古代军事名著对现代军事事务和战争的指挥仍有影响，这就是编辑和发表各类书籍的基本原因，其目的是供参谋学习，而不仅是供学者研究。

其四，军事院校从未忽视过军事名著学习，至少是对《孙子兵法》的学习。蒋介石本人对《孙子兵法》便很熟悉，曾规定《孙子兵法》要成为在训军官的一门基本课程。1949 年以后的情况也仿佛一直未变。古典名著如非必修课程，至少也是参考读物，有多种用现代汉语译成的古典名著和注释本，供军官教学用。

其五，中华人民共和国采取的实际军事行动也表明古典名著的影响是经久不衰的。对政治行动、国家军事机关、士气、权谋、主动以及优待战俘的重视都源自《武经七书》。中国在 1950 年秋越过鸭绿江是渗透和攻敌不备的一个壮举。1962 年的对印行动使用了破坏敌人国际道义支持、保持主动、向敌后渗透以及从意想不到的方向发动进攻等策略。中国人民解放军机动的战术原则也显示了中国军事传统的影响。解放军十分强调在主力部队向敌军侧后秘密机动，准备包围、聚歼敌人时，正面要固守。这使人想起孙子在第五篇《势》里的话："凡战者，以正合，以奇胜。"调动小股部队隐蔽行动，然后集中起来发动进攻，这里面也有古典名著的烙印。

以上各点可以表明，在中国，对古代军事理论的研究并不仅仅限于历史学界或其他学术界，这一点同西方恰成鲜明的对比。克洛德·拉勒希望以此说明中国古代战略家的著作如何影响着今天的军事工作。所以，如果要更深刻地理解现代中国的政策和战略，学习和研究关于战略的古典名著就是必不可缺的事；不仅深刻理解中国的政策和战略要这样，对其他国家也是如此，因为它们也受到中国军事思想的影响。

4. 蒙哥马利：唯有《孙子兵法》被他当作床头书，读了 50 年

英国研究《孙子兵法》起步虽晚，但其英译本成了二十世纪传播《孙子兵法》的重要媒介。

1905 年，孙子十三篇译成英文，取名《孙子》，并在东京出版。此书由皇家骑兵团上尉 E.F. 卡尔斯罗普（E.F.Calthrop）翻译。他当时

在日本学习日语，他不是按照《孙子》中文本，而是按照一本拙劣的日文《孙子》译本来翻译的。1910年在伦敦发行了卡尔斯罗普译本的修正本。

莱昂内尔·贾尔斯对卡氏的译本作了如下的批评："很明显，译者的中文知识太贫乏，以致无法掌握并理解《孙子》一书的难点。他自己也坦白承认，如果没有两位日本人的协助，'翻译是根本不可能的'。但我们只能惊讶，在得到两人协助后，译文还是非常拙劣，不但存在明显的谬误（错误，一般人在所难免），而且出现很多漏译，还有对难译之处任意曲解、混过了事。"

批评卡氏译本的莱昂内尔·贾尔斯，自己翻译了《孙子》。其译文是英译本中的第一本良好译本。贾氏是伦敦大英博物馆东方藏书手稿部的助理官员，通晓汉语，具备了有关的知识。他根据大英博物馆的各种《孙子兵法》中文版本进行翻译，于1910年出版了《孙子兵法》一书的全新英译本，在上海及伦敦发行，书名为《孙子兵法——世界最古老的军事著作》。他把这书献给他的兄弟瓦伦丁·贾尔斯（Valentine Giles），说："这本两千四百年前的书仍包含若干教导，值得今日战士学习。"

与阿米奥和卡尔思罗普的译著相比，贾尔斯的译本是非常出色的。贾尔斯的评注和孙星衍校《孙子十家注》相似，是迄今唯一可称为准确的译本。他的译注说明他对古汉语颇有功底。可以毫不夸张地说，贾尔斯的译本是迄今《孙子》外文译本中最臻上乘的一本。贾尔斯的译本于1944年在美国被收入军事思想著作汇编，汇编的书名为《战略渊源》，由汤姆斯·R. 菲利普斯（Thomas R.Philips）出版，至今仍不断重版。

当代最重要的《孙子》英译本出于美国准将塞缪尔·B. 格里菲思之手，1963年出版于伦敦、牛津和纽约，书名为《孙子——战争艺术》，至1982年发行了12版。1971年发行了袖珍本。该书近200页，包括格里菲思执笔的50页引言。对所引用的资料，他指出："孙星衍是清代研究孙子的泰斗。他的《孙子校本》(与其友人吴人骥合作)，被认为是二百年来中国的标准版本，这本译著就是根据孙星衍的校本撰写的。"

利德尔·哈特在其前言中对格里菲思译本有如下评述："长期以来，我们需要出版一本新的《孙子》全译本，更能恰当地解释孙子的思想。在残杀灭绝种族的核武器发展后，这种需要尤感迫切。特别是中国在毛泽东的领导下，成为一个军事大国时，这一点显得尤其重要。这项工作现由一位将军来进行，他是既通晓军事，又了解汉语及中国人的思想的格里菲思。翻译已完成，实属幸事。"

格里菲思的译本，从语言理解以及内容注释来看，在欧洲语言区域内实属《孙子》最佳译本。它被收入《联合国教科文组织代表著作丛书——中国专辑》。

1983年，定居美国的原英国著名作家詹姆斯·克拉维尔以贾尔斯英译本为依据翻译出版了《孙子兵法》的英、德、西班牙文普及本。这位知名的当代亚洲问题学者是在1977年香港之行时，第一次得知《孙子兵法》这部书的。他开卷便爱不释手，说："孙子在2500年前竟写下了如此多的直到今天还闪耀着智慧光芒的警句，这实在令人惊叹不已。"

克拉维尔在该书出版序言中指出，《孙子兵法》之所以能深深打动他，原因有三：其一是这本非凡的著作在2500年前阐述的许多真理，今天依然可用。他说他真诚地认为，《孙子兵法》过去若为当时的军政领导人所认真研读，那么"越南战争就不会是那种打法；我们就不会有朝鲜战争的失败；猪湾登陆就不会发生；伊朗人质的惨剧就不会出现；大英帝国也不会解体；而且，完全有可能的是，第一次和第二次世界大战会避免发生，至少可以肯定地说，两次世界大战不会打得那样残酷，至少数百万计的青年不致被那些称为将军的魔鬼们愚蠢地摆弄，在战火中无谓地丧生"。其二，《孙子兵法》极其清楚地揭示了夺取主动权与克敌制胜的法则。其三,《孙子兵法》中所包含的真理，同样指明了在军事之外的各个领域内对付冲突与斗争的取胜之道。他真诚地希望能把《孙子兵法》这部书“列为自由世界中所有官兵和一切从事政治活动的人以及政府与大学里所有人的必读之作”。他不无风趣地说：“如果我是最高统帅，或被选为总统，或当上总理，我还要以法律的形式确定下来：所有的军官，特别是所有的将官，每年都要参加两次《孙子兵法》十三篇的考试……考试不及格的将官立即自动罢免，并不准上诉，其他军衔的军官则自动降级。”

克拉维尔对于《孙子兵法》热情洋溢的讴歌和赞美，代表了军界以外人士对当代战争和《孙子兵法》的认识。由于该译本保留了贾尔斯译本中有趣的中国典故和通俗可读的注解，因此该译本虽然并不具备格里菲思本那样的权威性，但对于在英语世界中普及和宣传《孙子兵法》却也起到了积极作用。

这位英人美籍作家，出席了 1989 年 5 月在山东惠民县召开的首届《孙子兵法》国际学术讨论会，他专题谈了孙子兵法的要旨是止战与和平。他说，孙子在 2500 年前就写下了今天还闪耀着智慧光芒的《孙子兵法》，这实在令人惊叹不已。

克拉维尔坚信，孙子的思想对我们的生存有至关重要的意义。《孙子》能够为我们提供必要的保护，使我们的子孙在和平的环境中成长、富裕、成功……因为在战争问题上,《孙子兵法》的要旨是：以战止战，战争的目的是和平。

5. 尼克松：美国在越南战争的胜利无望正是应验了孙子的“兵贵胜，不贵久”

考察《孙子兵法》在美国的传播，离不开阐述《孙子兵法》在英国的传播——英美语言文字同宗同源，出版物相互交流极其方便。

美国人开始见到的前两个《孙子兵法》英译本，都是英国人翻译的：一书名为《孙子》，由英国皇家骑兵团上尉 E.F. 卡尔思罗普（E.F.Calthrop）翻译，1905 年在日本东京出版；另一书名为《孙子兵法——世界最古老的军事著作》，由大英博物馆东方书刊和书稿助理官员莱昂内尔·贾尔斯翻译，1910 年在伦敦出版。

美国军事出版社 1953 年再版的《孙子兵法》(初版印于 1944 年)，所依据的是贾尔斯 1910 年的伦敦版英译本。全书也分两大部分，正文为《孙子兵法》十三篇译文及注解，注解亦为贾尔斯所作，主要援引西方战例诠释孙子的思想，但军事价值不大者未收入。正文之前的长篇序言为美国陆军准将 T.R. 菲利浦斯所写，他参考并多处引用贾尔斯的原序，其内容有：（一）关于孙子见吴王及吴宫教战故事。（二）关于各家注《孙子》(曹操、杜牧等) 的情况。（三）关于欧洲对孙子的赞赏。（四）关于中国从古代至现代的战争概况、军队建设与作战特点。菲利浦斯在序言中对《孙子兵法》的总评价是：《孙子兵法》是世界最古兵典，言简意赅，以阐述基本原则为主，其中许多在 2000 多年后的今天，即现代战争条件下仍能适用，对指导战争的实施很有价值。

第二次世界大战之后，美国人所见到的，当代最重要的《孙子兵法》英译本，出自退役准将塞缪尔·B. 格里菲思之手，书名为《孙子——战争艺术》，1963 年在伦敦、牛津和纽约出版。

塞缪尔·B. 格里菲思，1929 年毕业于美国海军学院，参加过第二次世界大战，经历过战后几次局部战争，也曾在美国第七舰队和海军陆战队驻天津和青岛部队任职，他对于西方军事理论的局限有一定认识，并主张把眼光投向东方的军事理论。1960 年，格里菲思来到牛津大学攻读军事，在博览群书、悉心钻研的基础上撰写了大量有关《孙子兵法》的论文，次年以研究《孙子兵法》为主在牛津大学获博士学位，时年已55岁。此后，格里菲思主要在美国的军事院校执教，并在战略研究部门从事学术活动，著有《毛泽东论游击战》《北京和人民战争》《中国人民解放军》等介绍中国军事史和军事思想方面的著作。《孙子——战争艺术》的译文所依据的是清代孙星衍校《孙子十家注》本，格里菲思发挥了他军人兼学者的优长，对于《孙子兵法》十三篇作刻意军事角度的探索，并采用大量现代军事术语表达译文，修正了贾尔斯版本中的不少错误。如开卷首篇即订正了贾本将“兵者”译为“兵法”(Art of War)的错误，改译为“战争”(War)。在《谋攻》篇中，他从战略学角度表述了孙子“上兵伐谋”这一著名的战争指导原则，订正了贾本对“伐谋”“伐交”等的误译。在《军形》《兵势》《虚实》《军争》《地形》诸篇中也对贾本有所修改，其中不乏译得好的佳句。此外，译者还吸收了二十世纪五十年代中外学者对《孙子兵法》的研究成果，其中包括我国著名学者郭沫若、顾颉刚等人。但该本亦有若干缺点：首先，每篇文句编号过多，显得枝蔓，采取孙校本《孙子十家注》方式，选择注释，利弊参半。其次，删节不当，有的关键字句被删译，不符合原作之意。

《孙子——战争艺术》的序言为西方著名军事理论家、战略家利德尔·哈特所写，称《孙子兵法》在论“战争艺术”的作品中出现最早，但其闳廓深远，却迄无超越者。此书真可谓集运用之妙的大成。在以往所有的军事思想家当中，只有克劳塞维茨可与之相比，但就连他也比孙子要“过时”，显得有点古老陈旧，尽管他著书立说比孙子晚了两千多年。哈特认为，孙子有更清晰的眼光，更深刻的见解和可以垂之永久的魅力。哈特分析道：

克劳塞维茨的名作《战争论》曾塑造了第一次世界大战前的欧洲军事思想。如果这种影响能与孙子对“战争艺术”的看法刚柔相济，那我们的文明在二十世纪的两次世界大战中便可能免受不少摧残破坏。

因为孙子讲实际和懂节制，恰与克劳塞维茨的重理念和尚绝对形成对照。克劳塞维茨的后学对抽象发挥“总体战争”的理论和实践十分卖力，而克劳塞维茨的名言也助长了这种命定的发展，因为他说：“把适度原理引进战争乃是荒谬——战争是一种趋向极端的暴烈行动。”尽管随后他对这一主张有所限定，承认作为战争最初动机的政治目的，既应是衡量“军事力量达到何种目标的尺度，也应是衡量它付出多少力量的尺度”。但归根结底他还是说，对逻辑极端追求会导致“手段与目标的脱节”。

克劳塞维茨学说的消极影响，固然是由其后学忽略这些限定，且解释过于浮浅和偏激造成的，但他蒙受曲解也是咎由自取。因为他的论述方式太抽象，思路迂回不定，令习惯形象思维的军人无所适从。他们抓住了他生动的警句，却忽略了他强调的思想倾向，印象很深但又不知所云。其实这种倾向与孙子的结论未必像表面显现得有那么大的不同。

克劳塞维茨的晦涩本来可以借孙子的清晰而得到矫正，但不幸的是，《孙子》只是在法国大革命前不久才由一位法国传教士以节译本传入西方。尽管它很符合十八世纪重理性的谈兵时尚，但其影响却为这场革命的激情大潮和后来拿破仑的辉煌胜利所淹没。拿破仑屡挫因袭守旧、战术刻板的对手，令人倾倒。克劳塞维茨是受他的影响而开始其构思的，但他未能修订其著作便与世长辞，这使他遭受到其遗言预见的那种“没完的误解”。在后来的《孙子》译本出现之前，西方军事界对克劳塞维茨的极端之说完全是一面倒，这位中国兵圣的声音并没有引起多大反响。没有一个军人或政治家留心过他的警告：“夫兵久而国利者，未之有也。”

长期以来，人们一直盼望能有一个准确表达孙子思想的既新又全的译本。这种需要正因具有潜在自杀性和毁灭性的核武器之发展而与日俱增。特别是考虑到在毛泽东的领导下，中国正作为一大军事强国而重新崛起，这就显得更加重要。所以，如果能找到一位既懂军事又熟悉中国语言和思想的研究者来承担译事就太好了。而格里菲思将军（General Samuel B.Griffith）就是合适的人选。他满足了人们的这一愿望。我个人对《孙子》的兴趣是由1927年春顿坎爵士(Sir John Duncan)的一封来信而引起的。当时他正指挥着陆军部派往上海的守备军，用以对付蒋介石率广东之师北伐，应付上海出现的紧急状态。

顿坎的来信在一开头就说：我刚读过一本名叫《孙子兵法》的奇书，它写于公元前500年的中国。其中有一处令我想起您所发挥的"激流说"："夫兵形像水，水之形避高而趋下，兵之形避实而击虚。水因地而制流，兵因敌而制胜。"书中还有另一原理也为时下的中国将领所遵循，即"故善用兵者，屈人之兵而非战也"。

读此书，可以从中发现许多彼此冥合的地方，特别是书中反复强调出其不意和迂回行军。这说明，许多较为基本性的军事观念，哪怕是战术性的东西，都是经久不变的。

大约15年后，即第二次世界大战打到一半时，有位中国武官多次登门。他是蒋介石的学生。听他说，我和福勒将军（General Fuller）的书都是中国军事院校的主要教材，所以我问："那《孙子》呢？"他回答说，尽管孙子的书也被奉为经典，但多数年轻军官都认为它已过时，在机械武器的时代根本不值一顾。对此我说，正是现在，他们才应重归《孙子》。因为在这样一本小书中，它所包含的兵略要义，几乎可以抵得上我在20多本书中所能涉猎到的东西。简言之，《孙子》不仅对初学战争者来说是最简明的入门书籍，而且对作深入探讨的人也不失为必要的参考。

利德尔·哈特在此序言中继续评论道："《孙子兵法》是世界上最早的军事名作，其内容之博大，论述之精深，后世无出其右者。"与

2000年后的西方军事思想家克劳塞维茨相比，“孙子的文章讲得更透彻、更深刻，永远给人以新鲜感”。利德尔·哈特对于《孙子兵法》未能在两次世界大战时期的西方得以传播深表遗憾：“如果《孙子兵法》当时得以传播，《战争论》中掺有孙子思想的成分，从而使人们对其理解不失之偏颇，那么二十世纪两次世界大战给人类文明造成的巨大破坏在很大程度上本可以避免。”

一位声名显赫的西方军事理论家、战略家亲自作序，为该本增色不少。该本当年即被列入联合国教科文组织的中国代表作翻译丛书中，近30年来多次重印再版并转译成德、法等文字，在美国和西方各国广为流行，取代了原先贾本在美国和整个西方世界的权威地位。利德尔·哈特与格里菲思二人在努力不懈地探求一种使《孙子兵法》的军事思想同西方传统军事思想融合互补的道路，他们孜孜不倦地宣传《孙子兵法》以期引起更多西方人士对此书的重视，尤其是那些制定国策和拥有战争决策权的西方国家首脑人物的重视，他们确实也以各自不同的方式实现了共同的目标。美国国防部高级反叛参谋官维克托·克鲁拉克少将如此赞扬了格里菲思的贡献：“他从该书（指格里菲思的《孙子兵法》译本）中找到了把孙子的思想同克劳塞维茨、杜皮盖、若米尼和马汉的思想紧紧联结在一起的‘线索’。”

1963年，英国牛津大学出版社还出版了塞缪尔·B.格里菲思的另一部译著《孙子兵法——翻译与导论》。此书包括两大部分：对《孙子》十三篇的英译与研究性的导论。导论部分实际上是格里菲思在1960年向牛津大学申请哲学博士学位的论文提纲基础上进一步深化研究的成果，其主要内容如下：（一）关于《孙子兵法》的作者。格里菲思在此节之末同意清人姚际恒的观点，认为《孙子兵法》的作者仍属悬案一桩。但十三篇绝非多人编纂而成，乃出自实战经验极为丰富的某一个人之手。（二）关于《孙子兵法》的版本。格里菲思在叙述了《孙子兵法》版本的源流之后认为，明、清两代研究孙子的学者最有影响的是赵本学和孙星衍，他的英译本依据的即是孙星衍的《校正孙子十家注》。（三）关于战国时代，主要论述了战国时代的历史特点。（四）关于孙子所处时代的战争。（五）关于孙子的战争观。格里菲思在这一节扼要阐述了十三篇的要点，称赞孙子的慎战、重算、重道（政治）对战争胜负的决定作用，重战争与经济的相互依存，重将之智与谋，重因敌制胜与奇正之变，重天候、地形之用，以及用间等思想，并认为：孙子重视作战双方“五事”之比较，实际上是正确地把握了现代所谓“国家战略”与“军事战略”的相互关系。格里菲思对孙子“不战而屈人之兵，善之善者也”“上兵伐谋”，以及“兵者，诡道也”等战略思想尤为折服。

1969年去世的美国前中央情报局局长艾伦·杜勒斯在他的《情报术》专著中盛赞孙子的“用间”思想。他指出，在中国历史更早的时代，间谍就发挥过重要的作用，对此孙子的观点更加切实可行。他说：“先知者，不可取于鬼神，不可象于事，不可验于度，必取于人，知敌之情者也。”在“用间篇”中，孙子阐述了公元前五世纪中国人所采用过的谍报的基本做法，其中很大一部分今天仍在运用……孙子所获得的声望，不仅归功于他首次卓越地分析了谍报的方式，而且还归功于他第一个就有组织的情报事业提出了书面建议。他指出谍报高手能使“五间俱起”，并且将此称之为“神纪”，就如同一张“纲举目张”的渔网一样。孙子的贡献还远不止于此。他论述了反间谍、心理战、欺骗术、安全、假情报制造者。总之，论述了整个情报术。孙子的著作成为毛泽东喜爱的书籍和中国共产党战术家们的必读书是不足为奇的。在军事作战搜集情报的活动中，他们显然是把孙子的学说付诸实践的。当然，在古代的西方，孙子所倡导的这种不依靠鬼神的间谍活动也有所运用，但是没有达到像东方那样精深的程度；西方也没有类似的谋术意识或规章条例可以代代相传和继承发扬，有记载的事例大都没有超出今天我们所称的侦察的范围。

“二战”结束后，随着核武器的发展，核战略思想应运而生并不断改进。从二十世纪五十年代至六十年代中期，美国凭借其绝对的核优势，采取了“大规模报复”的核战略。但后来由于苏联核力量的增长，美国转而采取“相互确保摧毁”（Mutualasseured Destruction）理论。这是一种为维持“恐怖平衡”而保持必要核报复力量的威慑理论。然而，到二十世纪八十年代，苏联的进攻性战略核武器依然激增不已，并在莫斯科地区建立起战略防御体系。相比之下，美国核力量的改进尤其是战略防御体系，受到了“相互确保摧毁”理论的严重束缚。美国不乏有识之士，竭力抨击这一理论，认为是“发了疯”（“MaD”恰好是“相互确保摧毁”的英文字头缩写）；指责该理论是“紧箍咒”（美议员沃洛普语），抑制了美国对空间战略系统的研究和发展。

1973 年，美国战略家约翰·柯林斯的《大战略：原则与实践》一书出版。他在书中极力推崇孙子战略，他说，孙子是古代第一个形成战略思想的伟大人物……孙子十三篇可与历代名著包括 2200 年后克劳塞维茨的著作媲美。今天没有一个人对战略的相互关系、应考虑的问题和所受的限制比孙子有更深刻的认识。孙子的大部分观点在我们的当前环境中仍然具有和当时同样重大的意义。

大战略含义与利德尔·哈特的如下结论是完全一致的：真正的目的与其说是寻求战斗，不如说是寻求一种有利的战略形势。这种战略形势是如此有利，以至于即便它本身不能收到决定性的效果，那么在这个形势的基础上再打一仗，就肯定可以收到这种决定性的效果。也许有人认为，这不完全是个新观点。孙子早已认识到“不战而屈人之兵，善之善者也”。机动是实现集中的手段。机动是与思想上的僵化或物质上的静态相对立的。它意味着将战略重点迅速从一种方式转到另一种方式的能力，这同在时间和空间上重新调整部署一样重要。孙子在两千多年前就指出："战势不过奇正，奇正之变，不可胜穷也。"根据计划、压力或意料不到的时机等情况，机动性不仅是军事的，也可以是政治的、经济的和心理的……孙子说："上兵伐谋。"在越南战争的情况下，"谋"即指革命战略。美国忽视了孙子的这一英明的忠告，愚蠢地投入了战斗，我们过高地估计了我方的能力，过低地估计了对方的能力。

二十世纪七十年代中期，当"相互确保摧毁"战略理论濒临破产时，华盛顿的著名"脑库"斯坦福研究所战略研究中心主任罗伯特·B. 福斯特，邀日本京都产业大学教授三好修合作，提出了旨在改变美苏"均势"的新战略思想，冠之以"孙子的核威慑战略"之名。该战略理论的核心内容，即使用强大的核威慑力量使对方不敢贸然动武，以实现孙子提出的"不战而屈人之兵"的理想境界。来自东方的三好修对于孙子思想有较深入的研究，他在《苏联帝国主义的世界战略》中，最早提出了"孙子的核战略"概念。他认为，孙子"不战而屈人之兵"的"军事观点非常深奥，触及了核战争的实质，具有现实意义。核战争会给人类造成巨大的灾难，理应尽力避免，眼下最理想的战略还是孙子提出的观点：'不战而克敌''不付代价取天下'"。

福斯特与三好修合作而成的"孙子的核威慑战略"理论体现了一种审慎对待现代核战争的观点，对美国军事理论界有很大影响，一定程度上对美国军事决策人改变对于核战争的传统观念产生了作用。

美国军事家乃至高层战略决策人物，不仅在制定其战略、战术思想时重视借助《孙子兵法》为"外脑"，力图将自己的军事理论同《孙子兵法》加以联系，而且还不同程度地以《孙子兵法》反思、总结或具体指导实施战后的一些局部战争。越南战争结束后，美国朝野上下对"越战综合征"众说纷纭。尼克松总统等人从多方面总结美国失败的教训，他认为，与孙子所说的“上下同欲者胜”背道而驰，是导致越战失败的主要原因。美国公众舆论不支持打越南战争，美军远隔重洋作战却无公众支持，是无论如何打不赢的。他还援引《孙子兵法·作战》说：“夫兵久而国利者，未之有也……故兵贵胜，不贵久。”在一场没有尽头的战争中，胜利无望，撤军就成了必然的结局。前任陆军参谋长、原驻越南美军司令威廉·威斯特摩兰在二十世纪七十年代中期出版的《一个军人的报告》一书中，也引用孙子名言“夫兵久而国利者，未之有也”，作为他说服美国最高领导人从越南撤军的理论依据。

1980年，已是美国前总统的尼克松发表了《真正的战争》一书，书中不止一次地运用《孙子兵法》回顾与分析他任总统期间的战争问题和对苏战略问题。在该书“军事力量”一章中，他论述了当时美苏的力量对比，分析了苏联从对美均势走向核优势的原因，着重运用孙子的《谋攻》思想阐明美国当时战略理论的缺陷。他指出，美国奉为圭臬的“相互确保摧毁”理论有三大严重错误：其一，苏联并不以为然，继续我行我素。其二,一旦威慑失效，美国毫无合理的选择方案可供采用。同时，一旦爆发战争，这种理论也无合乎理性的政治目标或军事目标可言。其三，在道义上，这一战略理论暗示着把蓄意屠杀平民当作正当的目标。威慑以此为据实不足取。尼克松认为，战略和道义两者相互联系，密不可分，他援引《孙子兵法·谋攻》中的“故上兵伐谋，其次伐交，其次伐兵，其下攻城。攻城之法为不得已”以表示对二十世纪六十年代奉行的“相互确保摧毁”战略理论的不满。尼克松后来声称支持里根的“战略防御倡议”，并认为二十一世纪有可能以“战略防御倡议”为威慑力量，从而使核武器过时作废。正是基于上述考虑，二十世纪六十年代末期上台的尼克松政府终于以“现实威慑”战略取代了“相互确保摧毁”战略，并进行了必要的战略收缩，调整全球军事部署，重点加强欧洲地区防务，着重强调避免在局部战争中消耗美国自己的实力，而把它们“委托”给盟国去进行。这一战略一直延续到卡特政府时期。

兵行诡道，实施军事欺骗是孙子军事思想的一个重要组成部分，也是实现“出其不意”“因敌制胜”的必由之路。随着军事技术的发展和战争规模的扩大，军事欺骗已包括战略、战役和战术欺骗三个层次。自二十世纪七十年代末以来，美军专门研究了军事欺骗这一学科，其专著《战略军事欺骗》(唐纳德·丹尼尔和凯瑟琳·赫尔比格合著，1982年)，不仅研究了孙子的思想，而且全面地探索了战略欺骗的科学含义、历史经验和实施方法，并在理论上有所发展。实际上，美军颇注意实施军事欺骗。例如，1983年10月，美国入侵格林纳达的海军特遣队“貌似”是赴黎巴嫩海域对贝鲁特兵营爆炸案做出反应的，但在途中突然“转向”格林纳达，成功地实施了一次战役行动的欺骗。

1982年，里根政府修订对苏核战略方针，以“相互确保生存”的“孙子的核威慑战略”代替“相互确保摧毁”的“均势”战略。该战略为军政最高当局所采纳。同年，美国陆军所颁布的首版《作战纲要》中第一次正式提出了被称之为“陆军的基本作战思想”的“空地一体作战”理论，该理论阐述了在现代战争中，美国陆军通过贯彻主动、纵深、灵敏、协同四项基本原则，在战役、战术两级培养提高和在实战中运用战斗力的方法。该理论要求合成军队指挥官在扩大的战场上利用空军和地面部队等各种作战手段，综合运用各种作战方法在全纵深内打击敌人。“空地一体作战”理论具有广泛吸收、灵活运用世界各国军事理论精华的特点，《作战纲要》自诩“美国陆军作战行动的基础是战事原则及其在古典和现代作战理论中的应用”，为此而引用了孙子、克劳塞维茨、马汉、德·萨克斯、利德尔·哈特、巴顿等古往今来军事家和军事理论家的名言警句十余条。在“作战思想”部分，更是开宗明义地援引《孙子兵法·作战》中的名言“兵贵胜，不贵久”和《孙子兵法·始计》中的警句“攻其无备，出其不意”，以作为贯彻四项作战原则的指南。与孙子的一贯思想相同，《作战纲要》强调战役战斗的速战速决，强调作战的机动性、突然性以及兵力使用的灵活性。美国国防大学校长理查德·劳伦斯上将在介绍美国陆军战役机动思想时说，不管是内线机动还是外线机动，都应具有孙子所说的特点即“夫兵形象水，水之形，避高而趋下；兵之形，避实而击虚。水因地而制流，兵因敌而制胜。故兵无常势，水无常形”。关于兵力使用的灵活性，劳伦斯认为：以混合编组的重型部队作为牵制部队，即孙子所说的“正兵”，以轻型部队作为机动部队，即孙子所说的“奇兵”；把空中力量看作特殊部队，即孙子所说的“奇兵”，把地面部队看作支援和掩护部队，即孙子所说的“正兵”。重型部队与轻型部队、地面部队与空中力量相互依存、同时并用、有效配合，就能取得出奇制胜的效果。

1983 年，美国国会出版物数据编目图书馆出版的《孙子兵法》，主要为十三篇英文译文，附有少量贾尔斯的注解，以及编者詹姆斯·克拉维尔所写序言。克拉维尔是美国当代知名的亚洲问题学者，写过不少有影响的专著。他在前言中说，他第一次得知《孙子兵法》是在 1977 年，一读之后就佩服得五体投地，从此爱不释手。据他自述，《孙子兵法》之所以深深地打动了他，一是这本非凡的著作在 2500 年前阐述的许多真理到今天还用得上。他说，他真诚地认为，《孙子兵法》过去若为当代的军事领导人与政治领导人所认真研读，两次世界大战很有可能避免。二是《孙子兵法》极其清楚地揭示了夺取主动权与克敌制胜的法则。三是《孙子兵法》中包含的真理，同样指明了在军事之外的各个领域内对付冲突与斗争的取胜之道。

1986 年，美国国防大学校长劳伦斯访问中国国防大学。他在演讲中说：“《孙子兵法》在美国军校中是作为教科书来学习的。”据他讲，美国国防大学二十世纪八十年代初所编教材《军事战略艺术与实践》一书，收录了古今名家战略著述共883页，其中属于必读文献的古代战略原著，只列入了《孙子兵法》首篇的英译全文。而且编者特别指出，孙子对在战争中起作用的思想、物质、环境等因素的认识之深刻、阐述之明确，是两千多年后西方大部分军事著作不能望其项背的。此外，该校还规定，将《孙子兵法》列为将官主修战略学的第一课，位于克劳塞维茨《战争论》之前。劳伦斯还谈道，《孙子兵法》在今天已成为美军确定作战原则的重要理论依据。在演讲中，他还提及了《孙子兵法》对美军战略思想和美军战役战术思想两个方面的巨大影响。

同在1986年，前卡特政府的国家安全顾问布热津斯基《运筹帷幄：指导美苏争夺的地缘战略构想》一书出版。他在书中根据孙子“伐谋”的思想提出了对苏联的长期性战略，以夺取“历史性的胜利”。布热津斯基认为，随着核时代的到来，军事胜负的传统概念已经过时，美苏任何一方的战略优势都不足以剥夺对方进行有效报复的能力。那种在战时要对方“无条件投降”的提法已不复存在。“打赢”或“取胜”不是结果而是过程，即谋取上风或优势的过程。在这个“不战而屈人之兵”的漫长过程中，某些问题上与苏和解不失为一种“有效的竞争方式”。布热津斯基认为，保持美国的持久力量是对苏全面竞争的关键，“伐谋”是美国竞争战略的精髓，主张以孙子的“上兵伐谋”“不战而屈人之兵”作为与苏竞争的总方针。他还按孙子提出的“衢地”概念以及“衢地则合交”原则对美苏争夺欧亚大陆的三条主要战略方向——欧洲、远东和西南亚及其他战略方向上的“要害国家”（即孙子讲的“衢地”）进行详细分析。他还提出了在政治上压倒苏联的可能，认为孙子的“上兵伐谋”对进行持久的历史冲突也同样可行。他认为，美国欲在与苏竞争中不战而胜，上策是挫败苏联的政策和利用苏联的弱点。布热津斯基还以其对《孙子兵法》思想的独特领悟，对一些重要问题，如美国国家安全委员会高级战略规划班子的人员选择、利用苏联内部矛盾使苏“偏离原来的轨道”等作了分析，提出了自己的看法。

1988年，尼克松出版了另一部新著《1999——不战而胜》。尼克松对当时国际形势发生的重大变化和苏联总统戈尔巴乔夫提出的改革与新思维持谨慎与保留态度，反对随波逐流。他认为，苏联人对于即将来临的21世纪所追求的目标是不战而胜，美国绝不能谋求不战而和，而是也必须谋求不战而胜。他以孙子的“凡战者，以正合，以奇胜”的作战思想，对美苏竞争战略进行再探讨。他认为“正”指“普通的、直接的力量”，“奇”指“非常的、间接的力量”。奇正相生，同时并用，方可制胜。他指出，当今美国务必首先“以正合”，即以自己的军事力量对付苏联的军事力量，同时团结西方盟国，加强西方的联合力量，以免失败，并遏制苏联的推进。其次必须“以奇胜”，这是同时进行的更为复杂、微妙和紧迫的措施。只要美国善于用“奇”，善于安排和运用特别的、间接的力量，西方就会拥有最大的优势。

1989年，美国兰德公司政治学研究部主任乔纳森·波拉克出席了首届《孙子兵法》国际学术研讨会。他在会上所作的书面发言中指出：孙子是军事史上最负盛名的思想家之一。他的思想不仅在中国，还对中国之外的许多国家都有很大的影响。当然，要科学地证明孙子的具体影响是很难的。《孙子兵法》对军事战略提出了很概括的见解，它的内容是许多不受时间限制的作战指导原则，而不是应付种种具体情况的详细的建议和忠告。从这个方面来说，它是名副其实的兵典，学者和军人总能从中获得教益。

美国许多军官在院校学习期间都学过孙子的思想，但不能说他们对孙子的思想有很深的了解或理解。在美国军校和培训高级军官的高级军事院校中，学员们阅读并讨论孙子的理论。不过，美国大多数军官学习的只是《孙子兵法》的基本观点与原则。例如，最常见的情况是他们结合对革命的战争的分析来阅读、讨论《孙子兵法》，而且往往同时还讨论毛泽东的持久战理论，但他们主要用孙子的理论来分析他人的军事思想，而不是用来全面地认识和理解战争的整体。因此，我们可以说，美国军官是根据其他国尤其是中国的经验和方法来分析《孙子兵法》的，却并不一定把《孙子兵法》用于他们自己的军事思想和战争指导中。

美国同其他国家一样，是根据自己的历史、文化、环境与需要来研究军事战略问题的。与中国不同，美国总是强调并依靠战略需要的物质方面，而不是心理方面。当美国军事计划人员认为可能有必要用兵时，他们更多注重的是敌方的能力，而很少考虑敌方的战略与意图。从这个意义上说，美国在战略上倾向于强调直接路线而不是间接路线。

美国军事思想受地理影响也很大。孙子在《孙子兵法》中提醒人们注意一国军队出国作战的风险与代价，但这恰恰是美国为显示它军力的全球性所不得已而要做的。美国这样做并不是要威胁别国，而是要确立美国力量的可信性。美国在它自己的边界附近并未面临主要敌人的种种挑战。美国必须把它的力量投送到国外，其投送距离往往非常之远，付出的代价也非常之大。如果美国全然采用间接路线，它就不成其为一个世界强国。

美国还十分强调进行威慑的必要性，使许多国家依靠美国承担的义务才感到安全，这就是“扩大威慑”思想。美国并不寻求战争，但美国的战略家们认为：一旦威慑失效及美国的某个盟国直接受到威胁时，美国必须做好投入作战并捍卫美国利益的准备。因此，美国并不是一个好战的国家，但对需要做好战争准备这一点是郑重其事的。

在下定决心用兵的情况下，美国认为，往往只要采用快速打击的方法就一定能够打败敌人。这样做并不是鲁莽从事，而是美国人对久拖不决的军事冲突束手无策。孙子也认为，持久战绝非明智之举。但《孙子兵法》强调，万不得已之时方可用兵，而美国军事思想家则经常认为：大胆而坚决的军事行动能迅速达成其战略目标。如果用兵不能迅速取胜，重重困难就随之产生。在这方面，美国的军事理论家需要深思的是：为了实现他们的战略目标和计划，在用兵之后所应采取的种种步骤。美国人在用兵之前往往下功夫做过长时间的审慎考虑，但有时用兵并不是解决战略和国策问题最好的答案。关于这一点，孙子仅仅在更广阔的战略估量背景下才考虑用兵的明确思想，是值得人们认真研究与思考的。

与此同时，必须指出，美国人对于抽象思维或普遍性的概括并不是很内行。美国文化很讲实用，偏重于“问题的解决”。在美国，人们总是从当前的认识与需要这个角度来寻求各种问题的解决办法。美国人与中国人不同的是，他们往往并不深刻地研究自己的历史。作为一个国家，美国总是向前看，而不对过去种种教训作反思。这一点与中国的思维方式大不相同。美国这样的思维方式可能并不总是明智的，但它反映了美国的文化与价值观。

如前所述，美国军方人士更多的是注重作战能力，而较少注重意图和战略，以至于他们极重视武器系统的特性，以及如何运用它们能够直接有助于达成军事目的。他们至为关注的是武器系统的性能及其作战效能。美国军事计划人员强调的是，某种武器能派什么用场。举例来说，如果他们考虑空军的作用，他们就要对以下各项进行评估：某种飞机飞多远、飞多快，它要使用何种武器，能完成什么任务。但是，他们对于使用这种飞机对敌人的思想及其战略可能有何影响的问题却想得很少。

如果动用兵力没有达成某一特定目标，美国往往会出现前后不一致的情况。因为它对于用兵之后应当采取哪些步骤的问题，并不总是清楚明白的。有人可能认为，这种前后不一致的情况是有意用来欺骗或者扰乱敌人的；其实，一般说来上述不一致反映了情况的不确定性，或反映了未能更全面地对用兵问题思考清楚。如前所述，美国军事思想家们在战略上一般都是偏爱直接路线而不注重间接路线。这种倾向往往意味着，对孤立地用兵这一点期望过高，而不是考虑其他可能采用的手段来达成国家的目标。

最后要说的是：美国许多学者和战略家公认孙子的军事战略思想蕴藏着伟大的智慧，深入理解孙子的思想必使美国的军事思想与战备计划工作受益。但一切国家必须根据自己的制度、环境和历史制定它们的计划和政策。因此，分析孙子的思想可以有助于人们提高对军事战略的认识，改进人们研究军事战略的方法，但不应机械地运用孙子的思想。孙子的思想并不拘于某一特定的时间和地点，但对他的思想需要按照具体的事件和时间进行估量与应用。从这个意义上说，采用综合的方法即既吸收孙子的见解而又尊重美国面对的具体情况和环境，对于美国的军事思想及战略计划工作，可能具有极大的价值。

在二十世纪九十年代初发生的以高新技术为主要特点的海湾战争中，美国在战略指导上采取了“先胜而后求战”的战略方针：在政治上最大限度地孤立伊拉克；在外交上争取到联合国安理会授权对伊拉克实施国际封锁；在经济上得到了日、德、沙特诸富国的资助；在军事上聚集了足以在战场上制胜对方的强大兵力、兵器，从而使战争有可能速战速决速胜。据《洛杉矶时报》记者于战争期间对布什总统的采访报道，当时布什办公桌上摆着两本书，一本是《恺撒传》，另一本则是《孙子兵法》。关于海湾战争的作战指导，美国国防部在战后所写的报告《海湾战争》一书中毫无隐晦地说：“多国联盟成功地实践了孙子所说的‘上兵伐谋’的战略思想。”在持续42天的战争中，以美国为首的多国部队发挥了情报准确、空中力量强大等全部优势，首先对伊拉克军政首脑机关、通信指挥机关等战略目标和地面部队进行了持续 28 天的大规模战略空袭；继而在为期仅 4 天的地面战中巧妙运用孙子“避实击虚”“以正合，以奇胜”等作战原则，合理部署兵力，实施出其不意的机动运动战，最终以极小的伤亡赢得了战争的胜利。战争中，美海军陆战队负责制订作战计划的苏顿将军曾明确指出：“正面攻击是下下之策，这完全是《孙子兵法》的运用。我们将避免与伊军正面交战，使用可以垂直起降的‘猎鹰’式战斗机和可以运送轻型装甲车及大炮的载重直升机，把一整个装甲纵队运送到内陆，再夹击伊军部署在海滩的重兵，这样就可减少损失。”美国海军陆战队官兵在海湾战场上学习《孙子兵法》，研究取胜之道，一时成为重要新闻。

1998 年 10 月，第四届《孙子兵法》国际研讨会在北京召开，美国国际大学白邦瑞发表的《孙子兵法与新军事革命》指出：《孙子兵法》这部世界上现存最古老、应用最广泛、对世界军事战略家影响最大的一部书，不仅在中国流传久远，而且也正在为越来越多的人所关注。

多少世纪以来，孙子的名字是与“谋略”“胜利”这些词汇连在一起的。孙子的兵法成功地指导了数不清的中国和外国的著名战役。今天，无论是发挥各国的传统战法，还是探讨高新技术作战，孙子的战略思想仍然没有过时。他强大的生命力伴随着历史的车轮一起前进，在新世纪的谋略征途中将越发显出他的风采。

在 2000 年的第五届《孙子兵法》国际研讨会上，美国陆军军事学院院长罗伯特 · H. 斯凯尔斯作了《长征 : 技术对于未来战争的无情影响》的发言，他阐述说：在技术进步与战争艺术之间存在着一种永恒的关系。多少世纪以来，技术的进步一直发展着进行战争的方式和方法。可以肯定地说，21 世纪的战争也将继续这一模式。到 2020 年以后，计算机芯片技术的迅猛发展和开发将使未来战争行为发生重大改变。许多今天的创新性技术将很快成为明天常规战场体系的一部分。因此，要描绘明天的胜利蓝图，就必须依靠这样一种战略，它势在必行地结合了三种新兴的重要技术力量，即隐形技术、精确制导技术和信息技术。毫无疑问，这三项科学上的努力必将极大地改变将来美国从事战争的方式。在未来20年中，当整个行星把人类社会结构的各个方面嵌入各种芯片的变体之时，后现代的军人一定要认真监控转变中的技术潮流。当新一代技术被发展和应用起来的时候，我们工业时代的战场范例将逐渐变得缺乏实际价值。精确制导时代战争的黎明已经过去，那些预见未来战争轮廓的有先见之明的指挥官们试图把明确定义诸如计算机化、小型化、数字化、卫星通信、光纤通信及互联网等技术结合进来。当然，战争是严肃的事情，诚如孙子所言，“国之大事……不可不察也”。作为专职领导者和这一重要努力的实践者，我们必须乐于将最高的智能应用于战略艺术的研究。与财政、医疗或法律方面的研究不同，战争中的往复变化总是难以预见和理解的，其中的积极经验往往是幸运的、插曲式的。不过，在相对和平时期，军人和政治家们从以往的经验和对那些发展了战争理论的伟大的权威思想家们的研究中汲取启示也是很有必要的。毫无疑问，克劳塞维茨和孙子就是两位值得认真研究的伟大战略家。在许多军事分析家看来，这两位天才战略家分别代表了东、西方军事思想的不同特征。很显然，“每个时代都有其自身的战争形式”。而且时代、地域和文化的差异造就了克劳塞维茨和孙子的不同。不过，尽管他们有许多相对立的看法，但他们在如下一些方面却持有相近的观点：关于政治在战争中的首要地位，在行动中保持军人指挥决断权的必要性，兵力优势在总体上的重要性，以及在战争不可避免时尽可能快速、果断地克敌制胜的可行性等。而且，我还要指出的是，这两位权威理论家都认识到了一个永恒的原则，即战争从根本上来说是两支敌对武装力量之间决心或意志的较量。

美国将军事注意力集中于火力战和消耗战已有几十个年头。美国的军事战略家们已经预见到了一种未来国家安全方面的挑战：精确打击将试图击败我们所全力关注的既定模式。美国军事能力的未来武器库必须包括隐形技术、精确制导技术和信息技术的全面结合，以确保精确打击和精确机动成为可能。攻势平衡将是明天战场制胜的关键，美国将力求铸就一把由火力和机动构成的双刃剑，这一战略将是至关重要的。用孙子的话说，就是："必须要夺敌人三军之'气'，为了夺敌方将领之'心'，就必须'避其锐气，击其惰归'。"

在当今的美国，对《孙子兵法》的学习研究不仅从政治军事角度进行，还延伸到经济、外交、文化、体育及社会生活等其他领域。美国哈佛大学商学院甚至要求学生记诵《孙子兵法》的某些章节，以备日后经商之用。

第四篇

《孙子兵法》注译

一、始计篇

孙子曰：兵[①]者，国之大事，死生之地，存亡之道，不可不察[②]也。

【注】

①兵：兵器、兵士、军队、战争等。这里指战争。

②察：考察、研究。

【译】

战争是国家的大事，它关系到百姓和国家的生死存亡，是不可不认真考察研究的。

故经之以五事[①]，校之以计而索其情[②]：一曰道，二曰天，三曰地，四曰将，五曰法。道者，令民与上同意[③]也，故可以与之死，可以与之生，而不畏危[④]；天者，阴阳、寒暑、时制[⑤]也；地者，远近、险易、广狭、死生[⑥]也；将者，智、信、仁、勇、严[⑦]也；法者，曲制、官道、主用[⑧]也。凡此五者，将莫不闻[⑨]，知[⑩]之者胜，不知者不胜。故校之以计而索其情，曰：主孰[⑪]有道？将孰有能？天地孰得[⑫]？法令孰行？兵众孰强[⑬]？士卒孰练？赏罚孰明？吾以此知胜负矣。

【注】

①经之以五事：指从道、天、地、将、法五个方面分析研究战争胜负的可能性。经，量度，这里是分析研究的意思。

②校之以计而索其情：比较敌对双方的各种条件，从中探求战

争胜负的情形。校，通“较”，比较。计，这里指“主孰有道”等“七计”。

③ 令民与上同意：使民众与国君意愿相一致。《荀子·议兵》：“故兵要在乎善附民而已。”荀子也认为战争的胜利，关键在于取得民众的支持。

④ 不畏危：不害怕危险。山东临沂银雀山出土的汉墓竹简《孙子兵法》(以下简称汉简《孙子兵法》)此句为“民弗诡也”。

⑤ 阴阳、寒暑、时制：阴阳，指昼夜、晴雨等天时气象的变化。寒暑，指寒冷、炎热等气温的不同。时制，指四季时令的更替等。

⑥ 远近、险易、广狭、死生：这里指路程的远近、地势的险阻或平坦、作战地域的宽广或狭窄、地形是否利于攻守进退。汉简《孙子兵法》中，此句为“地者，高下、广狭、远近、险易、死生也”，多“高下”二字。

⑦ 智、信、仁、勇、严：这里指将帅的智谋才能、赏罚有信、爱抚士卒、勇敢果断、军纪严明等条件。

⑧ 曲制、官道、主用：曲制，指军队组织编制等方面的制度。官道，指各级将吏的职责区分、统辖管理等制度。主用，指军需物资、军用器械、军事费用的供应管理制度。主，掌管。用，物资费用。

⑨ 闻：知道、了解。

⑩ 知：知晓，这里含有深刻了解、确实掌握的意思。

⑪ 孰：谁，这里指哪一方。

⑫ 天地孰得：曹操注“天时地利”。李筌注同，即指哪一方得天时、地利。

⑬ 兵众孰强：指哪一方的军队武器装备、物资保障更好。

【译】

所以，要从以下五个方面分析研究，比较敌对双方的各种条件，以探求战争胜负的情形：一是道，二是天，三是地，四是将，五是法。所谓“道”，是使民众与国君的意愿相一致，这样，民众在战争中就可以为国君出生入死而不怕危险；所谓“天”，是指昼夜、晴雨、寒冷、炎热、四季更替；所谓“地”，是指路程的远近，地势的险阻或平坦，作战地域的宽广或狭窄，地形是否利于攻守进退；所谓“将”，是指将帅的智谋才能，赏罚有信，爱抚士卒，勇敢果断，军纪严明；所谓“法”，是指军队组织编制、将吏的统辖管理和职责区分、军用物资的供应和管理等制度规定。以上五个方面，将帅们没有不知道的，然而，只有深刻了解、确实掌握的才能打胜仗；否则，就不能取胜。因此要从以下七个方面来分析比较，以探求战争胜负的情形，就是说：哪一方的国君比较贤明？哪一方的将帅比较有才能？哪一方占据比较有利的天时地利条件？哪一方的法令能切实贯彻执行？哪一方的军队实力强盛？哪一方的士卒训练有素？哪一方赏罚严明？通过以上分析对比，就可以判明谁胜谁负了。

将听吾计①，用之必胜，留之；将不听吾计，用之必败，去之。

【注】

①将听吾计：一说，“将”作为“听”的助动词解，这样意为：如果能听从我的计谋。另一说，“将”指一般的将领，这样意为：将领们能听从我的计谋。

【译】

如果能够听从我的计谋，指挥作战一定胜利，我就留下；如果不能听从我的计谋，指挥作战一定失败，我就离去。

计利以听①，乃为之势，以佐②其外。势者，因利而制权③也。

【注】

①计利以听：指有利的计策已被采纳。计，计策，这里指战争决策。以，通“已”。听，听从、采纳。

②佐：辅助。

③因利而制权：即根据是否有利而采取相应的行动，也就是说，怎么对我有利就怎么行动。权，即根据情况，采取相应的行动。

【译】

有利的计策已被采纳，还要设法造“势”，以辅助作战的进行。所谓“势”，就是根据情况是否有利而采取相应的行动。

兵者，诡道也①。故能而示之不能②，用而示之不用③，近而示之远④，远而示之近。利而诱之，乱而取之⑤，实而备之，强而避之⑥，怒而挠之⑦，卑而骄之⑧，佚而劳之⑨，亲而离之。攻其无备，出其不意。此兵家之胜⑩，不可先传⑪也。

【注】

①兵者，诡道也：用兵打仗是一种诡诈行为。诡，诡诈、奇诡。曹操注：“兵无常形，以诡诈为道。”

②能而示之不能：意即本来能攻，故意装作不能攻；本来能守，

故意装作不能守；等等。示，示形，这里是伪装的意思。

③ 用而示之不用：本来要打，故意装作不打；本来要用某人，故意装作不用他；等等。

④ 近而示之远：本来要从近处进攻，故意装作要从远处进攻；本来马上进攻，故意装作不马上进攻；等等。

⑤ 乱而取之：对处于混乱状态的敌人，要乘机攻取它。

⑥ 强而避之：对于强大的敌人，要暂时避开它。

⑦ 怒而挠之：对于易怒的敌将，要用挑逗的办法激怒他，使其失却理智，轻举妄动。挠，挑逗。

⑧ 卑而骄之：对于鄙视我方的敌人，要设法使其更加骄傲，然后寻机击破。另一说：对敌人要示以卑弱，使其骄傲，放松戒备，从而利于攻击。

⑨ 佚而劳之：对于休整充分的敌人，要设法使其疲劳。佚，通“逸”。

⑩ 胜：佳妙、奥妙。

⑪ 不可先传：不可事先具体规定，意指必须在战争中根据情况灵活运用。

【译】

用兵打仗是一种诡诈的行为。所以，能攻而装作不能攻，要打而装作不要打，要在近处行动而装作要在远处行动，要在远处行动而装作要在近处行动。对于贪利的敌人，要用小利引诱它；对于处于混乱状态的敌人，要乘机攻取它；对于力量充实的敌人，要加倍防备它；对于强大的敌人，要暂时避开它；对于易怒的敌人，要用挑逗的办法去激怒它；对于鄙视我方的敌人，要使其更加骄傲；对于休整得充分的敌人，要设法让其疲劳；对于内部和睦的敌人，要设法离间它。要在敌人无准备的状态下实施攻击，要在敌人意想不到的情况下采取行动。这些都是军事家取胜的奥妙所在，是不可事先加以具体规定的。

夫未战而庙算①胜者，得算多②也；未战而庙算不胜者，得算少也。多算胜，少算不胜，而况于无算乎？吾以此观之，胜负见矣。

【注】

①庙算：古时候兴师作战，要在庙堂举行会议，谋划作战大计，预计战争胜负，这就叫“庙算”。

②得算多：指计算周密，胜利条件充分。算，计数用的筹码，这里引申为胜利条件。《孙膑兵法·客主人分》：“众者胜乎？则投算而战耳。”这里的“算”也是指计数的筹码。

【译】

在开战之前，“庙算”能够胜过敌人的，是因为计算周密，胜利条件充分；在开战之前，“庙算”不能胜过敌人的，是因为计算不周密，胜利条件不充分。计算周密，胜利条件充分，可能胜敌；计算不周密，胜利条件不充分，不能胜敌；而何况根本不计算，没有胜利条件呢？我们从这些方面来考察，谁胜谁负就可看出来了。

二、作战篇

孙子曰：凡用兵之法，驰车千驷[①]，革车千乘[②]，带甲[③]十万，千里馈粮[④]，则内外之费，宾客[⑤]之用，胶漆之材[⑥]，车甲之奉[⑦]，日费千金，然后十万之师举矣。

【注】

① 驰车千驷：指套四匹马的轻型战车一千辆。驰，奔、驱。郑玄笺云："驷，四马也。"曹操注："驰车，轻车也，驾驷马。"

② 革车千乘：指装载军械物资的兵车千乘。革车，《礼记·明堂位》："革车千乘。"郑玄注："革车，兵车也。"曹操注："革车，重车也，言万骑之重。"杜牧注："革车辎车，重车也，载器械、财货、衣装也。"

③ 带甲：春秋战国时期称武装士卒为带甲。

④ 馈粮：运送粮草。《周礼·玉府》郑玄注："古者致物于人，尊之则曰献，通行曰馈。"

⑤ 宾客：各国诸侯的使节及游士。

⑥ 胶漆之材：指制造与维修弓矢等作战器械的物资。张预注："胶漆者，修饰器械之物也。"

⑦ 车甲之奉：指千里行军车甲修缮的花费。张预注："车甲者，膏辖金革之类也。"

【译】

孙子说：要兴兵作战，需作的物资准备有驷车千辆，革车千辆，全副武装的士兵十万，并向千里之外运送粮食。那么前后方的军内外开支，招待使节、策士的用度，用于武器维修的胶漆等材料费用，保养战车、甲胄的支出等，每天要消耗千金。按照这样的标准准备之后，十万大军才可出发上战场。

其用战也胜，久则钝兵挫锐[①]，攻城则力屈，久暴师则国用不足。夫钝兵挫锐，屈力殚货[②]，则诸侯乘其弊而起，虽有智者不能善其后[③]矣。故兵闻拙速，未睹巧之久[④]也。夫兵久而国利者，未之有[⑤]也。故不尽知用兵之害者，则不能尽知用兵之利也。

【注】

①钝兵挫锐：兵器钝坏，锐气受挫。梅尧臣注："兵杖钝弊而军气挫锐。"

②殚货：指物资耗尽。殚，《说文》："尽也。"

③不能善其后：何氏注："谓兵不胜而敌乘其危殆，虽智者不能尽其善计而保全。"其说是。

④兵闻拙速，未睹巧之久：拙，《说文》："拙，不巧也。"速，速胜。巧，工巧。久，拖延。李贽《孙子参同》卷二注："宁速毋久，宁拙毋巧；但能速胜，虽拙可也。"

⑤兵久而国利者，未之有：杜牧注："兵者凶器，久则生变。"

【译】

因此，军队作战就要求速胜，如果拖得很久则军队必然疲惫，挫减锐气。一旦攻城，则兵力将耗尽，长期在外作战还必然导致国家财用不足。如果军队因久战疲惫不堪，锐气受挫，军事实力耗尽，国内物财枯竭，其他诸侯必定趁火打劫。这样，即使足智多谋之士也无良策来挽救危亡了。所以，在实际作战中，只听说将领缺少高招难以速胜，却没有见过指挥高明巧于持久作战的。战争旷日持久而有利于国家的事，从来没有过。所以，不能详尽地了解用兵的害处，就不能全面地了解用兵的益处。

善用兵者，役不再籍[①]，粮不三载[②]，取用于国，因粮于敌[③]，故军食可足也。国之贫于师[④]者远输，远输则百姓贫；近于师者贵卖[⑤]，贵卖则百姓财竭，财竭则急于丘役[⑥]。力屈财殚，中原[⑦]内虚于家，百姓之费，十去其七；公家之费，破车罢马[⑧]，甲胄矢弩，戟楯蔽橹[⑨]，丘牛大车[⑩]，十去其六。

【注】

①役不再籍：指不再按名册继续征发兵役。役，兵役。籍，名册，这里作动词，指征调。

②粮不三载：意思是不多次运送军粮。

③取用于国，因粮于敌：曹操注："兵甲战具，取用国中，粮食因敌也。"因，依、就，此为顺便夺取之意。

④贫于师：其意谓因战争运输财物而误衣食，国家与百姓不能不贫困。

⑤近于师者贵卖：言军队驻地附近物价上涨。贵卖，言物价上涨。曹操注云："军行已出界，近师者贪财，皆贵卖，则百姓虚竭也。"

⑥财竭则急于丘役：指国家财力枯竭，急于加重丘井之役。财竭，财力枯竭。丘役，指军赋。据《周礼》记载，九夫为井，四井为邑，四邑为丘，四丘为甸。从西周至春秋，军赋不断增加，春秋时，丘出戎马一匹，牛三头。丘为征收军赋的基层单位。

⑦中原：泛指国内。

⑧破车罢马：战车破损，马匹疲病。罢，同"疲"。

⑨戟楯蔽橹：戟，合戈矛为一体的古兵器。蔽橹，一种主要用于

防卫的大型盾牌，以大车轮类巨物蒙以生牛皮，可屏蔽，故称蔽橹。王皙曰：“蔽，可以屏蔽；橹，大楯也。”

⑩ 丘牛大车：牛拉的辎重车辆。曹操注：“丘牛，谓丘邑之牛。大车，乃长毂车也。”

【译】

善于用兵的人，不用再次征集兵员，不用多次运送军粮。武器装备由国内供应，从敌人那里设法夺取粮食，这样军队的粮草就可以充足了。国家之所以因作战而贫困，是由于军队远征，不得不进行长途运输，长途运输必然导致百姓贫穷；驻军近处物价必然飞涨，物价飞涨，必然导致物财枯竭，物财枯竭，赋税和劳役必然加重。在战场上，军力耗尽，在国内财源枯竭，百姓私家财产损耗十分之七；公家的财产，由于车辆破损，马匹疲惫，盔甲、弓箭、矛戟、盾牌、牛车的损失，而耗去十分之六。

故智将务食于敌①，食敌一钟，当吾二十钟②；其秆③一石，当吾二十石。故杀敌者，怒也；取敌之利者，货也④。车战得车十乘以上，赏其先得者而更其旌旗。车杂⑤而乘之，卒善而养之，是谓胜敌而益强⑥。

【注】

① 智将务食于敌：明智的将领务求就食于敌国。务，追求，力争。食，取食。

② 钟：古容量单位。《左传·昭公三年》：“齐旧四量：豆、区、釜、钟。四升为豆，各自其四，以登于釜，釜十则钟。陈氏三量，皆登一焉，钟乃大矣！”曹操注：“六斛四斗为钟。”

③ 萁秆：喻指饲料。杜牧注曰："萁，豆秸也；秆，禾藁也。"

④ 取敌之利者，货也：对夺取敌人资财者要以实物予以奖励。梅尧臣曰："取敌则利吾人以货。"

⑤ 车杂：指将所俘获的敌军战车混编入己车阵中。杂，混杂，混编。

⑥ 是谓胜敌而益强：这就是所谓战胜敌人而使自己更加强大。曹操注："益己之强。"杜牧注："得敌卒也，因敌之资，益己之强。"

【译】

所以明智的将军，一定要在敌国解决粮草，从敌国搞到一钟的粮食，就相当于从本国启运时的二十钟；在当地取得饲料一石，相当于从本国启运时的二十石。所以，要使士兵拼死杀敌，就必须怒之，激励之；要使士兵勇于夺取敌方的军需物资，就必须以缴获的财物作奖赏。所以，在车战中，抢夺十辆车以上的，就奖赏最先抢得战车的。而夺得的战车，要立即换上我方的旗帜，编入我方车队。要善待俘虏，使他们有归顺之心。这就是战胜敌人而使自己越发强大的方法。

故兵贵胜，不贵久①**。故知兵之将**②**，民之司命**③**，国家安危之主**④**也。**

【注】

① 兵贵胜，不贵久：用兵作战贵在速战，持久则不利。贵，重也。曹操注："久则不利，兵犹火也，环戢将自焚也。"

② 知兵之将：指懂得用兵的将帅。知，识。《周礼·大司徒》："知仁圣义忠和。"郑玄注："知，明于事。"

③ 民之司命：指民众命运的掌握者。司，《诗经·羔裘》："邦之

司直”，毛亨传：“司，主也。”

④ 国家安危之主：指国家安危的主宰。主，《管子·形势解》：“主者，人之所仰而生也。”曹操注：“将贤则国安。”

【译】

所以，作战最重要、最有利的是速胜，最不宜的是旷日持久。真正懂得用兵之道、深知用兵利害的将帅，掌握着民众的生死，主宰着国家的安危。

三、谋攻篇

孙子曰：夫用兵之法，全国为上，破国次之①；全军为上，破军次之；全旅为上，破旅次之；全卒为上，破卒次之；全伍为上，破伍次之②。是故百战百胜，非善之善者③也；不战而屈人之兵，善之善者也。

【注】

①全国为上，破国次之：完整地使敌国屈服是上策，经过交战击破敌国就次一等。曹操注："兴师深入长驱，距其城廓，绝其内外，敌举国来服为上；以兵击破，败而得之，其次也。"

②军、旅、卒、伍：古代军队的编制单位。旧说一万二千五百人为军，五百人为旅，百人为卒，五人为伍。春秋以后，各国发展情况不同，军队编制不完全一样。

③善之善者：好中最好的。

【译】

孙子说：大凡用兵的法则，使敌国完整地屈服是上策，用武力击破那个国家就次一等；使敌人全军完整地屈服是上策，用武力击破它就次一等；使敌人全旅完整地屈服是上策，用武力击破它就次一等；使敌人全卒完整地屈服是上策，用武力击破它就次一等；使敌人全伍完整地屈服是上策，用武力击破它就次一等。因此，百战百胜，不算是好中最好的；不战而使敌人屈服，才算是好中最好的。

故上兵伐谋①，其次伐交②，其次伐兵③，其下攻城。攻城之法为不得已。修橹轒辒④，具器械⑤，三月而后成；距堙⑥，又三月而

后已。将不胜其忿而蚁附之⑦，杀士三分之一，而城不拔者，此攻之灾也。

【注】

上兵伐谋：最好的用兵方法是以谋伐敌，即以计谋使敌屈服。伐，讨伐，攻打。

② 伐交：伐交，指通过外交途径，麻痹瓦解敌人的盟国，扩大、巩固自己的盟国，迫使敌人陷于孤立，最后不得不屈服。交，这里指外交。

③ 伐兵：以武力战胜敌人。

④ 轒辒：古代攻城用的四轮车，用排木制作，外蒙牛皮，可容纳十人（一说数个人），用以运土填塞城壕。

⑤ 具器械：准备攻城用的器械。具，准备。

⑥ 距堙：用以攻城而堆积的土山，以便登城或观察情况。堙，土山。

⑦ 蚁附之：指士兵像蚂蚁一般爬梯攻城。

【译】

所以用兵的上策是以谋略胜敌，其次是通过外交手段取胜，再次是使用武力战胜敌人，最下策是攻城。攻城是不得已而采取的办法。修造大盾和四轮车，准备器械，三个月才能完成；构筑攻城用的土山，又要花费三个月才能完工。将帅非常焦躁愤怒，驱使士卒像蚂蚁一般爬梯攻城。士卒伤亡了三分之一，而城还是攻不下来，这就是攻城的灾害。

故善用兵者，屈人之兵而非战①也，拔人之城而非攻也②，毁人之国而非久③也，必以全争于天下。故兵不顿④而利可全，此谋攻之法也。

【注】

① 非战：指运用“伐谋”“伐交”等办法迫使敌人屈服，而不用交战的办法。

② 拔人之城而非攻也：指夺取敌人的城邑不靠硬攻的办法。

③ 非久：指不要旷日持久。

④ 顿：通“钝”，这里指疲惫、受挫。

【译】

所以，善于用兵打仗的人，使敌军屈服而不用交战，夺取敌人的城邑而不靠硬攻，灭亡敌人的国家而不需久战，务求以全胜的谋略争胜于天下。这样，军队就不至于疲惫受挫，而胜利可以完满地获得，这就是谋攻的法则。

故用兵之法，十则围之①，五则攻之②，倍则分之③，敌则能战之④，少则能逃之⑤，不若则能避之⑥。故小敌之坚，大敌之擒⑦也。

【注】

① 十则围之：有十倍于敌人的绝对优势的兵力，就要四面包围，迫敌屈服。

② 五则攻之：有五倍于敌的优势兵力，就要进攻它。

③ 倍则分之：有一倍于敌的兵力，就设法分散敌人，以便在局部上造成更大的兵力优势。

④ 敌则能战之：同敌人兵力相等，就要善于设法战胜敌人，如设伏诱敌等。敌，这里指势均力敌。

⑤ 少则能逃之：兵力比敌人少，就要能摆脱敌人。逃，脱离、摆脱。此句有的版本作“少则能守之”。

⑥ 不若则能避之：各种条件均不如敌人时，就要设法避免与敌交战。

⑦ 小敌之坚，大敌之擒：力量弱小的军队，如只知坚守硬拼，就会成为强大敌人的俘虏。

【译】

所以用兵的方法，有十倍于敌的绝对优势兵力，就要四面包围，迫敌屈服；有五倍于敌的优势兵力，就要进攻敌人；有多一倍于敌人的兵力，就要设法分散敌人；同敌人兵力相当，就要善于设法战胜敌人；比敌人兵力少，就要善于摆脱敌人；各方面条件均不如敌人，就要设法避免与敌交战。弱小的军队如果只知坚守硬拼，就会成为强大敌人的俘虏。

夫将者，国之辅①也，辅周则国必强，辅隙②则国必弱。

【注】

① 辅：辅助，这里引申为助手。

② 隙：漏洞、缺陷。

【译】

将帅是国君的助手，辅助得周密，国家就会强盛；辅助得有缺陷，国家就要衰弱。

故君之所以患于军者三[①]：不知军之不可以进而谓[②]之进，不知军之不可以退而谓之退，是为縻军[③]；不知三军[④]之事而同[⑤]三军之政[⑥]者，则军士惑矣；不知三军之权[⑦]而同三军之任[⑧]，则军士疑矣。三军既惑且疑，则诸侯之难至矣，是谓乱军引胜[⑨]。

【注】

①君之所以患于军者三：此句有的版本作“军之所以患于君者三”。患，危害、贻害。

②谓：告诉。这里是命令的意思。

③縻军：束缚军队，使军队不能根据情况相机而动。縻，羁縻、束缚。

④三军：军队的通称。周代，大的诸侯国设三军，有的为左、中、右三军，有的为上、中、下三军。

⑤同：共同，这里是参与、干涉的意思。

⑥政：这里指军队的行政。

⑦权：权变、权谋。

⑧任：指挥。

⑨乱军引胜：扰乱自己的军队，而导致敌人的胜利。引，引导、导致。

【译】

国君可能贻害军队的有三种情况：不了解军队不可以前进而命令军队前进，不了解军队不可以后退而命令军队后退，这叫作束缚军队；不知道军队内部的事务，而干涉军队的行政，军士就会迷惑不解；不知道用兵的权谋，而干涉军队的指挥，将士就会产生疑虑。军队既迷惑又疑虑，各国乘隙进攻的灾难就临头了，这就是所谓扰乱自己的军队而导致敌人的胜利。

故知胜有五：知可以战与不可以战者胜；识众寡之用[①]者胜；上下同欲[②]者胜；以虞[③]待不虞者胜；将能而君不御[④]者胜。此五者，知胜之道也。

【注】

① 识众寡之用：善于根据敌对双方兵力对比的众寡情况，正确采用不同战法。

② 同欲：同心、齐心的意思。

③ 虞：备，这里指有准备的意思。

④ 御：驾驭，这里指牵制、干预。

【译】

所以，从以下五种情况便可预知胜利：知道什么情况下可以打，什么情况下不可以打的，会胜利；懂得根据兵力多少而采取不同战法的，会胜利；上下齐心协力的，会胜利；以有准备对待没有准备的，会胜利；将帅指挥能力强而国君不加牵制的，会胜利。这五条，是预见胜利的途径。

故曰：知彼知己者，百战不殆[①]；不知彼而知己，一胜一负；不知彼，不知己，每战必殆。

【注】

① 知彼知己者，百战不殆：《十家注》《武经》各本均无“者”字。殆，危险、失败。

【译】

所以说，了解敌人又了解自己，百战都不会失败；不了解敌人而了解自己，胜败的可能各半；既不了解敌人，又不了解自己，那就每战必败。

四、军形篇

孙子曰：昔之善战者，先为不可胜①，以待敌之可胜②。不可胜在己，可胜在敌③。故善战者，能为不可胜④，不能使敌之必可胜。故曰：胜可知，而不可为⑤。

【注】

① 先为不可胜：先做到自己不被别人战胜。王皙曰："不可胜者，修道保法也。"

② 以待敌之可胜：待，等待。可胜，指敌方可能被战胜的机会或条件。

③ 不可胜在己，可胜在敌：杨炳安《孙子会笺》："言创造不可被敌战胜之条件，乃属于我方主观努力之事；然敌方是否具有可能被我战胜之条件，则非我主观意愿所决定。"

④ 能为不可胜：能创造自己不可被敌战胜的条件。

⑤ 胜可知，而不可为：言胜利可以预见，但却不能强求。张预注："己有备则胜可知，敌有备则不可为。"

【译】

孙子说：以前善于用兵作战的人，总是首先创造自己不可战胜的条件，并等待可以战胜敌人的机会。使自己不被战胜，其主动权掌握在自己手中；敌人能否被战胜，在于敌人是否给我们以可乘之机。所以，善于作战的人只能够使自己不被战胜，而不能使敌人一定会被我军战胜。所以说，胜利可以预见，却不能强求。

不可胜者，守也[①]**；可胜者，攻也。守则不足，攻则有余。善守者藏于九地**[②]**之下，善攻者动于九天之上**[③]**，故能自保而全胜也。**

【注】

① 不可胜者，守也：有了不可战胜的条件，就可以守了。张预注："知己未可以胜，则守其气而待之。"

② 藏于九地之下：深秘隐藏其形而不露。九地，梅尧臣注："言深不可知也。"九，在此乃言数之极。清代汪中《述学·释三九篇》说："古人措辞，凡一二所不能尽者，均约之以三以见其多；三之不能尽者，均约之以九以见其极多。"

③ 善攻者动于九天之上：善攻击者进攻时迅捷异常。九天，梅尧臣注谓"高不可测"。

【译】

敌人无可乘之机，不能被战胜，且防守以待之；敌人有可乘之机，能够被战胜，则出奇攻而取之。防守是因为我方兵力不足，进攻是因为兵力超过对方。善于防守的，隐藏自己的兵力如同在深不可测的地下；善于进攻的部队就像从天而降，敌不及防。这样，才能保全自己而获得全胜。

见胜不过众人之所知，非善之善者[①]**也；战胜而天下曰善，非善之善者**[②]**也。**

【注】

① 见胜不过众人之所知，非善之善者：言预见胜负不高出众人的水平，不算是高明者。

②战胜而天下曰善，非善之善者：力战而胜之，天下人都说好，不算好中最好的。曹操注："交争胜也。太公曰，争胜于白刃之口，非良将也。"王晳曰："以谋屈人则善矣。"

【译】

预见胜利不能超过平常人的见识，算不上最高明；交战而后取胜，即使天下都称赞，也算不上最高明。

故举秋毫①不为多力，见日月不为明目，闻雷霆不为聪耳。古之所谓善战者，胜于易胜者也。故善战者之胜也，无智名，无勇功②，故其战胜不忒③，不忒者，其所措胜，胜已败者也。故善战者，立于不败之地，而不失敌之败④也。是故胜兵先胜而后求战，败兵先战而后求胜。善用兵者，修道而保法⑤，故能为胜败之政。

【注】

①秋毫：兽类于秋天新长出的极纤细的毛称秋毫，用以比喻轻细之物。

②无智名，无勇功：杜牧注："胜于未萌，天下不知，故无智名；曾不血刃，敌国已服，故无勇功也。"张预注："阴谋潜运，取胜于无形，天下不闻有料敌制胜之智，不见搴旗斩将之功。"两家注释皆有道理。

③忒：差。

④不失敌之败：言不放过任何一个可打击敌人的时机。杜牧注："窥伺敌人可败之形，不失毫发也。"王晳曰："常为不可胜，待敌可胜，不失时机。"其说甚是。

⑤修道而保法：修明政治，确保法令制度的贯彻施行。修道，

修明政治。杜牧注："道者，仁义也；法者，法制也。"保法，确保法制。

【译】

正如举起秋毫称不上力大，能看见日月算不上视力好，听见雷鸣算不上耳聪。古代所谓善于用兵的人，只是战胜了那些容易战胜的敌人。所以，真正善于用兵的人，没有智慧过人的名声，没有勇武盖世的战功，而他既能打胜仗又不出任何闪失，原因在于其谋划、措施能够保证他所战胜的是已经注定失败的敌人。所以善于作战的人，不但使自己始终处于不被战胜的境地，也绝不会放过任何可以击败敌人的机会。所以，打胜仗的军队总是在具备了必胜的条件之后才交战，而打败仗的部队总是先交战，在战争中企图侥幸取胜。善于用兵的人，潜心研究制胜之道，修明政治，坚持制胜的法制，所以能主宰胜败。

兵法：一曰度①，二曰量②，三曰数③，四曰称④，五曰胜⑤。地生度⑥，度生量⑦，量生数⑧，数生称⑨，称生胜⑩。故胜兵若以镒称铢⑪，败兵若以铢称镒。称胜者之战民⑫也，若决积水于千仞之溪者，形也。

【注】

①度：这里指土地幅员。《礼记·明堂位》："度为丈尺、高卑、广狭也。"贾林曰："度，土地也。"

②量：这里指物资多少。《礼记·明堂位》郑玄笺："量为豆区、斗斛、筐筥所容受。"《汉书·律历志》："量者，龠、合、升、斗、斛也，所以量多少也。"

③数：这里指部队实力的强弱，兵员的多寡。贾林注："算数也。

以数推之，则众寡可知，虚实可见。”王皙曰：“百千也。”

④ 称：这里指衡量双方实力之对比的状况。《楚辞·惜誓》：“苦称量之不审兮。”王逸注：“称所以知轻重。”杜牧注：“称，校也。”

⑤ 胜：指胜负优劣的情况。曹操曰：“胜败之政，用兵之法，当以此五事称量，知敌之情。”

⑥ 地生度：指敌我交战，必先以双方所拥有的土地幅员为基础。曹操注：“因地形势而度之。”地，指国土幅员。

⑦ 度生量：指基于双方拥有“地利”的状况，可知其物质资源之储备及国力之强弱也。赵本学注：“既度之，则其地之所容者何阵，或当用广、用长、用圆、用方，奇正当居何处，当分为几阵，皆可知矣，此‘度生量’也。”

⑧ 量生数：指由物质资源状况之计量，可知所拥兵员之众寡。梅尧臣注：“因量以得众寡之数。”

⑨ 数生称：指由兵员之众寡可知双方兵力强弱之对比。王皙注：“喻强弱之形势也。”

⑩ 称生胜：指由双方强弱形势之衡量对比，可知其优劣胜负之情况。曹操注：“称量之数，知其胜负所在。”

⑪ 以镒称铢：比喻兵力轻重众寡之悬殊。铢，古代计量单位，二十四铢为一两。镒，二十四两为一镒，合五百七十六铢。

⑫ 战民：指统帅指挥部众参加作战。《尉缭子·战威》：“夫将之所以战者，民也。”

【译】

兵法：一是度，即估算土地的面积；二是量，即推算物质资源的容量；三是数，即统计兵源的数量；四是称，即比较双方的军事综合实力；五是胜，即得出胜负的判断。土地面积的大小决定物力、人力资源的容量，资源的容量决定可投入部队的数目，部队的数目决定双方兵力的强弱，双方兵力的强弱得出胜负的概率。获胜的军队对于失败的一方就如同用“镒”来称“铢”，具有绝对优势，而失败的军队对于获胜的一方就如同用“铢”来称“镒”。胜利者一方打仗，就像积水从千仞高的山涧冲决而出，势不可当，这就是军事实力的表现。

五、兵势篇

孙子曰：凡治众[①]如治寡，分数[②]是也；斗众[③]如斗寡，形名[④]是也；三军之众，可使必受敌[⑤]而无败者，奇正[⑥]是也；兵之所加，如以碫[⑦]投卵者，虚实[⑧]是也。

【注】

① 治众：治理人数众多的军队。治，治理。

② 分数：指军队的组织编制。李贽注："分，谓偏裨卒伍之分；数，谓十百千万之数各有统制，而大将总其纲领。"（《孙子参同》卷三）也是指军队组织编制方面的问题。

③ 斗众：指挥人数众多的军队作战。

④ 形名：指古时军队使用的旌旗、金鼓等指挥工具，这里引申为指挥。曹操注："旌旗曰形，金鼓曰名。"

⑤ 必受敌：一旦遭受敌人进攻。必，即使、一旦。

⑥ 奇正：指古代军队作战的变法和常法，其含义甚广，如先出为正、后出为奇，正面为正、侧翼为奇，明战为正、暗攻为奇，等等。

⑦ 碫：磨刀石，这里泛指石块。

⑧ 虚实：指强弱、劳逸、众寡、真伪等，这里是以实击虚的意思。

【译】

孙子说：要做到治理人数多的军队像治理人数少的军队一样，这是组织编制的问题；要做到指挥人数多的军队作战像指挥人数少的军队一样，这是规定好的信号、指挥的问题；全国军队之多，要使其一旦遭受敌人进攻而不致失败的，这是"奇正"运用的问题；军队进攻敌人，要能像以石击卵那样，所向无敌，这是“虚实”（此为避实击虚之意）的问题。

凡战者，以正合，以奇胜[1]。故善出奇者，无穷如天地，不竭如江河。终而复始，日月是也；死而复生，四时是也。声不过五，五声[2]之变，不可胜[3]听也；色不过五，五色[4]之变，不可胜观也；味不过五，五味[5]之变，不可胜尝也。战势不过奇正，奇正之变，不可胜穷也。奇正相生，如循环之无端[6]，孰能穷之哉？

【注】

①以正合，以奇胜：以正兵合战，以奇兵制胜。合，会合、交战。

②五声：中国古代用宫、商、角、徵、羽五个音阶区分声音的高低，加上变徵、变宫，与现在简谱中所用的七音阶大体相同。

③胜：尽。

④五色：中国古代以青、赤、黄、白、黑五种颜色为正色，其他为间色（即由两种或两种以上正色混合而成的颜色）。

⑤五味：指甜、酸、苦、辣、咸五种味道。

⑥循环之无端：顺着圆环旋转，没有尽头，比喻事物的变化无穷。循，顺着。

【译】

大凡作战，一般都是以正兵当敌，以奇兵取胜。所以，善于出奇制胜的将帅，其战法如天地那样变化无穷，像江河那样奔流不竭。终而复始，就像日月运行一样；死而复生，就像四季更替一般。声音不过五种，然而五种声音的变化，却会产生出听不胜听的声调来；颜色不过五种，然而五种颜色的变化，却会产生出看不胜看的色彩来；味道不过五种，然而五种味道的变化，却会产生出尝不胜尝的味道来。战势，不过奇正两种，然而奇正的变化，却是不可穷尽的。奇正的变化，就像顺着圆环旋转那样，无头无尾，谁能穷尽它呢？

激水之疾①，至于漂石者，势也；鸷鸟②之疾，至于毁折者，节③也。故善战者，其势险，其节短。势如彍弩④，节如发机⑤。

【注】

① 激水之疾：湍急的流水以飞快的速度奔泻。疾，急速。

② 鸷鸟：凶猛的鸟，如鹰、雕之类。

③ 节：节奏。

④ 彍弩：指拉满的弓弩。彍（guō），把弓拉满.弩，用机括发箭的弓。

⑤ 发机：触发弩机。机，弩机，古代兵器“弩”的机件，类似枪上的扳机。

【译】

湍急的流水以飞快的速度奔泻，以至能把石块漂移，这是由于水势强大的缘故；凶猛的鸷鸟，以飞快的速度搏击，以至能捕杀鸟兽，这是由于节奏恰当的关系。所以，高明的将帅指挥作战，他所造成的态势是险峻的（居高临下、锐不可当），他所掌握的行动节奏是短促而猛烈的。这种态势，就像张满的弓弩；这种节奏，犹如触发弩机。

纷纷纭纭①，斗乱②而不可乱也；浑浑沌沌③，形圆④而不可败也。乱生于治，怯生于勇，弱生于强⑤。治乱，数也；勇怯，势也；

强弱，形也。故善动敌者，形之，敌必从之⑥**；予之，敌必取之。以利动之，以卒待之**⑦**。**

【注】

① 纷纷纭纭：旌旗混乱的样子。纷纷，紊乱；纭纭，多而且乱。

② 斗乱：指在混乱状态中作战。

③ 浑浑沌沌：指混乱不清。

④ 形圆：指阵势部署的四面八方都能应付自如。

⑤ 乱生于治，怯生于勇，弱生于强：一说，在一定条件下，“乱”可以由“治”产生，“怯”可以由“勇”产生，“弱”可以由“强”产生。另一说，军队要装作“乱”，本身必须“治”；要装作“怯”，本身必须“勇”；要装作“弱”，本身必须“强”。

⑥ 形之，敌必从之：以假象迷惑敌人，敌人必定上当。形，示形，即以假象欺骗敌人。

⑦ 以利动之，以卒待之：以小利引诱调动敌人，以伏兵待机破敌。

【译】

在纷纷纭纭的混乱状态中作战，必须使自己的部队不发生混乱；在混沌不清的情况下打仗，必须确保队伍部署的四面八方都能应付自如，使敌人无隙可乘，无法败我。在一定条件下，“乱”可以由“治”产生，“怯”可以由“勇”产生，“弱”可以由“强”产生。“治乱”，是组织指挥的问题；“勇怯”，是“任势”的问题；“强弱”，是军事实力的问题。所以，善于调动敌人的将帅，欺骗敌人，敌人必为其所骗；予敌以利，敌人必为其所诱。以小利引诱调动敌人，以伏兵待机掩击敌人。

故善战者，求之于势，不责于人[①]，故能择人而任势[②]。任势者，其战人[③]也，如转木石。木石之性，安[④]则静，危[⑤]则动，方则止，圆则行。故善战人之势，如转圆石于千仞之山者，势[⑥]也。

【注】

①不责于人：不苛求部属。责，责备，这里指苛求。

②能择人而任势：挑选适当人才，充分利用形势。择，选择。任，任用、利用。

③战人：指挥士卒作战。与《军形》中之“战民”意义相同。

④安：安稳，这里指地势平坦。

⑤危：危险，这里指地势陡斜。

⑥势：是在“形”（军事实力）的基础上，发挥将帅的指挥作用，所造成的有利态势和强大的冲击力量。

【译】

所以，善于指挥打仗的将帅，他的注意力放在“任势”上，而不苛求部属，因而他就能选到适当的人才，利用有利的形势。善于“任势”的人，他指挥将士作战，好像转动木头和石头一样。木头和石头的特性是放在平坦的地方比较稳定，放在陡斜的地方就容易移动。方形的木石就比较稳定，圆形的就容易滚动。所以高明的将帅指挥军队打仗时所造成的有利态势，就好像把圆石从八千尺高山上往下飞滚那样，不可阻挡，这就是军事上的所谓的“势”！

六、虚实篇

孙子曰：凡先处[①]战地而待敌者佚，后处战地而趋战[②]者劳。故善战者，致人而不致于人[③]。能使敌人自至者，利之也；能使敌人不得至者，害之也。故敌佚能劳之[④]，饱能饥之[⑤]，安能动之[⑥]。

【注】

① 处：居止，这里是到达、占据的意思。

② 趋战：仓促应战的意思。趋，疾行、奔赴。

③ 致人而不致于人：调动敌人而不为敌人所调动。致，引来，这里是调动的意思。

④ 佚能劳之：言敌若休整良好，我则采取"敌人"之法使之劳顿。

⑤ 饱能饥之：指敌若给养充足，我则使之饥困。曹操注："绝粮运以饥之。"王皙注："谓敌人足食，我能使之饥乏耳。"

⑥ 安能动之：指敌若安固守御，我就使之移动。曹操注："攻其所必爱，出其所必趋，则使敌人不得不救也。"

【译】

孙子说：凡先到达战地而等待敌人的就从容、主动，后到达战地而仓促应战的就疲劳、被动。所以，善于指挥作战的人，总是调动敌人而不为敌人所调动。能使敌人自己来上钩的，是以利引诱的结果；能使敌人不得前来的，是以害威胁的结果。所以，敌人休整得好，能设法使它疲劳；敌人给养充分，能设法使它饥饿；敌人安处不动，能设法调动它。

出其所不趋[①]，趋其所不意。行千里而不劳者，行于无人之地也。

攻而必取者，攻其所不守②也；守而必固者，守其所不攻也。故善攻者，敌不知其所守；善守者，敌不知其所攻③。微④乎微乎，至于无形，神⑤乎神乎，至于无声，故能为敌之司命。进而不可御者，冲其虚也；退而不可追者，速而不可及也。故我欲战，敌虽高垒深沟，不得不与我战者，攻其所必救⑥也；我不欲战，虽画地而守⑦之，敌不得与我战者，乖其所之⑧也。

【注】

①出其所不趋：出兵要指向敌人无法急救的地方，也就是击其空虚的意思。汉简《孙子兵法》此句作“出于其所必趋”，《太平御览·兵部卅七》等此句作“出其所必趋”，均为“攻其必救”之意。

②攻而必取者，攻其所不守：李筌注：“无虞易取。”此说甚是。言我出击必能取胜的原因，是由于攻击敌戒备虚懈之处。

③善攻者，敌不知其所守；善守者，敌不知其所攻：指善于进攻的军队，敌人不知防守何处；善于防守的军队，敌人不知进攻何处。不知，王皙注：“不知者，攻守之计，不知所出耳。”梅尧臣注：“善攻者，机密不泄；善守者，周备不隙。”

④微：微妙。

⑤神：神奇、深奥。

⑥攻其所必救：攻击敌人必然要救援的要害之处，以便调动敌人。

⑦画地而守：指不设防就可守住，比喻非常容易。

⑧乖其所之：即改变敌人的去向，把它引向别的地方去。乖，违背、背离，这里是改变的意思。之，这里作“往”字讲。

【译】

出兵要指向敌人无法急救的地方，行动于敌人意料不到的方向。

行军千里而不困顿的，是因为行进在没有敌兵或敌人防守不严的地区。进攻必然得手的，是因为攻击敌人不注意防守或不易守住的地方；防守必然巩固的，是因为扼守敌人不敢攻或不易攻破的地方。所以，善于进攻的，能使敌人不知怎样守好；善于防守的，能使敌人不知怎样攻好。微妙呀！微妙到看不出一点形迹；神奇呀！神奇到听不出一点声息。这样，就能成为敌人命运的主宰。前进时，敌人无法抵御的，是由于冲向敌人防守薄弱的地方；退却时，敌人无法追及的，是由于行动很快，敌人追不上。所以，我若求战，敌人即使坚守深沟高垒，也不得不出来与我交战，是由于进攻敌人所必救的地方；我若不想交战，即使画地而守，敌人也无法和我交战，是因为我设法改变了敌人的进攻方向。

故形人而我无形①，则我专②而敌分；我专为一，敌分为十，是以十攻其一也，则我众而敌寡；能以众击寡者，则吾之所与战者约③矣。吾所与战之地不可知，不可知，则敌所备者多；敌所备者多，则吾所与战者寡矣。故备前则后寡，备后则前寡，备左则右寡，备右则左寡，无所不备则无所不寡。寡者，备人者也；众者，使人备己者也。

【注】

①形人而我无形：用示形的办法欺骗敌人，诱使其暴露企图，而自己不露形迹，使敌人不知虚实，捉摸不定。

②专：专一，这里是集中的意思。

③约：少而弱。

【译】

所以，用示形的办法欺骗敌人，诱使其暴露企图，而自己不露形迹，使敌捉摸不定，就能够做到自己兵力集中而使敌人兵力分散；自己兵力集中于一处，敌人兵力分散于十处，这样，我就能以十倍于敌的兵力打击敌人，造成我众而敌寡的有利态势；能做到以众击寡，那么与我军直接交战的敌人就少了。我们所要进攻的地方使敌人不知道，不知道，它就要处处防备；敌人防备的地方越多，兵力越分散，这样，我所直接攻击的敌人就不多了。所以，注意防备前面，后面的兵力就薄弱；注意防备后面，前面的兵力就薄弱；注意防备左翼，右翼的兵力就薄弱；注意防备右翼，左翼的兵力就薄弱；处处防备，就处处兵力薄弱。兵力所以少，是由于处处防备的结果；兵力所以多，是由于迫使敌人分兵防我的结果。

故之知战之地，知战之日，则可千里而会战。不知战之地，不知战日，则左不能救右，右不能救左，前不能救后，后不能救前，而况远者数十里，近者数里乎！以吾度①之，越人②之兵虽多，亦奚③益于胜败哉！故曰：胜可为④也。敌虽众，可使无斗⑤。

【注】

①度：忖度、推断。

②越人：即越国人。越是吴的敌国。

③奚：疑问词，何的意思。

④胜可为：指胜利是可以争取到的。孙武在《军形》中说“胜可知而不可为”，是说胜利可以预知，但不能凭主观愿望去取得，必须具备一定的条件才行；此处又说“胜可为”，是说具备一定条件的基础上，能够通过将帅巧妙的指挥取得胜利。不难看出，这里包含有朴素的辩证法思想。

⑤可使无斗：可以使敌人兵力分散而无法用全力与我交战。

【译】

所以，能预知同敌人交战的地点，能预知同敌人交战的时间，这样，即使跋涉千里，也可同敌人会战。如果既不能预知交战的地点，又不能预知交战的日期，就会左不能救右，右不能救左，前不能救后，后不能救前，何况远到几十里，近的也有好几里呢！依我看来，越国的兵虽多，对于决定战争的胜败又有什么裨益呢？所以说，胜利是可以争取到的。敌人兵力虽多，也可以使其无法用全部力量与我交战。

故策①之而知得失之计②，作③之而知动静之理④，形之而知死生之地⑤，角之而知有余不足之处⑥。故形兵之极，至于无形。无形则深间不能窥⑦，智者不能谋。因形而错胜于众⑧，众不能知；人皆知我所以胜之形⑨，而莫知吾所以制胜之形。故其战胜不复⑩，而应形于无穷。

【注】

①策：策度、筹算，这里是根据情况分析判断的意思。

②得失之计：这里指敌人作战计划的优劣长短。

③作：动作，这里是挑动的意思。

④动静之理：指敌人行动的规律。

⑤死生之地：指敌人所处地形的有利不利情况。

⑥角之而知有余不足之处：经过试探性进攻，就可了解敌人兵力部署的虚实情况。角，角量，较量，这里指进行试探性的进攻。

⑦深间不能窥：指即使有深藏的间谍，也无法探知我之真实情况。窥，偷看的意思。

⑧错胜于众：指将胜利摆在人们面前。错，通“措”，放置的意思。

⑨ 形：形态，这里指作战的方式方法。

⑩ 战胜不复：指作战方法灵活多变，每次取胜的方法都不重复。

【译】

认真分析判断，以求明了敌人作战计划的优劣长短；挑动敌人，以求了解其活动的规律；示形诱敌，以求摸清其所处地形的有利不利；进行战斗侦察，以求探明敌人兵力部署的虚实强弱。所以，示形诱敌的方法运用到极妙的程度，能使人们看不出一点儿形迹。这样，就是有深藏的间谍，也无法探明我方的虚实，即使很高明的人，也想不出对付我的办法来。把根据敌情变化灵活运用战法而取得的胜利摆在众人面前，人们也看不出来；人们都知道我取胜的一般战法，但不知道我是怎样才根据敌情变化灵活运用这些战法而取胜的。所以，每次战胜，都不是重复老一套，而是适应敌情的发展而变化无穷。

夫兵形①象水，水之行，避高而趋下；兵之形，避实而击虚②。水因地而制流，兵因敌而制胜。故兵无常势，水无常形；能因敌变化而取胜者，谓之神③。故五行无常胜④，四时无常位⑤，日有短长⑥，月有死生⑦。

【注】

① 兵形：用兵的规律。形，方式方法，这里有规律的意思。

② 避实而击虚：避开敌人坚实之处，攻击其空虚薄弱的地方。

③ 神：神奇、智谋高超，这里是用兵如神的意思。

④ 五行无常胜：五行，即金、木、水、火、土。古人把这五种东西看作构成万物的基本元素，并认为它们之间“相生相胜”。所谓“相生”，即木生火，火生土，土生金，金生水，水生木。所谓“相胜”

（也叫“相克”），指金克木，木克土，土克水，水克火，火克金。这种相生相克的结果没有哪一个固定独胜。

⑤ 四时无常位：指春、夏、秋、冬依次更替，循环往复，没有哪个季节固定不变。

⑥ 日有短长：指一年之中，白天的时间有短有长，始终处于变化之中。

⑦ 月有死生：指月亮有圆缺明暗的变化。

【译】

用兵的规律像水，水流动的规律是避开高处而流向低处，用兵的规律是避开敌人坚实之处而攻击其虚弱的地方。水因地势的高下而制约其流向，用兵则要依据敌情而决定其取胜方针。所以，用兵作战没有固定不变的方式方法，就像水流没有固定的形状一样；能依据敌情变化而取胜的，就称得上用兵如神了。用兵的规律就像自然现象一样，“五行”相生相克，四季依次交替，白天有短有长，月亮有缺有圆，永远处于变化之中。

七、军争篇

孙子曰：凡用兵之法，将受命于君，合军聚众①，交和而舍②，莫难于军争③。

【注】

①合军聚众：聚集民众，组编军队。合，《诗·大雅·民劳》郑玄笺曰："合，聚也。"此句曹操注曰："聚国人，结行伍，选部曲，起营为军阵。"梅尧臣曰："聚国之众，合以为军。"

②交和而舍：在战地，敌我对垒，各军诸部队的营门交错相连。交，交错相接。和，古时军队的营门称和门。舍，《左传·庄公三年》："师行一宿为舍。"

③莫难于军争：没有比两军相对争夺制胜条件更难的了。曹操注："从始受命，至于交和，军争难也。"张预注："与人相对而争利，天下之至难也。"

【译】

孙子说：用兵的原则，将领接受君命，从召集军队，安营扎寨，到开赴战场与敌对峙，没有比率先争得制胜的条件更难的事了。

军争之难者，以迂为直，以患为利①。故迂其途，而诱之以利②，后人发，先人至③，此知迂直之计者也。军争为利，军争为危④。举军而争利，则不及⑤；委军而争利，则辎重捐。是故卷甲而趋⑥，日夜不处，倍道兼行⑦，百里而争利，则擒三将军⑧，劲者先，疲者后，其法十一而至⑨；五十里而争利，则蹶⑩上将军，其法半至；三十里而争利，则三分之二至。是故军无辎重则亡，无粮食则亡，无委积则亡⑪。

【注】

①以迂为直，以患为利：将迂回道路变为直达的道路，将患害变为有利。梅尧臣注："能变迂为近，转患为利。"张预注："变迂曲为近直，转患害为便利。"

②故迂其途，而诱之以利：以迂回绕道和小利引诱敌人，摆脱敌人。贾林注："敌途本近，我能迂之者，或以羸兵，或以小利、以他道诱之，使不得以军争赴也。"

③后人发，先人至：比敌人后出动，而先到达要争夺的要地。梅尧臣曰："远其途，诱以利，款之也。后其发，先其至，争之也。能知此者，变迂转害之谋也。"

④军争为利，军争为危：军争之事既有有利的一面，亦有不利的一面。为，有之意。《孟子·滕文公上》："夫滕，壤地褊小，将为君子焉，将为野人焉。"赵岐注："为，有也。"此句曹操注："善者则以利，不善者则以危。"

⑤举军而争利，则不及：携带全部装备辎重的军队前去争取先机之利，则不能按时到达。举，全、皆。梅尧臣注："举军中所有而行则迟缓。"

⑥卷甲而趋：卷起铠甲，轻装快跑。卷，收，藏。

⑦日夜不处，倍道兼行：夜以继日不停地赶路。处，止；此处指不得休息。倍道，行程加倍之意。

⑧三将军：三军之将为敌所擒。杜佑注："欲从速疾，卷甲束杖，潜军夜行，若敌知其情，邀而击之，则三军之将为敌所擒也。"

⑨其法十一而至：按其规律，只有十分之一的人能到达。

⑩蹶：表示被动，被敌挫败。

⑪无委积则亡：军队没有物资补充即不能生存。委积，指物资储备。《周礼·地官·遗人》："掌邦之委积，以待施惠。"郑玄注："少曰

委，多曰积。”

【译】

“军争”中最困难的地方就在于以迂回进军的方式实现更快到达预定战场的目的，把看似不利的条件变为有利的条件。所以，由于我迂回前进，又对敌诱之以利，使敌不知我意欲何去，因而出发虽后，却能先于敌人到达战地。能这么做，就是知道迂直之计的人。“军争”为了有利，但“军争”也有危险。带着全部辎重去争利，就会影响行军速度，不能先敌到达战地；丢下辎重轻装去争利，装备辎重就会损失。卷甲急进，白天黑夜不休息地急行军，奔跑百里去争利，则三军的将领有可能会被俘获，健壮的士兵能够先到战场，疲惫的士兵必然落后，只有十分之一的人马如期到达；强行军五十里去争利，先头部队的主将必然受挫，而军士一般仅有一半如期到达；强行军三十里去争利，一般只有三分之二的人马如期到达。这样，部队没有辎重就不能生存，没有粮食供应就不能生存，没有战备物资储备就无以生存。

故不知诸侯之谋者，不能豫交①；不知山林、险阻、沮泽②之形者，不能行军；不用乡导③者，不能得地利。故兵以诈立④，以利动，以分合为变⑤者也。故其疾如风⑥，其徐如林⑦，侵掠如火，不动如山，难知如阴⑧，动如雷霆⑨。掠乡分众⑩，廓地分利，悬权而动⑪。先知迂直之计者胜，此军争之法也。

【注】

①豫交：结交诸侯。豫，通“与”。

②沮泽：指水草丛生之沼泽地带。《礼记·王制》：“居民山川沮泽。”孔颖达疏引何胤云：“沮泽，下湿地也。”

③ 乡导：即向导。乡，向古通。指熟悉该地区情况的带路人。

④ 兵以诈立：立，成功。杜牧注："诈敌人使不知我本情，然后能立胜也。"其说甚是。

⑤ 以分合为变：把分散与集中作为变化手段。

⑥ 其疾如风：行动迅速，有如飘风之迅疾。曹操注："击空虚也。"张预注："其来疾暴，所向皆靡。"

⑦ 其徐如林：指部队行列整肃，舒缓如林木般有序。

⑧ 难知如阴：难以窥知实情，有如阴云蔽日。

⑨ 动如雷霆：行动迅速，使人猝不及防。杜牧注："如空中击下，不知所避也。"贾林注："疾雷不及掩耳。"

⑩ 掠乡分众：分兵数路掳掠敌国乡邑。曹操注："因敌而制胜。"陈皞注："夫乡邑村落，因非一处，察其无备，分兵掠之。"

⑪ 悬权而动：指权衡利害得失，而后决定行动。权，秤锤，用以称物轻重。

【译】

所以不了解诸侯各国的图谋，就不要和他们结成联盟；不知道山林、险阻和沼泽的地形分布，不能行军；不使用向导，就不能掌握和利用有利的地形。所以，用兵是凭借施诡诈出奇兵而获胜的，根据是否有利于获胜决定行动，根据双方情势或分兵或集中为主要变化。按照战场形势的需要，部队行动迅速时，如狂风飞旋；行进从容时，如森林徐徐展开；攻城略地时，如烈火迅猛；驻守防御时，如大山岿然；军情隐蔽时，如乌云蔽日；大军出动时，如雷霆万钧。夺取敌方的财物，掳掠百姓，应分兵行动。开拓疆土，分夺利益，应该分兵扼守要害。这些都应该权衡利弊，根据实际情况，相机行事。率先知道"迂直之计"的将获胜，这就是军争的原则。

《军政》[①]曰：“言不相闻，故为之金鼓[②]；视不相见，故为之旌旗。”夫金鼓旌旗者，所以一民之耳目也[③]。民既专一，则勇者不得独进，怯者不得独退，此用众之法也。故夜战多火鼓，昼战多旌旗，所以变人之耳目也。

【注】

①《军政》：古兵书，已佚。梅尧臣曰：“军之旧典。”

② 故为之金鼓：用金鼓指挥军队作为进退的号令。金，杜佑注：“金铎也。”王皙曰：“鼓鼙钲铎之属。”

③ 所以一民之耳目也：用来统一士卒们的视听，即使士兵们的行动一致。

【译】

《军政》说：“在战场上用语言来指挥，听不清或听不见，所以设置了金鼓；用动作来指挥，看不清或看不见，所以用旌旗。”火鼓、旌旗，是用来统一士兵的视听，统一作战行动的。既然士兵都服从统一指挥，那么勇敢的将士不会单独前进，胆怯的也不会独自退却。这就是指挥大军作战的方法。所以，夜间作战，要多处点火，频频击鼓；白天打仗要多处设置旌旗，这些是用来扰乱敌方的视听的。

三军可夺气[①]，将军可夺心[②]。是故朝气锐，昼气惰，暮气归[③]。善用兵者，避其锐气，击其惰归[④]，此治气者也。以治待乱，以静待哗[⑤]，此治心[⑥]者也。以近待远，以佚待劳，以饱待饥，此治力者也。无邀正正之旗[⑦]，无击堂堂[⑧]之陈，此治变[⑨]者也。

【注】

① 三军可夺气：三军之刚锐旺盛之气可以挫伤而使之衰竭。夺，失也。《荀子·富国》："罕兴力役，无夺农时。"气，指刚劲勇锐之士气。

② 将军可夺心：可动摇将帅的决心。张预注："心者，将之所主也。夫治乱勇怯，皆主于心。故善制敌者，挠之而使乱，激之而使惑，迫之而使惧，故彼之心谋可以夺也。"

③ 朝气锐，昼气惰，暮气归：梅尧臣注："朝，言其始也；昼，言其中也；暮，言其终也。"又张预注："朝喻始，昼喻中，暮喻末。"

④ 避其锐气，击其惰归：此言避开敌初来时的锐气，等待敌人士气衰懈再进行打击。

⑤ 以治待乱，以静待哗：以严整对付混乱之敌，以镇静对付轻躁之敌。乱，陈皞注："政令不一，赏罚不明，谓之乱。"哗，指骚动不安。

⑥ 治心：张预注："善治己之心以夺人之心。"即从心理上制伏、战胜敌人。

⑦ 无邀正正之旗：勿发兵截击旗帜齐整、队伍整治之敌。邀，阻留、截击。正正，曹操注："齐也。"

⑧ 堂堂：张预注："行阵广大。"

⑨ 治变：以权变应付敌人。

【译】

对于敌方三军，可以挫伤其锐气，可使丧失其士气；对于敌方的将帅，可以动摇他的决心，可使其丧失斗志。敌人早上初至，其气必盛；陈兵至中午，则人力困倦而气亦怠惰；待至日暮，人心思归，其气益衰。所以善于用兵的人，敌之气锐则避之，趁其士气衰竭时才发起猛攻。这就是正确运用士气的原则。用治理严整的我军来对付军政混乱的敌军，用我镇定平稳的军心来对付军心躁动的敌人。这是掌握并运用军心的方法。以我就近进入战场而待长途奔袭之敌；以我从容稳定对仓促疲劳之敌；以我饱食之师对饥饿之敌。这是懂得并利用治己之力以困敌人之力。不要去迎击旗帜整齐、部伍统一的军队，不要去攻击阵容整肃、士气饱满的军队。这是懂得战场上的随机应变。

故用兵之法，高陵勿向①，背丘勿逆②，佯北勿从③，锐卒勿攻，饵兵勿食，归师勿遏④，围师必阙⑤，穷寇勿迫，此用兵之法也。

【注】

①高陵勿向：梅尧臣注："敌处其高，不可仰击。"此说甚是。

②背丘勿逆：敌背倚丘陵险阻，我当不要正面攻击。

③佯北勿从：敌若假装败退，我当不要追击。佯，假装、伪装。张预注："敌人奔北，必审真伪。"

④归师勿遏：敌师退还其国途中不可正面阻截。遏，阻、截击。

⑤围师必阙：包围敌人，当留缺口。张预注："围其三面，开其一面，示以生路，使不坚战。"

【译】

所以，用兵的原则是：对占据高地、背倚丘陵之敌，不要作正面仰攻；对于假装败逃之敌，不要跟踪追击；敌人的精锐部队不要强攻；敌人的诱饵之兵，不要贪食；对正在向本土撤退的部队不要去阻截；对被包围的敌军，要预留缺口；对于陷入绝境的敌人，不要过分逼迫。

八、九变篇

孙子曰：凡用兵之法，将受命于君，合军聚众，圮地无舍①，衢地合交②，绝地无留③，围地则谋，死地则战。途有所不由④，军有所不击，城有所不攻⑤，地有所不争，君命有所不受⑥。

【注】

① 圮地无舍：在水泛滥之地不可驻扎。

② 衢地合交：在四通八达的地区作战要注意结成巩固的联盟。衢地，谓四通八达之地。《孙子兵法·九地》："诸侯之地三属，先至而得天下之众者，为衢地。"

③ 绝地无留：在道路不通，又无粮食水草的地方切勿停留。绝地，李筌注："地无泉井、畜牧、采樵之地为绝地。"

④ 途有所不由：按正常情况该走的道路不走，而另选迂回的、困难较多的但不被敌人注意的道路行进，以期出敌不意。孙子佚文《四变》："徐（途）之所不由者，曰：浅入则前事不信，深入则后利不接。动则不利，立则囚。如此者，弗由也。"

⑤ 军有所不击，城有所不攻：有的敌军不宜攻击，有的城池不应攻拔。张预注："纵之而无所损，克之而无所利，则不须击也；拔之而不能守，委之而不为患，则不须攻也。"

⑥ 君命有所不受：有的君主命令可以不予接受。曹操注："苟便于事，不拘于君命。"贾林注："决必胜之机，不可推于君命，苟利社稷，专之可也。"

【译】

孙子说：用兵的原则，主将接受国君的命令，召集人马组建军队，聚集军需。在难以通行之地不要驻扎，在四通八达的交通要道要与四邻结交，在难以生存的地区不要停留并要赶快通过，在四周有险阻容易被包围的地区要精于谋划，误入死地则须坚决作战。有的道路不要走，有些敌军不要攻，有些城池不要占，有些地域不要争，君主的某些命令根据具体情况也可以不接受。

故将通于九变之地利①者，知用兵矣；将不通九变之利，虽知地形，不能得地之利矣。治兵不知九变之术，虽知五利②，不能得人之用矣。

【注】

①将通于九变之地利：将帅若能通晓各种机变的利用，就懂得如何作战。地，衍文。

②五利：指“途有所不由，军有所不击，城有所不攻，地有所不争，君命有所不受”的五种好处。

【译】

所以将帅精通“九变”的具体运用，就是真懂得用兵了；将帅不精通“九变”的具体运用，就算熟悉地形，也不能得到地利。将帅指挥作战如果不懂“九变”的方法，即使知道“五利”，也不能充分发挥部队的战斗力。

是故智者之虑①，必杂于利害②。杂于利，而务可信③也；杂于害，而患可解也④。是故屈诸侯者以害⑤，役诸侯者以业⑥，趋诸侯者以利⑦。故用兵之法，无恃其不来，恃吾有以待⑧也；无恃其不攻，恃吾有所不可攻也⑨。

【注】

① 智者之虑：聪明的将帅思虑的问题。虑，思考、思索。

② 杂于利害：应充分兼顾到利与害两个方面。曹操注："在利思害，在害思利，当难行权。"张预注："智者虑事，虽处利地，必思所以害；虽处害地，必思所以利，此亦通便之谓也。"

③ 信：伸也，伸张、发展。杨炳安《孙子会笺》："言唯其考虑利之一面，方能以此激励三军将士完成战斗任务也。"

④ 杂于害，而患可解也：考虑到不利的因素，则祸患即可消除。

⑤ 屈诸侯者以害：以危害之事使诸侯屈服。屈，屈服、屈从。诸侯，此处指敌国。

⑥ 役诸侯者以业：以危险之事烦劳敌国使之穷于应付。役，使、驱使。《荀子·正名》："夫是之谓以己为物役矣。"业，曹操注："事也。"杜佑注："能以事劳役诸侯之人，令不得安佚。"义近。

⑦ 趋诸侯者以利：以小利引诱调动敌人，使之奔走无暇。趋，奔走。张预注："动之以小利，使之必趋。"

⑧ 恃吾有以待：不要侥幸于敌之不来，而需倚仗己有充分之准备。恃，倚仗、依赖、寄予希望。曹操注："安不忘危，常设备也。"张预注："言须思患而预防之。"

⑨ 无恃其不攻，恃吾有所不可攻也：未可侥幸于敌人不进攻，而需要依赖自己具备使敌人无从进攻的条件。

【译】

智慧明达的将帅考虑问题，必然把利与害一起权衡。在考虑不利条件时，同时考虑有利条件，大事就能顺利进行；在看到有利因素时同时考虑到不利因素，祸患就可以排除。因此，用最令人头痛的事使敌国屈服，用复杂的事使敌国穷于应付，以利益为钓饵引诱敌国疲于奔命。

所以用兵的原则是：不抱敌人不会来的侥幸心理，而要依靠我方的充分准备，严阵以待；不抱敌人不会攻击的侥幸心理，而要依靠我方坚不可摧的防御，不会被战胜。

故将有五危：必死，可杀也①；必生，可虏也②；忿速，可侮也③；廉洁，可辱也④；爱民，可烦也⑤。凡此五者，将之过也，用兵之灾也。覆军杀将⑥，必以五危，不可不察也⑦。

【注】

①必死，可杀也：一味地硬拼，则会被杀。必，坚持、固执之意。曹操注："勇而无虑，必欲死斗，不可曲挠，可以奇伏中之。"

②必生，可虏也：贪生怕死，可能就会被俘虏。曹操注："见利畏怯不进也。"

③忿速，可侮也：将帅急躁易怒，则易中敌人轻侮之计。忿，愤怒、生气。曹操注："疾急之人，可愤怒侮而致之。"

④廉洁，可辱也：将帅过于洁身清廉，则可能受辱。曹操注："廉洁之人，可污辱致之也。"

⑤爱民，可烦也：将帅爱护居民，如不审度利害，则被动烦劳。烦，烦劳、相烦。张预注："民虽可爱，当审利害。若无微不救，无远不援，则出其所必趋，使烦而困也。"

⑥覆军杀将：言军队覆灭，将帅被杀。

⑦必以五危，不可不察也：五危，即上言"必死"等五危。不可不察，言不可不弄清这个道理。

【译】

所以，将领有五种致命的弱点：坚持死拼硬打，可能招致杀身之祸；临阵畏缩，贪生怕死，则可能被俘；性情暴躁易怒，可能受敌轻侮而失去理智；过分洁身自好，珍惜声名，可能会被羞辱引发冲动；由于爱护民众，受不了敌方的扰民行动而不能采取相应的对敌行动。所有这五种情况，都是将领最容易有的过失，是用兵的灾难。军队覆灭，将领被杀，必定是因为这五种危害，因此一定要认识到这五种危害的严重性。

九、行军篇

孙子曰：凡处军①相敌②，绝山依谷③，视生处高④，战隆无登⑤，此处山之军也。绝水必远水⑥；客绝水而来，勿迎之于水内⑦，令半济而击之⑧利；欲战者，无附于水而迎客⑨；视生处高，无迎水流⑩。此处水上之军也。

【注】

① 处军：指在各种地形条件下，军队行军、战斗、驻扎的处置方法。处，处置、安顿。

② 相敌：观察判断敌情。

③ 绝山依谷：通过山地，需傍依溪谷行进。张预注："凡行军越过山险，必依附溪谷而居，一则利水草，一则负险固。"

④ 视生处高：军队驻扎，要居高向阳。曹操注："生者，阳也。"李筌注："向阳曰生，在山曰高。"

⑤ 战隆无登：在高地与敌作战，不宜自下而上仰攻。隆，高地；登，攀登。

⑥ 绝水必远水：横渡江河一定要在离河流稍远的地方驻扎。

⑦ 勿迎之于水内：梅尧臣曰："敌之方来，迎于水滨则不渡。"

⑧ 令半济而击之：乘敌人尚未全部渡过河时进攻他们。半济，正在渡水。

⑨ 无附于水而迎客：不要近水结阵而待敌。曹操曰："附，近也。"张预注："我欲必战，勿近水迎敌，恐其不得渡；我不欲战，则阻水以拒之，使不能济。"

⑩ 无迎水流：指勿居下游之地。曹操注："恐溉我也。"

【译】

孙子说：在各种不同地形上处置军队和观察判断敌情时，应该注意，通过山地，必须依靠有水草的山谷；驻扎在居高向阳的地方；敌人占领高地，不要仰攻，这是在山地上对军队的处置原则。横渡江河，应远离水流驻扎；敌人渡水来战，不要在江河中迎击，而要等它渡过一半时再攻击，这样较为有利；如果要同敌人决战，不要紧靠水边列阵；在江河地带扎营，也要居高向阳，不要面迎水流。这是在江河地带上对军队处置的原则。

绝斥泽①，惟亟去无留②，若交军于斥泽之中，必依水草而背众树③，此处斥泽之军也。平陆处易④，而右背高，前死后生⑤，此处平陆之军也。凡此四军之利⑥，黄帝之所以胜四帝⑦也。

【注】

①斥泽：盐碱沼泽地区。《尚书·禹贡》："海滨广斥。"郑注云："斥谓地咸卤。"

②亟去无留：迅速离开，不得滞留。

③必依水草而背众树：言必须傍水草背倚林木而扎营。

④平陆处易：遇开阔地，亦需择平坦之处安营。

⑤前死后生：地势前低后高。《淮南子·地形训》："高者为生，下者为死。"

⑥四军之利：上述处山、处水、处斥泽、处平陆等四种处军原则的好处。

⑦四帝：指上古时期四方氏族部落首领。

【译】

通过盐碱沼泽地带，要迅速离开，不要停留，如果同敌军相遇于盐碱沼泽地带，那就必须靠近水草而背靠树林，这是在盐碱沼泽地带上对军队处置的原则。在平原上应占领开阔地域，而侧翼要依托高地，前低后高，这是在平原地带上对军队处置的原则。以上四种“处军”原则的好处，就是黄帝之所以能战胜其他四帝的原因。

凡军好高而恶下①，贵阳而贱阴②，养生而处实③，军无百疾，是谓必胜。丘陵堤防，必处其阳而右背之，此兵之利，地之助也。上雨，水沫至，欲涉者，待其定也④。凡地有绝涧、天井、天牢、天罗、天陷、天隙⑤，必亟去之，勿近也。吾远之，敌近之；吾迎之，敌背之。军旁有险阻、潢井、葭苇、山林、翳荟者⑥，必谨覆索之⑦，此伏奸之所处也。

【注】

①凡军好高而恶下：驻军喜好高处而厌恶低处。张预注：“居高则便于观望，利于驱逐；处下则难以为固，易以生疾。”

②贵阳而贱阴：以向阳的地方为贵，贱视卑湿的地方。张预注：“贵阳者，以其光明气舒，疾病难于滋蔓也；贱阴者，晦逆非养生之道也。”

③养生而处实：养生，指人马得以休养生息。处实，指选择运输便利而物资供应丰实之地。

④上雨，水沫至，欲涉者，待其定也：曹操注：“恐半涉而水遽涨也。”

⑤绝涧、天井、天牢、天罗、天陷、天隙：前后险峻，水横其中为绝涧；四方高，中间下为天井；三面环绝，易入难出为天牢；草木

蒙密，锋镝莫施处为天罗；陂池泥泞，渐车凝骑处为天陷；道路迫狭，地多坑坎为天隙。

⑥ 险阻、潢井、葭苇、山林、翳荟：险阻，曹操注："险者，一高一下之地；阻者，多水也。"潢井，指积水池。葭苇，芦苇，泛言水草丛聚。翳荟，草木繁茂。

⑦ 必谨覆索之：必须小心谨慎地搜索。

【译】

大凡驻军总是喜欢干燥的高地，避开潮湿的洼地；重视向阳之处，避开阴暗之地；靠近水草地区，军需供应充足，将士百病不生，这样就有了胜利的保证。在丘陵堤防行军，必须占领它向阳的一面，并把主要侧翼背靠着它。这些对于用兵有利的措施，是利用地形作为辅助条件的。上游下雨，洪水突至，禁止徒涉，应等待水流稍平缓以后。凡遇到或通过"绝涧""天井""天牢""天罗""天陷""天隙"这几种地形，必须迅速离开，不要接近。我们应该远离这些地形，而让敌人去靠近它；我们应面向这些地形，而让敌人去背靠它。军队两旁遇到有险峻的隘路、湖沼、水网、芦苇、山林和草木茂盛的地方，必须谨慎地反复搜索，这些都是敌人可能埋设伏兵和隐伏奸细的地方。

敌近而静者，恃其险也；远而挑战者，欲人之进也；其所居易者，利也。众树动者，来也①；众草多障者，疑也②；鸟起者，伏③也；兽骇者，覆④也；尘高而锐者，车来也；卑而广者，徒来也⑤；散而条达⑥者，樵采也；少而往来者，营军⑦也。辞卑而益备者，进也；辞强而进驱者，退也；轻车先出居其侧者，陈也⑧；无约而请和者，谋也⑨；奔走而陈兵车者，期也；半进半退者，诱也。杖而立⑩者，饥也；汲而先饮⑪者，渴也；见利而不进者，劳也；鸟集者，虚也⑫；

夜呼者，恐也；军扰者，将不重也⑬；旌旗动者，乱也；吏怒者，倦也⑭；粟马肉食，军无悬，不返其舍者⑮，穷寇也；谆谆翕翕⑯，徐与人言者，失众也；数赏者，窘也⑰；数罚者，困也；先暴而后畏其众者，不精之至也；来委谢⑱者，欲休息也。兵怒而相迎，久而不合，又不相去，必谨察之。

【注】

①众树动者，来也：曹操注：“斩伐树木，除道而来，故动。”其言甚是。

②众草多障者，疑也：曹操注：“结草为障，欲使我疑也。”

③伏：指伏兵。

④覆：指敌军暗中掩袭。李筌注：“不意而至曰覆。”

⑤卑而广者，徒来也：扬起的尘埃低而面积广的，那是敌人步卒开来。

⑥散而条达：零散而呈条缕状。条达，纵横断绝之貌。

⑦营军：察看地形，准备立营的敌军。梅尧臣注：“轻兵定营，往来尘少。”

⑧轻车先出居其侧者，陈也：战车先出其营之侧面，是列阵欲战。杜牧曰：“出轻车，先定战陈疆界也。”

⑨无约而请和者，谋也：未至屈困之境而请和，必有奸谋。梅尧臣注：“无约请和，必有奸谋。”

⑩杖而立：倚仗兵器而站立。梅尧臣曰：“倚兵而立者，足见饥弊之色。”

⑪汲而先饮：张预注：“汲者未及归营而先饮水，是三军渴也。”此言颇是。

⑫鸟集者，虚也：群鸟集中其上，则其下营垒已空。张预曰：

“凡敌潜退，必弃营幕，禽鸟见空，鸣集其上。”

⑬ 军扰者，将不重也：敌军多惊扰，是将领无威容，不持重。李筌注：“将无威重则军扰。”

⑭ 吏怒者，倦也：军士愤怒，是士众倦烦了。梅尧臣曰：“吏士倦烦，怒不畏避也。”

⑮ 粟马肉食，军无悬缻，不返其舍者：以粮食喂马，杀牲口吃肉，营中不见用绳子悬挂水缸，士卒们是准备拼命突围。

⑯ 谆谆翕翕：指士卒们私下小声地议论。曹操注：“谆谆，语貌；翕翕，失志貌。”杜牧注：“忧在内，是自失其众心也。”

⑰ 数赏者，窘也：梅尧臣注：“势穷忧叛离，数赏以悦众。”其说甚是。

⑱ 委谢：委质来谢，带贵重礼品来言好。张预注：“以所亲爱委质来谢，是势力穷极，欲休兵息战也。”

【译】

敌人离我很近而安静的，是依仗它占领险要地形；敌人离我很远但挑战不休，是想诱我前进；敌人之所以驻扎在平坦地方，是因为对它有某种好处。许多树木摇动，是敌人隐蔽前来；草丛中有许多遮障物，是敌人布下的疑阵；群鸟惊飞，是下面有伏兵；野兽骇奔，是敌人大举突袭；尘土高而尖，是敌人战车驶来；尘土低而宽广，是敌人的步兵开来；尘土疏散飞扬，是敌人正在曳柴而走；尘土少而时起时落，是敌人正在扎营。敌人使者措辞谦卑却又在加紧备战的，是准备进攻；措辞强硬而军队又作出前进姿态的，是准备撤退；轻车先出动，部署在两翼的，是在布列阵势；敌人尚未受挫而来讲和的，是另有阴谋；敌人急速奔跑并排兵列阵的，是企图约期同我决战；敌人半进半退的，是企图引诱我军。敌兵倚着兵器而站立的，是饥饿的表现；供水兵打水自己先饮的，是干渴的表现；敌人见利而不进兵争夺的，是疲劳的表现；敌人营寨上聚集鸟雀的，下面是空营；敌人夜间惊叫的，是恐慌的表现；敌营惊扰纷乱的，是敌将没有威严的表现；旌旗摇动不整齐的，是敌人队伍已经混乱；敌人军官易怒的，是全军疲倦的表现；用粮食喂马，杀马吃肉，收拾起汲水器具，部队不返营房的，是要拼死的穷寇；低声下气同部下讲话的，是敌将失去人心；不断犒赏士卒的，是敌军没有办法；不断惩罚部属的，是敌人处境困难；先粗暴然后又害怕部下的，是最不精明的将领；派来使者送礼言好的，是敌人想休兵息战；敌人逞怒同我对阵，但久不交锋又不撤退的，必须谨慎地观察它的企图。

兵非益多①也，惟无武进②，足以并力、料敌、取人③而已。夫惟无虑而易敌④者，必擒于人。卒未亲附而罚之⑤，则不服，不服则难用也。卒已亲附而罚不行，则不可用也。故合之以文⑥，齐之以武⑦，是谓必取⑧。令素行⑨以教其民，则民服⑩；令不素行以教其民，则民不服。令素行者，与众相得⑪也。

【注】

①兵非益多：兵不在多，不以多为贵。王皙注："不以多为益。"

②唯无武进：兵不在多，但不要恃武轻进。武进，刚武轻进。

③取人：争取人心。

④易敌：轻视敌人。

⑤卒未亲附而罚之：此句杜牧注："恩信未洽，不可以刑罚齐之。"亲附，亲近、归附。

⑥合之以文：对待士卒要宽厚笼络。文，宽厚。

⑦齐之以武：用严明的军纪刑罚来整肃部众。武，刑威，军纪刑罚。

⑧ 必取：言必能取得部下的敬畏和拥戴。

⑨ 令素行：平时认真贯彻法令。令，立法行令；素，平时。

⑩ 以教其民，则民服：言威令素信，所以民听之不惑。梅尧臣注：“威令旧立，教乃听服。”其说甚是。

⑪ 与众相得：和士卒相处得融洽。

【译】

打仗不在于兵力越多越好，只要不轻敌冒进，并集中兵力、判明敌情，取得部下的信任和支持，也就足够了。那种既无深谋远虑而又轻敌的人，必定会被敌人俘虏。士卒还没有亲近依附就执行惩罚，那么他们会不服，不服就很难使用。士卒已经亲近依附，如果不执行军纪军法，也不能用来作战。所以，要用怀柔宽仁使他们思想统一，用军纪军法使他们行动一致，这样就必能取得部下的敬畏和拥戴。平素严格贯彻命令，管教士卒，士卒就能养成服从的习惯；平素从来不严格贯彻命令，管教士卒，士卒就会养成不服从的习惯。平时命令能贯彻执行的，表明将帅同士卒之间相处融洽。

十、地形篇

孙子曰：地形有通[1]者，有挂[2]者，有支[3]者，有隘[4]者，有险[5]者，有远[6]者。我可以往，彼可以来，曰通；通形者，先居高阳[7]，利粮道[8]，以战则利。可以往，难以返，曰挂；挂形者，敌无备，出而胜之，敌若有备，出而不胜，难以返，不利。我出而不利，彼出而不利[9]，曰支；支形者，敌虽利我[10]，我无出也，引而去之[11]，令敌半出而击之[12]，利。隘形者，我先居之，必盈之以待敌[13]；若敌先居之，盈而勿从，不盈而从之[14]。险形者，我先居之，必居高阳以待敌[15]；若敌先居之，引而去之，勿从也。远形者，势均[16]，难以挑战[17]，战而不利。凡此六者，地之道也[18]；将之至任[19]，不可不察也。

【注】

①通：通达，指四通八达的地区。《易·系辞》："往来无穷谓之通。"梅尧臣注："道路交达。"

②挂：悬挂、牵碍。《仪礼·少牢馈食礼》："挂于季指。"郑玄注："挂，悬也。"此指前平后险，易入难出的地形。

③支：《左传·定公元年》："天之所坏，不可支也。"杜预注："支，持也。"指敌对双方皆可据险对峙，不易于发动进攻的地区。梅尧臣注："相持之地。"其说义近。

④隘：指两山峡谷之间的地带。梅尧臣注："两山通谷之间。"

⑤险：指山川险要、行动不便利的地带。

⑥远：指敌我双方距离较远。《庄子·天道》："吾固不辞远道而来愿见。"

⑦先居高阳：应率先占据地高向阳的地形，取得战争的主动权。杜牧注："通者，四战之地，须先据高阳之处，勿使敌人先得而我后

至也。”

⑧ 利粮道：保持粮道畅通。贾林注：“通粮道，便易转运。”杜佑注：“无使敌绝己粮道也。”

⑨ 彼出而不利：敌人出击也不利。而，也、亦。

⑩ 敌虽利我：敌人以利诱我。杜佑注：“佯背我去。”

⑪ 引而去之：引兵伪装退去。引，去，离开。梅尧臣曰：“伪去，引敌人半出而击。”

⑫ 令敌半出而击之：张预注：“敌若来追，伺其半出，行列未定，锐卒攻之，必获利焉。”其说甚是。令，使。

⑬ 必盈之以待敌：一定要用足够的兵力堵塞隘口，以对付敌军来犯。杜佑注：“以兵阵满隘形，欲使敌不得进退也。”

⑭ 盈而勿从，不盈而从之：在隘形作战，敌若先占领，并用重兵堵塞隘口，我不可随顺敌意去攻；如敌尚未全部占领隘口，则应全力进攻，与敌争险阻之利。从，顺遂。张预注：“敌若先居此地，盈塞隘口而陈者，不可从也；若虽守隘口，俱不齐满者，入而从之，与敌共此险阻之利。”

⑮ 险形者，我先居之，必居高阳以待敌：在险阻之地，我当抢先占据地高向阳之处，争取主动，以待敌军。曹操注：“地形险隘，尤不可致于人。”张预注：“平陆之地，尚宜先据，况险厄之所，岂可以致于人？”

⑯ 势均：杜牧曰：“譬若我与敌垒相去三十里，若我来就敌垒而延敌欲战者，是我困敌锐，故战者不利。若敌来就我垒延我欲战者，是我佚敌劳，敌亦不利，故言均势。”其说通洽。

⑰ 难以挑战：因地势均远，不宜先求战。挑战，挑动敌人出战。曹操注：“挑战者，延敌也。”

⑱ 地之道也：指上述六者乃将帅指挥作战时利用地形之原则。

⑲ 将之至任：将帅应负的重大责任。

【译】

孙子说：地形有“通”“挂”“支”“隘”“险”“远”六种。凡是我们可以去，敌人也可以来的地域，叫作“通”；在“通”形地域上，应抢先占据开阔向阳的高地，保持粮道畅通，这样作战就有利。凡是可以前进，难以返回的地域，称作“挂”；在“挂”形的地域上，假如敌人没有防备，我们就能突击取胜，假如敌人有防备，出击又不能取胜，而且难以回师，这就不利了。凡是我军出击不利，敌人出击不利的地域叫作“支”；在“支”形地域上，敌人虽然以利相诱，我们也不要出击，而应该率军假装退却，诱使敌人出击一半时再回师反击，这样就有利。在“隘”形地域上，我们应该抢先占领，并用重兵封锁隘口，以等待敌人的到来，如果敌人已先占据了隘口，并用重兵把守，我们就不要去进攻，如果敌人没有用重兵据守隘口，那么就可以进攻。在“险”形地域上，如果我军先敌占领，就必须控制开阔向阳的高地，以等待敌人来犯；如果敌人先我占领，就应该率军撤离，不要去攻打它。在“远”形地域上，敌我双方地势均同，就不宜去挑战，勉强求战，很是不利。以上六点，是利用地形的原则；这是将帅的重大责任所在，不可不认真考察研究。

故兵有走①者，有弛②者，有陷③者，有崩④者，有乱⑤者，有北⑥者。凡此六者，非天之灾，将之过也。夫势均，以一击十，曰走；卒强吏弱，曰弛；吏强卒弱，曰陷；大吏怒而不服，遇敌怼而自战⑦，将不知其能，曰崩；将弱不严，教道不明，吏卒无常，陈兵纵横⑧，曰乱；将不能料敌⑨，以少合众，以弱击强，兵无选锋⑩，曰北。凡此六者，败之道也；将之至任，不可不察也。

【注】

①走：指败逃。

②弛：指将帅懦弱无能，士卒军纪涣散。曹操注："吏不能统，故弛坏。"

③陷：指将士虽强，然士卒战斗力弱，与敌作战则将吏孤身奋战，力不能支，故败。曹操注："吏强欲进，卒弱辄陷，败也。"

④崩：溃败。这里指主将不知其裨佐部将的能力，遇战则溃败。刘寅《直解》云："如山之崩坠。"

⑤乱：混乱，没有秩序。

⑥北：败走。

⑦遇敌怼而自战：军中将吏恚怒而不听主将之令，遇敌便战，致使军队溃败。怼，怨恨。

⑧陈兵纵横：布兵列阵杂乱无次。杜牧注："引兵出阵，或纵或横，皆自乱之也。"

⑨料敌：分析、观察敌情。

⑩选锋：精选出来的精锐的前锋分队。《尉缭子·战威》："武士不选，则众不强"，其义同此。

【译】

军队打败仗有"走""弛""陷""崩""乱""北"六种情况。这六种情况的发生，不是天灾，而是将帅自身的过错。地势均同的情况下，以一击十而导致失败的，叫作"走"；士卒强悍，军官懦弱而造成失败的，叫作"弛"；将帅强悍，士卒懦弱而失败的，叫作"陷"；部将怨恨不服从指挥，遇到敌人擅自出战，主将又不了解他们的能力，因而失败的，叫作"崩"；将帅懦弱缺乏威严，治军没有章法，官兵关系混乱紧张，列兵布阵杂乱无常，因此而致败的，叫作"乱"；将帅不能正确判断敌情，以寡击众，以弱击强，作战又没有精锐先锋部队，因而落败的，叫作"北"。以上六种情况，均是导致失败的原因；这是将帅的重大责任之所在，是不可不认真考察研究的。

夫地形者，兵之助也①。料敌制胜，计险厄远近，上将之道也。知此而用战者必胜，不知此而用战者必败②。故战道必胜③，主曰无战，必战可也④；战道不胜，主曰必战，无战可也⑤。故进不求名，退不避罪，唯人是保⑥，而利合于主⑦，国之宝也。

【注】

①兵之助也：指用兵作战的辅助条件。张预注："能审地形者，兵之助也。"

②知此而用战者必胜，不知此而用战者必败：梅尧臣注："将知地形，又知军政，则胜；不知，则败。"张预注："既知敌情，又知地利，以战则胜；俱不知之，以战即败。"其义颇精。

③战道必胜：依据战争规律，就必然能取胜。战道，指战争的指导规律。

④必战可也：此言可径出兵战之，毋须依从君命。

⑤无战可也：张预注："苟无必胜之道，虽君命必战，不可战也。与其从令而败事，不若违制而成功。"其说甚是。

⑥唯人是保：意谓只求保全百姓。

⑦利合于主：符合君主的根本利益。

【译】

地形是用兵打仗的辅助条件。正确判断敌情，考察地形险易，计算道路远近，这是高明的将领必须掌握的方法。懂得这些道理去指挥作战的，必定能够胜利；不了解这些道理去指挥作战的，必定失败。所以，根据分析有必胜把握的，即使国君主张不打，坚持打也是可以的；

根据分析没有必胜把握的，即使国君主张打，不打也是可以的。所以，战不谋求胜利的名声，退不回避失利的罪责，只求保全百姓，符合国君利益，这样的将帅，才是国家的宝贵财富。

视卒如婴儿，故可与之赴深谿；视卒如爱子，故可与之俱死①。厚而不能使②，爱而不能令③，乱而不能治④，譬若骄子，不可用也。知吾卒之可以击，而不知敌之不可击，胜之半也；知敌之可击，而不知吾卒之不可以击，胜之半也；知敌之可击，知吾卒之可以击，而不知地形之不可以战，胜之半也。故知兵者，动而不迷⑤，举而不穷⑥。故曰：知彼知己，胜乃不殆；知天知地，胜乃可全。

【注】

①视卒如婴儿，故可与之赴深溪；视卒如爱子，故可与之俱死：全句言爱护体恤士卒，可以和他们同生死，共患难。梅尧臣注："抚而育之，则亲而不离；爱而勖之，则信而不疑。故虽死与死，虽危与危。"其说甚是。

②厚而不能使：只知厚待而不能使用。厚，厚待、厚养。

③爱而不能令：只知溺爱而不重教育。梅尧臣注："爱宠而不教。"

④乱而不能治：士卒行为不守法令而不能严加管束。

⑤动而不迷：行动果断，毫不迷茫。

⑥举而不穷：举措随机应变，是无穷无尽的。

【译】

对待士卒像对待婴儿，士卒就可以同他共患难；对待士卒像对待自己的儿子，士卒就可以跟他同生共死。如果对士卒厚待却不能使用，溺爱却不能指挥，违法而不能惩治，那就如同娇惯了的子女，是不可以用来同敌作战的。只了解自己的部队可以打，而不了解敌人不可打，取胜的可能只有一半；只了解敌人可以打，而不了解自己的部队不可以打，取胜的可能也只有一半；知道敌人可以打，也知道自己的部队能打，但是不了解地形不利于作战，取胜的可能性仍然只有一半。懂得用兵的人，行动起来不会迷惑，他的战术变化无穷。所以说：知彼知己，胜乃不殆；知天知地，胜乃可全。

十一、九地篇

孙子曰：用兵之法，有散地[①]，有轻地[②]，有争地[③]，有交地，有衢地，有重地，有圮地，有围地，有死地。诸侯自战其地，为散地。入人之地而不深者，为轻地。我得则利，彼得亦利者，为争地。我可以往，彼可以来者，为交地。诸侯之地三属[④]，先至而得天下之众者[⑤]，为衢地。入人之地深，背城邑多者，为重地[⑥]。行山林、险阻、沮泽，凡难行之道者，为圮地。所由入者隘，所从归者迂[⑦]，彼寡可以击吾之众者，为围地。疾战则存，不疾战则亡者，为死地[⑧]。是故散地则无战[⑨]，轻地则无止[⑩]，争地则无攻[⑪]，交地则无绝[⑫]，衢地则合交[⑬]，重地则掠[⑭]，圮地则行[⑮]，围地则谋[⑯]，死地则战[⑰]。

【注】

① 散地：指士卒近家，战不利则心易散，故言散地。曹操注："士卒恋土，道近易散。"杜牧曰："士卒近家，进无必死之心，退有归投之处。"

② 轻地：指军队进入敌境未深，可以轻易撤回。梅尧臣注："入敌未远，道近轻返。"

③ 争地：指谁先占领就对谁有利的军事要地。曹操曰："可以少胜众，弱击强。"杜牧曰："必争之地，乃险要也。"

④ 三属：三国交界的地方。曹操注："我与敌相当，而旁有他国也。"

⑤ 先至而得天下之众者：指先到达可以得到诸侯列国的援助。曹操注："先至得其国助。"杜牧曰："天下，犹言诸侯也。"

⑥ 入人之地深，背城邑多者，为重地：谓深入敌国，所过城邑众多的地区，为重地。杜牧注："难返还也。背，去也；背与倍同。多，

道里多也。”梅尧臣注：“过城已多，津要绝塞，故曰重难之地。”二说皆是。

⑦ 所由入者隘，所从归者迂：进入的道路狭隘而回归的道路迂远。

⑧ 死地：指不速战求生则会被消灭之地。梅尧臣注：“前不得进，后不得退，旁不得走，不得不速战也。”

⑨ 无战：不宜作战。李筌注：“恐走散也。”张预注：“士卒怀生，不可轻战。”二注均是。

⑩ 无止：不宜停留。赵本学注：“入敌未深，人心未固，务速进攻，以期过险。”

⑪ 争地则无攻：指敌已占据争地则不可进攻。梅尧臣曰：“形胜之地，先据乎利；若敌已得其处，则不可攻。”曹操注：“不当攻，当先至为利也。”

⑫ 交地则无绝：指在交地，部伍相联结，不可断绝。梅尧臣曰：“道既错通，恐其邀截，当令部伍相及，不可断也。”

⑬ 衢地则合交：指在衢地，则当结交诸侯，陷敌于孤立。合交，曹操注：“结诸侯也。”孟氏注：“得交则安，失交则危也。”

⑭ 重地则掠：指在重地作战则掠夺敌资粮。梅尧臣曰：“去国既远，多背城邑，粮道必绝，则掠畜积以继食。”

⑮ 圮地则行：指在圮地就应迅速通行。张预曰：“难行之地，不可稽留也。”

⑯ 围地则谋：处围地则发谋以取胜。

⑰ 死地则战：在死地则力战以求生。

【译】

孙子说：按照用兵的原则，军事地理有散地、轻地、争地、交地、衢地、重地、圮地、围地、死地。诸侯在本国境内作战的地区，叫作散地。在敌国浅近纵深作战的地区，叫作轻地。我方得到有利、敌人也得到有利的地区，叫作争地。我军可以前往、敌军也可以前来的地区，叫作交地。多国相毗邻，先到就可以获得诸侯列国援助的地区，叫作衢地。深入敌国腹地，背靠敌人众多城邑的地区，叫作重地。山林险阻沼泽等难以通行的地区，叫作圮地。行军的道路狭窄，退兵的道路迂远，敌人可以用少量兵力攻击我方众多兵力的地区，叫作围地。迅速奋战就能生存，不迅速奋战就会全军覆灭的地区，叫作死地。因此，处于散地就不宜作战，处于轻地就不宜停留，遇上争地就不要勉强强攻，遇上交地就不要断绝联络，进入衢地就应该结交诸侯，深入重地就要掠取粮草，碰到圮地就必须迅速通过，陷入围地就要设谋脱险，处于死地就要力战求生。

所谓古之善用兵者，能使敌人前后不相及①，众寡不相恃②，贵贱③不相救，上下不相收④，卒离而不集⑤，兵合而不齐。合于利而动，不合于利而止。敢问：敌众整而将来，待之若何？曰：先夺其所爱⑥，则听⑦矣。兵之情主速⑧，乘人之不及，由不虞之道⑨，攻其所不戒也。

【注】

①不相及：不相连续。

②众寡不相恃：大部队与小部队不能协同依恃。恃，依靠。

③贵贱：指官与兵。

④不相收：不相统属，不能收聚。

⑤卒离而不集：士卒分散难以集中。离，分、散。《吕览·大乐》："离则复合。"高诱注："离，散也。"

⑥ 夺其所爱：剥夺敌人所爱惜依恃的有利条件。

⑦ 听：指使敌被动，从我意愿。《广雅·释诂》云："听，从也。"

⑧ 兵之情主速：用兵的道理以神速为上。张预注："用兵之理，惟尚神速。"

⑨ 由不虞之道：通过敌人料想不到的道路。

【译】

从前善于指挥作战的人，能使敌人前后部队不能相互策应，主力和小部队无法相互依靠，官兵之间不能相互救援，上下级之间不能互相联络，士兵分散不能集中，合兵布阵也不整齐。对我有利就打，对我无利就停止行动。试问：敌人兵员众多且又阵势严整向我发起进攻，那该用什么办法对付它呢？回答是：先夺取敌人最关心爱护的，这样就听从我们的摆布了。用兵贵在神速，要乘敌人措手不及的时机，走敌人意料不到的道路，攻击敌人没有戒备的地方。

凡为客之道[①]：深入则专[②]，主人不克[③]。掠于饶野[④]，三军足食。谨养而勿劳[⑤]，并气积力[⑥]，运兵计谋，为不可测[⑦]。投之无所往，死且不北[⑧]，死焉不得，士人尽力[⑨]。兵士甚陷则不惧[⑩]，无所往则固[⑪]，深入则拘，不得已则斗[⑫]。是故其兵不修而戒[⑬]，不求而得[⑭]，不约而亲[⑮]，不令而信。禁祥去疑[⑯]，至死无所之[⑰]。吾士无余财，非恶货也[⑱]；无余命，非恶寿也[⑲]。令发之日，士卒坐者涕沾襟，偃卧者涕交颐[⑳]。投之无所往者，诸、刿[㉑]之勇也。

【注】

① 为客之道：指深入敌境作战部队的用兵规律。客，进入敌国作战的部队。

② 深入则专：专，《广雅·释言》：“齐也。”全句谓深入敌境，则军心一致。

③ 主人不克：在本土作战的军队，无法战胜客军。梅尧臣曰：“为客者，入人之地深，则士卒专精，主人不能克我。”

④ 掠于饶野：掠夺野外的粮草。饶野，《玉篇》说：“饶，丰也，厚也。”王皙注：“饶野多稼穑。”

⑤ 谨养而勿劳：认真养练休整，勿使疲劳。

⑥ 并气积力：鼓舞士气，积蓄力量。并，合并，此为鼓舞、鼓励之意。

⑦ 为不可测：使敌人无法作出正确的判断。

⑧ 投之无所往，死且不北：将士卒置于无路可走的境地，虽死也不会败退。梅尧臣注：“置在必战之地，知死而不退走。”

⑨ 死焉不得，士人尽力：全句言置于死地的士卒，必人人拼死尽力。

⑩ 兵士甚陷则不惧：兵士深陷于危难之中，那么反而无所畏惧。张预曰：“陷在危亡之地，人持必死之志，岂复畏敌也。”

⑪ 无所往则固：无路可走，则军心稳固。往，杜牧注：“走也。”固，李筌注：“坚也。”

⑫ 不得已则斗：曹操注：“人穷则死战也。”

⑬ 不修而戒：士卒们不待休整而自戒备。修，修明法令。戒，警戒。曹操注：“不求索其意，自得力也。”

⑭ 不求而得：不待征求而情意已得。梅尧臣注：“不索而情自得。”张预注：“不求索而得情意。”

⑮ 不约而亲：不待约束而自亲和。梅尧臣注：“不约而众自亲。”

⑯ 禁祥去疑：禁止迷信和谣言之事，避免士卒疑惑。梅尧臣注：“妖祥之事不作，疑惑之言不入。”

⑰ 至死无所之：士卒们至死也不会逃跑。

⑱ 吾士无余财，非恶货也：兵卒们毁弃财物，抛弃必需品以外的钱财，并非不爱惜财物，实乃性命不保，何惜财物。梅尧臣曰："不得已竭财货。"

⑲ 无余命，非恶寿也：士卒们不顾性命去拼死搏斗，并非不愿长寿，而是身陷死地，不得不舍命以求生。

⑳ 偃卧者涕交颐：士卒们仰卧在地，泪流满面。汉简本《孙子兵法》中，偃为僵。

㉑ 诸、刿：均为人名，指专诸、曹刿。

【译】

在敌国境内进行作战的一般规律是：越深入敌国腹地，我军军心就越坚固，敌人就越不易战胜我们。在敌国丰饶地区掠取粮草，部队给养就有了保障。要注意休整部队，不要使其过于疲劳，保持士气，养精蓄锐，部署兵力，巧设计谋，使敌人无法判断我军的意图。将部队置于无路可走的绝境，士卒就会宁死不退。士卒既能宁死不退，那么他们怎么会不殊死作战呢！士卒深陷危险的境地，就不再存在恐惧，一旦无路可走，军心就会牢固，深入敌境军队就不会离散，遇到迫不得已的情况，军队就会殊死奋战。因此，无须整饬就能注意戒备，不用强求就能完成任务，无须约束就能亲密团结，不待申令就会遵守纪律。禁止占卜迷信，消除士卒的疑虑，他们至死也不会逃避。我军士卒没有多余的钱财，并不是不爱钱财；士卒置生死于度外，也不是不想长寿。当作战命令颁布之时，坐着的士卒泪沾衣襟，躺着的士卒泪流满面。但把士卒置于无路可走的绝境，他们就都会像专诸、曹刿一样的勇敢。

故善用兵者，譬如率然[①]**；率然者，常山**[②]**之蛇也。击其首则尾**

至，击其尾则首至，击其中则首尾俱至。敢问：兵可使如率然乎？曰：可。夫吴人与越人相恶也，当其同舟而济，遇风其相救也，如左右手。是故方马埋轮③，未足恃也；齐勇若一，政之道也④；刚柔皆得，地之理也⑤。故善用兵者，携手若使一人⑥，不得已也。

【注】

① 率然：古代传说中的一种蛇。《神异经 · 西荒经》："西方山中有蛇，头尾差大，有色五彩。人物触之者，中头则尾至，中尾则头至，中腰则头尾并至，名曰率然。"

② 常山：即恒山。西汉时因避汉文帝刘恒的"恒"字而改为常山。

③ 方马埋轮：缚马埋轮，以示坚守的决心。曹操注："方，缚马也；埋轮，示不动也，此言专难不如权巧。故曰：虽方马埋轮，不足恃也。"

④ 齐勇若一，政之道也：三军齐勇如一人，靠的是军政之道严明，即治军有方。齐，齐心协力。梅尧臣曰："使人齐勇如一心而无怯者，得军政之道也。"

⑤ 刚柔皆得，地之理也：强者和弱者都能充分发挥战斗力，是巧妙地借助地形使然。王皙曰："刚柔，犹强弱也。言三军之士，强弱皆得其用者，地利使之然也。"

⑥ 携手若使一人：张预注："三军虽众，如提一人之手而使之，言齐一也。"

【译】

善于指挥作战的人，能使部队自我策应如同"率然"一样。"率然"是常山地方一种蛇，打它的头部，尾巴就来救应；打它的尾，头就来救应；打它的腰，头尾都来救应。试问：可以使军队像“率然”一样吧？回答是：可以。吴国人和越国人是互相仇视的，但当他们同船渡河而遇上大风时，他们相互救援，就如同人的左右手一样。

所以，想用缚住马缰、深埋车轮这种显示死战决心的办法来稳定部队，是靠不住的。要使部队能够齐心协力奋勇作战如同一人，关键在于部队管理教育有方。要使强弱不同的士卒都能发挥作用，在于恰当地利用地形。所以善于用兵的人，能使全军上下携手团结如同一人，这是因为客观形势迫使部队不得不这样。

将军①之事：静以幽，正以治②。能愚士卒之耳目，使之无知③；易其事，革其谋，使人无识④；易其居，迂其途，使民不得虑⑤。帅与之期，如登高而去其梯⑥；帅与之深入诸侯之地，而发其机⑦，焚舟破釜；若驱群羊，驱而往，驱而来，莫知所之。聚三军之众，投之于险，此谓将军之事也。九地之变，屈伸之利⑧，人情之理，不可不察。

【注】

①将军：主持军事。将，率领。

②静以幽，正以治：沉静而深幽、公正而有条理。曹操注：“谓清静幽深平正。”

③能愚士卒之耳目，使之无知：指蒙蔽士卒的耳目，不让他们知晓军情。曹操注：“愚，误也。民可以乐成，不可以虑始。”李筌注：“为谋未熟，不欲令士卒知之。”

④易其事，革其谋，使人无识：指变更部署，改变计谋，使人无法识破。张预注：“前所行之事，旧所发之谋，皆变易之，使人不可知也。”

⑤易其居，迂其途，使民不得虑：指变换驻防，迂回行军，使人

们不得图谋。梅尧臣注：“更其所安之居，迂其所趋之途，无使人能虑也。”

⑥ 帅与之期，如登高而去其梯：主帅与军队约战，犹言赋予作战任务，断绝其退路，使之勇往直前。赵本学注：“期，约战之所也。”

⑦ 帅与之深入诸侯之地，而发其机：将帅率兵深入重地后抓住战机，发动攻势。机，弩机之扳机。

⑧ 九地之变，屈伸之利：九地作战原则的灵活运用，研判或屈或伸的利害关系。张预注：“九地之法，不可拘泥，须识变通，可屈则屈，可伸则伸，审所利而已。”

【译】

主持军事行动，要做到考虑谋略沉着冷静而幽深莫测，管理部队公正严明而有条不紊。要能蒙蔽士卒的视听，使他们对于军事行动毫无所知；变更作战部署，改变原定计划，使人无法识破真相；不时变换驻地，故意迂回前进，使人无从推测意图。将帅向军队赋予作战任务，要像使其登高而抽去梯子一样；将帅率领士卒深入诸侯国土，要像弩机发出的箭一样一往无前；对待士卒要能如驱赶羊群一样，赶过去又赶过来，使他们不知道要到哪里去。集结全军，把他们置于险境，这就是统率军队的要点。九种地形的应变处置，攻防进退的利害得失，全军上下的心理状态，这些都是作为将帅不能不认真研究和周密考察的。

凡为客之道：深则专，浅则散[①]。去国越境而师者，绝地也[②]；四达者，衢地也；入深者，重地也；入浅者，轻地也；背固前隘[③]者，围地也；无所往者，死地也。是故散地，吾将一其志[④]；轻地，吾将使之属[⑤]；争地，吾将趋其后[⑥]；交地，吾将谨其守；衢地，吾将固其结[⑦]；重地，吾将继其食[⑧]；圮地，吾将进其涂；围地，吾将塞其

阙[⑨]**；死地，吾将示之以不活**[⑩]**。故兵之情：围则御，不得已则斗，过则从**[⑪]**。**

【注】

① 深则专，浅则散：在敌国境内作战，深入则士卒一致，浅进则士卒涣散。

② 去国越境而师者，绝地也：赵本学注本云："去国，去己之国；越境，越人之境。绝，绝望之意。此篇无绝地之文，此特因上文'诸侯自战其地，为散地'之句，而反言申之也。"另一说，梅尧臣注："进不及轻，退不及散，在二地之间也。"

③ 背固前隘：梅尧臣曰：背后险固，前路狭隘。"背负险固，前当厄塞。"张预曰："前狭后险，进退受制于人也。"

④ 一其志：指统一士卒意志。李筌注："一卒之心。"

⑤ 使之属：使军队部属相连接。

⑥ 趋其后：指后续部队迅速跟进。曹操注："利地在前，当速进其后也。"杜佑注："利地在前，当进其后；争地先据者胜，不得者负。"

⑦ 固其结：巩固与诸侯的结盟。杜牧注："结交诸侯，使之牢固。"

⑧ 继其食：补充军粮，保障供给。贾林注："使粮相继而不绝也。"

⑨ 塞其阙：堵塞缺口。孟氏注："意欲突围，示以守固。"

⑩ 示之以不活：表示死战的决心。

⑪ 过则从：陷于险境十分深重则无不听从。孟氏曰："甚陷则无所不从。"

【译】

在敌国境内作战的规律是：深入敌境则军心稳固，浅入敌境则军心容易涣散。进入敌境进行作战的称为绝地；四通八达的地区叫作衢地；进入敌境纵深的地区叫作重地；进入敌境浅的地区叫作轻地；背有险阻前有隘路的地区叫作围地；无路可走的地区就是死地。因此，在散地，要统一军队意志；在轻地，要使营阵紧密相连；在争地，要迅速出兵抄到敌人的后面；在交地，就要谨慎防守；在衢地，就要巩固与列国的结盟；入重地，就要保障军粮供应；在圮地，就必须迅速通过；陷入围地，就要堵塞缺口；到了死地，就要显示死战的决心。所以，士卒的心理状态是：陷入包围就会竭力抵抗，形势逼迫就会拼死战斗，身处绝境就会听从指挥。

是故不知诸侯之谋者，不能预交①；不知山林、险阻、沮泽之形者，不能行军；不用乡导者，不能得地利。四五者②，不知一，非霸王之兵③也。夫霸王之兵，伐大国，则其众不得聚④；威加于敌，则其交不得合⑤。是故不争天下之交⑥，不养天下之权，信己之私⑦，威加于敌，故其城可拔，其国可隳⑧。施无法之赏，悬无政之令⑨，犯三军之众⑩，若使一人。犯之以事，勿告以言⑪；犯之以利，勿告以害⑫。投之亡地然后存，陷之死地然后生⑬。夫众陷于害，然后能为胜败⑭。故为兵之事，在于顺佯敌之意⑮，并敌一向⑯，千里杀将，此谓巧能成事者也。

【注】

① 不知诸侯之谋者，不能预交：不了解诸侯的谋略，不能同他交往。

② 四五者：指九地。曹操注："谓九地之利害。"清夏振翼《武经

体注大全会解》云："四五，指'九地'言。'九地'中五为客兵，四为主兵，故不合言之而分言之。"

③ 霸王之兵：指能够称霸诸侯的军队。曹操注："霸者，不结成天下诸侯之权也。绝天下之交，夺天下之权，故己威得伸而自私。"

④ 其众不得聚：指敌人的军队来不及动员集中。聚，集中、动员。

⑤ 威加于敌，则其交不得合：兵威指向敌国，他国惧我之威，不敢与该敌国结交。

⑥ 不争天下之交：不争着与天下诸侯交结。

⑦ 信己之私：伸展自己对民众的恩爱。信，同"伸"。私，偏爱。

⑧ 其国可隳：可毁坏其国都。《吕览·顺说》："隳人之城郭"，高诱注："隳，坏也。"

⑨ 施无法之赏，悬无政之令：无法，超出惯例、破格。悬，挂、颁布。黄巩《集注》："无法之赏，谓破格也；无政之令，谓临享应变。"

⑩ 犯三军之众：使用三军队伍。犯，干，这里指驱使，任用。

⑪ 勿告以言：不要告诉士兵意图。王晳注："情泄则谋乖。"

⑫ 犯之以利，勿告以害：命令他们去完成任务，只告诉有利条件，不告诉危险因素，使其信心坚定。

⑬ 投之亡地然后存，陷之死地然后生：指置军队于危亡之地，然后可以保存。曹操注："必殊死战，在亡地无败者。孙膑曰：'兵恐不投之死地也。'" 梅尧臣曰："地虽曰亡，力战不亡；地虽曰死，死战不死。故亡者存之基，死者生之本也。"

⑭ 能为胜败：意谓军队陷入危亡之地才能取胜。

⑮ 顺佯敌之意：假装顺从敌人的企图。顺佯，假装顺从。

⑯ 并敌一向：集中优势兵力，选择恰当的进攻方向。

【译】

不了解诸侯列国的战略意图，就不要与之结交；不熟悉山林、险阻、沼泽等地形情况，就不能行军；不使用向导，就无法得到地利。这九种情况，如有一种情况不了解，都不能成为称王称霸的军队。凡是王霸的军队，进攻大国，能使敌国的军民来不及动员集中；兵威加在敌人头上，能够使敌方的盟国无法配合策应。因此，没有必要去争着同天下诸侯结交，也用不着在各国里培植自己的势力，只要施展自己的战略意图，把兵威施加在敌人头上，就可以拔取敌人的城邑，摧毁敌人的国都。施行超越惯例的奖赏，颁布不拘常规的号令，指挥全军就如同使用一个人一样。向部下布置作战任务，但不说明其中意图。只告知利益而不指出危害。将士卒置于危地，才能转危为安；使士卒陷于死地，才能起死回生。军队深陷绝境，然后才能赢得胜利。所以，指导战争的关键，在于假装顺从敌人意图，一旦有机可乘，便集中兵力攻击敌人的要害，千里奔袭，斩杀敌将，这就是所谓巧妙用兵，实现克敌制胜的目的。

是故政举之日①，夷关折符，无通其使②；厉于廊庙之上③，以诛其事④。敌人开阖⑤，必亟入之。先其所爱⑥，微与之期⑦。践墨随敌⑧，以决战事。是故始如处女，敌人开户；后如脱兔，敌不及拒⑨。

【注】

① 政举之日：决定实施战略计划的时候。

② 夷关折符，无通其使：废除通行凭证，断绝交通往来。夷，封锁。符，通行证。曹操注："谋定，则闭关以绝其符信，勿通其使。"

③ 厉于廊庙之上：在庙堂上反复研究，以决定战争大事。厉，反复推敲。

④ 以诛其事：指决定这一大事。诛，治，这里指研究。

⑤ 开阖：喻可乘之机。曹操注：“敌有间隙，当急入之也。”

⑥ 先其所爱：杜牧注：“凡是敌人所爱惜，倚恃以为军者，则先夺之也。”

⑦ 微与之期：不要与敌人约期交战。期，约、合。

⑧ 践墨随敌：避免墨守成规，随敌情变化来决定作战方案。践，通“刬”。贾林注：“刬，除也。”墨，墨守成规。

⑨ 始如处女，敌人开户；后如脱兔，敌不及拒：开始如处女般柔弱沉静，使敌人放松警戒；后如逃兔一般迅捷，打击敌人，使之猝不及防。

【译】

因此，在决定战争方略的时候，就要封锁关口，废除通行符证，不允许敌国使者往来；要在庙堂里再三谋划，作出战略决策。敌人一旦出现间隙，就要迅速趁机而入。首先夺取敌人战略要地，但不要轻易与敌约期决战。要灵活机动，因敌情来决定自己的作战行动。因此，战争开始之前要像少女那样显得沉静柔弱，诱使敌人放松戒备；战斗展开之后，则要像脱逃的兔子一样迅捷，使敌人措手不及，无从抵抗。

十二、火攻篇

孙子曰：凡火攻有五：一曰火人①，二曰火积②，三曰火辎③，四曰火库④，五曰火队。行火必有因⑤，烟火必素具⑥。发火有时，起火有日⑦。时者，天之燥⑧也；日者，月在箕、壁、翼、轸⑨也。凡此四宿者，风起之日也。

【注】

①火人：焚烧营栅，烧毁敌军人马。李筌注："焚其营，杀其士卒也。"杜牧曰："焚其营栅，困烧兵士。"

②火积：焚烧敌军积聚的粮草。杜牧注云："积者，积蓄也，粮食薪草是也。"

③火辎：焚烧敌军被服、军器装备及车辆等辎重。辎，装载物资的车辆。杜牧曰："器械财物及军士衣装，在车中上道未止曰辎。"

④火库：焚毁敌军所储装备、军饷、财物等库藏。《说文》："库，兵车藏也。"

⑤行火必有因：行火时必须有所依就，即天时、敌情可用，行火器材常备。因，《吕览·尽数》"因智而明之"，高诱注："因，依也。"

⑥烟火必素具：放火器材必须平素准备好。烟火，曹操注："烧具也。"

⑦发火有时，起火有日：发动火攻要选择好天时，具体点火要有恰当日子。

⑧天之燥：气候干燥，物品容易燃烧。燥，曹操注："旱也。"

⑨箕、壁、翼、轸：为二十八星宿之四宿。箕为东方苍龙七宿之一；壁为北方玄武七宿之一；翼、轸为南方朱雀七宿之二。古人通过长期观察，月亮与这些星宿运行到一起的日子，一般多风，这可看作

上古时的气候资料。

【译】

孙子说火攻形式共有五种：一是焚烧敌军人马，二是焚烧敌军粮草，三是焚烧敌军辎重，四是焚烧敌军仓库，五是焚烧敌军运输设施。实施火攻必须具备条件，火攻器材必须平时准备。放火要看准天时，起火要选好日子。天时是指气候干燥，日子是指月亮行经"箕""壁""翼""轸"四个星宿位置的时候。月亮经过这四个星宿的时候一般是多风之时日。

凡火攻，必因五火之变而应之①**。火发于内，则早应之于外**②**。火发兵静者，待而勿攻，极其火力**③**，可从而从之，不可从而止**④**。火可发于外，无待于内，以时发之**⑤**。火发上风，无攻下风**⑥**。昼风久，夜风止**⑦**。凡军必知有五火之变，以数守之**⑧**。故以火佐攻者明，以水佐攻者强**⑨**。水可以绝，不可以夺**⑩**。

【注】

① 凡火攻，必因五火之变而应之：根据五种火攻所引起的敌情变化，适时地运用军队策应。

② 早应之于外：曹操注："以兵应之也。"杜牧注："凡火，乃使敌人惊乱，因而击之，非谓空以火败敌人也。闻火初作，即攻之；若火阑众定而攻之，当无益。故曰早也。"

③ 极其火力：使火力燃烧到最旺时。

④ 可从而从之，不可从而止：可随火而进攻敌人则进攻，没有机会进攻就按兵不动。从，随也。曹操注："见可而进，知难而退。"

⑤ 以时发之：陈皞注："以时发之，所谓天之燥、月之宿在四星

也。”其说甚是。

⑥ 无攻下风：不要在下风处进攻。赵本学注：“下风为烟焰所冲，固不宜攻，亦恐敌兵避火，溃出相蹂藉也。”

⑦ 昼风久，夜风止：白天刮风时间长，到晚上就会停止。各家注本皆同此。唯刘寅《直解》引张贲说：“白昼遇风而发火，则当以兵从之；遇夜风而发火，则止而不从，恐彼有伏，反乘我也。”

⑧ 以数守之：即按火攻应遵循的自然规律把握火攻的时机。杜牧注：“须算星躔之数，守风起日，乃可发火，不可偶然而为之。”

⑨ 故以火佐攻者明，以水佐攻者强：此句谓用火进攻敌人效果十分明显，用水进攻敌人就会壮大我军声势。

⑩ 水可以绝，不可以夺：用水攻敌可以分割敌人，但不能彻底摧毁敌人。绝，断绝、分割。不可以夺，曹操注：“不可以夺敌蓄积。”

【译】

凡用火攻，必须根据五种火攻所引起的不同变化，灵活部署兵力策应。在敌营内部放火，就要提前及时派兵从外面策应。火已烧起而敌军依然保持镇静，就应等待，不可立即发起进攻，待火势旺盛后，再根据情况作出决定，可以进攻就进攻，不可进攻就停止。火可从外面放，这时就不必等待内应，只要适时放火就行。从上风放火时，不可从下风进攻。白天风刮久了，夜晚就容易停止。军队都必须掌握这五种火攻形式，等待条件具备时进行火攻。用火来辅助军队进攻，效果显著；用水来辅助军队进攻，攻势必能加强。水可以把敌军分割隔绝，但却不能焚毁敌人的军需物资。

夫战胜攻取，而不修其功者，凶[①]，命曰“费留”[②]。故曰：明主虑[③]之，良将修之[④]。非利不动[⑤]，非得不用[⑥]，非危不战[⑦]。主不可

以怒而兴师，将不可以愠[8]而致战；合于利而动，不合于利而止。怒可以复喜，愠可以复悦；亡国不可以复存，死者不可以复生[9]。故明君慎之，良将警之，此安国全军之道也[10]。

【注】

① 不修其功者，凶：指打了胜仗，夺取城邑，而不修明政治，及时论功行赏，激扬士气，以巩固胜利成果，则有祸患存在。凶，祸患。

② 命曰“费留”：指若不及时赏赐士卒，将士不用命，致使战争拖延或失败，军费将如流水般逝去。命，名。“费留”，曹操注：“若水之流，不复还也。”

③ 虑：思索，想到。

④ 良将修之：明智的将领应很好地研究这个问题。

⑤ 非利不动：对我无利则军队不行动。于鬯《香草续校书》云：“当指士卒言，谓非有所利，则不为我动也。”

⑥ 非得不用：没有必胜的把握则不出动军队作战。于鬯《香草续校书》云：“非有所得，则不为我用也。”

⑦ 非危不战：危，紧急。于鬯《香草续校书》云：“非有所危，则不为我战也。”

⑧ 愠：怨愤，恼怒。

⑨ 怒可以复喜，愠可以复悦；亡国不可以复存，死者不可以复生：梅尧臣注：“一时之怒，可返而喜也；一时之愠，可返而悦也。国亡军死，不可复已。”其说颇是。

⑩ 故明君慎之，良将警之，此安国全军之道也：所以明智的国君要慎重，贤良的将帅要警惕，这是安定国家、保全军队的重要原则。张预注：“君常慎于用兵，则国可以安；将常戒于轻战，则可以全军。”

【译】

凡打了胜仗，攻取了土地城邑，而不能巩固战果的，会很危险，这种情况叫作“费留”。所以说，明智的国君要慎重地考虑这个问题，贤良的将帅要严肃地对待这个问题。没有好处不要行动，没有取胜的把握不能用兵，不到危急关头不要开战。国君不可因一时愤怒而发动战争，将帅不可因一时的气愤而出阵求战。符合国家利益才用兵，不符合国家利益就停止。愤怒还可以重新变为欢喜，气愤也可以重新转为高兴，但是国家灭亡了就不能复存，人死了也不能重生。所以，对待战争，明智的国君应该慎重，贤良的将帅应该警惕，这是安定国家和保全军队的基本道理。

十三、用间篇

孙子曰：凡兴师十万，出征千里，百姓之费，公家之奉①，日费千金；内外骚动，怠②于道路，不得操事③者，七十万家④。相守⑤数年，以争一日之胜，而爱爵禄百金⑥，不知敌之情者，不仁⑦之至也，非民之将也，非主之佐也，非胜之主⑧也。故明君贤将所以动而胜人⑨，成功出于众者，先知⑩也。先知者，不可取于鬼神⑪，不可象于事⑫，不可验于度⑬，必取于人，知敌之情者也。

【注】

① 奉：同“俸”，这里指费用。

② 怠：疲惫、懈怠。

③ 操事：操作农事。

④ 七十万家：指出兵打仗，要有大量的民众承受繁重的徭役、赋税，不能正常地从事劳动。曹操注：“古者八家为邻，一家从军，七家奉之，言十万之师举，不事耕稼者七十万家。”

⑤ 相守：相持。

⑥ 爱爵禄百金：指吝啬爵位、俸禄和金钱而不肯重用间谍。爱，吝啬。爵，爵位。禄，俸禄。

⑦ 不仁：这里指不顾国家和民众的利益。

⑧ 非胜之主：意为不是能打胜仗的好国君。主，国君。

⑨ 动而胜人：指一出兵就能战胜敌人。动，举动，这里指出兵。

⑩ 先知：指事先知道敌人情况。

⑪ 取于鬼神：指用祈祷、祭祀鬼神和占卜等办法去取得。

⑫ 象于事：指以过去相似的事物作模拟。象，同“像”，相类似。

⑬ 验于度：指以日月星辰运行的位置来占卜吉凶祸福。验，应

验。度，度数，指星宿的位置。

【译】

孙子说：凡出兵十万，千里征战，百姓们的耗费，国家的开支，每天要花费千金；举国骚动，民众服役，疲惫于道路，不能从事耕作的七十万家。战争双方相持数年，是为了取胜于一旦，如果吝啬爵禄和金钱，不肯重用间谍，以致不能了解敌人情况而遭受失败，那就太“不仁”了。这样的将帅，不是军队的好将帅，不是国君的好助手；这样的国君，不是能打胜仗的好国君。英明的国君，良好的将帅，之所以一出兵就能战胜敌人，而成功超出于众人之上的，其重要原因，在于他事先了解敌情。而要事先了解敌情，不可用迷信鬼神和占卜等方法去取得，不可用过去相似的事情作模拟，也不可用观察日月星辰运行位置去占卜，一定要从了解敌情的人那里去获得。

故用间有五：有因间①，有内间，有反间，有死间，有生间。五间俱起，莫知其道②，是谓神纪③，人君之宝也。因间者，因其乡人而用之④。内间者，因其官人而用之⑤。反间者，因其敌间而用之⑥。死间者，为诳事于外⑦，令吾间知之，而传于敌间也⑧。生间者，反报也⑨。

【注】

① 因间：间谍的一种。张预曰：“此五间之名，因间当为乡间。”

② 五间俱起，莫知其道：五种间谍都使用起来，就能使敌人摸不到规律，无从应付。道，途径，规律。

③ 神纪：神妙莫测之道。纪，道。

④ 因其乡人而用之：指利用敌国的普通人做间谍。因，凭借，根

据，这里引申为利用。

⑤ 内间者，因其官人而用之：所谓内间，是指收买敌国官吏做间谍。官人，指敌国官吏。

⑥ 反间者，因其敌间而用之：所谓反间，就是收买或利用敌方派来的间谍，使其为我所用。

⑦ 为诳事于外：故意向外散布虚假的情况，假装泄露了机密，以欺骗、迷惑敌人。诳，迷惑，欺骗。

⑧ 令吾间知之，而传于敌间也：指让我方间谍了解我所故意泄露的虚假情况，并传给敌人，使敌人上当。事发之后，我方间谍往往会被处死。有的版本此句为："令吾间知之，而传于敌也。"

⑨ 生间者，反报也：所谓生间，是指派往敌方了解情况后能亲自返回报告情况的人。反，同"返"。

【译】

使用间谍有五种：有"因间"，有"内间"，有"反间"，有"死间"，有"生间"。五种间谍都使用起来，就能使敌人摸不到规律而无从应付，这就是所谓"神纪"，是国君制胜敌人的法宝。所谓"因间"，是指利用敌国乡里的普通人做间谍。所谓"内间"，是指收买敌国的官吏做间谍。所谓"反间"，是指收买或利用敌方派来的间谍为我效力。所谓"死间"，是指故意散布虚假情况，让我方间谍知道而传给敌方，敌人上当后往往将其处死。所谓"生间"，是指派往敌方侦察后，亲自返回报告敌情的人。

故三军之事，莫亲于间①，赏莫厚于间，事莫密②于间。非圣智③不能用间，非仁义不能使间④，非微妙不能得间之实⑤。微哉！微哉！无所不用间也。间事未发而先闻者，间与所告者皆死。

【注】

① 三军之事，莫亲于间：军队最亲信的人中没有比间谍更为亲信的了。汉简《孙子兵法》《通典》《太平御览》皆作“三军之亲，莫亲于间”。

② 密：秘密，机密。

③ 圣智：指才智过人。

④ 非仁义不能使间：这里指不吝啬优厚的爵禄赏赐，并以诚相待。这样，间谍才会决心为其效命。

⑤ 非微妙不能得间之实：不是用心精细、手段巧妙的将领，不能取得间谍的真实情报。微妙，精细奥妙，这里指用心精细，手段巧妙。实，指实情。

【译】

所以军队中的亲信，没有比间谍再亲信的了，奖赏没有比间谍更优厚的了，事情没有比用间更机密的了。不是才智过人的将帅不能使用间谍，“仁义”不足的将帅也不能使用间谍，不是用心精细、手段巧妙的将帅不能取得间谍的真实情报。微妙啊！微妙啊！真是无处不可使用间谍呀。用间的计谋尚未施行，就被泄露出去，间谍和他所告诉的人都要被处死。

凡军之所欲击，城之所欲攻，人之所欲杀，必先知其守将①、左右②、谒者③、门者④、舍人⑤之姓名，令吾间必索知之。必索敌间之来间我者，因而利之，导而舍之⑥，故反间可得而用也。因是而知之⑦，故乡间、内间可得而使也。因是而知之，故死间为诳事，可使告敌。因是而知之，故生间可使如期。五间之事，主必知之，知之必在于反间，故反间不可不厚也。

【注】

① 守将：主管将领。

② 左右：指守将身边的亲信。

③ 谒者：指负责传达通报的官员。一说指接待宾客事务的官员。

④ 门者：指负责守门的官吏。

⑤ 舍人：指守将的门客幕僚。

⑥ 导而舍之：设法诱导他，并交给一定的任务，然后放他回去。导，引导，诱导。舍，释放。

⑦ 因是而知之：指从反间那里得知敌人内情。

【译】

凡是要攻击的敌军，要攻占的城邑，要击杀的敌方人员，必须预先了解主管将帅及其左右亲信、掌管传达通报的官员、负责守门的官吏以及门客幕僚的姓名，务必命令我方间谍侦察清楚。必须查出敌方派来侦察我方的间谍，以便依据情况进行收买、利用，要经过诱导或交代任务，然后放他回去，这样，反间就可以为我所用了。从反间那里得知敌人情况之后，乡间、内间就可得以使用了。因从反间那里得知敌人情况，所以散布给死间的虚假情况就可以传给敌人。因从反间那里得知敌人情况，所以生间就可遵照预定的期限，回来报告敌情。五种间谍使用之事，国君都必须懂得，其中的关键在于会用反间。所以，对反间不可不给予优厚的待遇。

昔殷[①]之兴也，伊挚[②]在夏[③]；周[④]之兴也，吕牙[⑤]在殷。故明君贤将，能以上智[⑥]为间者，必成大功。此兵之要，三军之所恃而动[⑦]也。

【注】

① 殷：公元前十六世纪，商汤灭夏桀后建立商朝，建都亳（今河南商丘谷熟镇西南）。后来，商王盘庚迁都到殷（今河南安阳小屯村），因而商亦称殷。

② 伊挚：伊尹，原为夏桀之臣。商汤灭夏时，用他为相，灭了夏桀。

③ 夏：公元前二十一世纪，夏启所建立的王朝，建都安邑（今山西夏县西）、阳翟（今河南禹州）等地。传到桀，为商汤所灭。

④ 周：公元前十一世纪，周武王灭商后建立的王朝，建都镐京（今陕西西安）。

⑤ 吕牙：吕尚，字子牙，西周开国功臣，武王尊称其为“师尚父”，封之于齐，即齐太公，民间俗称姜太公。

⑥ 上智：指具有很高智谋的人。

⑦ 所恃而动：指依靠间谍所提供的情报而采取行动。恃，依靠。

【译】

从前商朝的兴起，是由于重用了在夏为臣的伊尹；周朝的兴起，是由于重用了在殷为官的吕牙。所以，英明的国君、贤能的将帅，能用有大智的人做间谍，一定能成就大的功业。这是用兵作战的要事，整个军队，都要依靠间谍提供的情报采取行动。